Alexander Smith

Leben und Taten der berühmtesten Straßenräuber, Mörder und Spitzbuben Englands

Alexander Smith

Leben und Taten

der berühmtesten

Straßenräuber, Mörder

und

Spitzbuben Englands

Anaconda

Die Originalausgabe erschien erstmals 1714 unter dem Titel *A Complete History of the Lives and Robberies of the Most Notorious Highwaymen, Footpads, Shoplifts & Cheats of Both Sexes Wherein their Most Secret and Barbarous Murders, Unparalleled Robberies, Notorious Thefts and Unheard-of Cheats are set in a true Light and exposed to Public View for the Common Benefit of Mankind.*
Der vorliegenden Ausgabe liegt zugrunde *Alexander Smith: Leben und Taten der berühmtesten Straßenräuber, Mörder und Spitzbuben, so in den letzten fünfzig Jahren in dem Königreich England sind hingerichtet worden.* Aus dem Engl. übertragen von Johann Leonhard Rost. Ausgewählt, bearbeitet und herausgegeben von Anselm Schlösser. Mit historischen Abbildungen.
Diese Ausgabe erschien zuerst 1986 in der Bibliothek des 18. Jahrhunderts im Gustav Kiepenheuer Verlag Leipzig und Weimar. »Gustav Kiepenheuer« ist eine Marke der Aufbau Verlage GmbH & Co. KG.

FSC
www.fsc.org
MIX
Papier | Fördert gute Waldnutzung
FSC® C014496

Penguin Random House Verlagsgruppe FSC® N001967

1. Auflage
Lizenzausgabe mit freundlicher Genehmigung

produktsicherheit@penguinrandomhouse.de
(Vorstehende Angaben sind zugleich
Pflichtinformationen nach GPSR.)

Umschlaggestaltung: eisele grafik·design, München
Umschlagmotiv: Dmitrii Panfilov/Alamy Stock Foto (Mann mit Hut);
Benguhan/Shutterstock (Mann Silhouette); Marina Lvova/Alamy (Krone);
Leamsign/Shutterstock (London Skyline)
Satz und Layout: InterMedia – Lemke e. K., Heiligenhaus
Druck und Bindung: GGP Media GmbH, Pößneck
Printed in Germany
ISBN 978-3-7306-1528-7
www.anacondaverlag.de

Einleitung

Zuweilen werden in Rumpelkammern ausrangierte Gebrauchsgegenstände oder veraltete Modeartikel gefunden, die nach Jahrzehnten, vielleicht nach Jahrhunderten in ihrer Art museumswürdig geworden sind, als willkommene Ausstellungsstücke unser Wissen vom Alltag früherer Zeiten bereichern, in Ausnahmefällen sogar nach Restaurierung funktionstüchtig gemacht und einer Wiederverwendung zugeführt werden können. Der Kunstwert solcher Erzeugnisse wird in der Regel gering und das Material nicht sonderlich kostbar sein – sonst wären sie kaum auf den Dachboden geraten; nichtsdestoweniger wecken und rechtfertigen ihre Machart und einstige Verbreitung kulturhistorisches Interesse, und in Verbindung damit gewährt ihre Betrachtung jenes ästhetische Vergnügen, das nicht nur Sammler an alten Merkwürdigkeiten haben.

In Bibliotheken lassen sich vergleichbare Entdeckungen machen. Getreulich werden dort einst vielgelesene Bücher aufbewahrt, nach denen seit langem keiner mehr fragt, die aber zum Makulieren zu schade sind. Bibliothekare respektieren auch vergessenes Kulturerbe, seien es Folianten oder (in unserem Fall) abgegriffene Duodezbände; denn wer weiß, wozu vergilbte Scharteken noch einmal nütze sein mögen. Ans Licht einer neuen Zeit befördert und behutsam abgestaubt, kann selbst nach alten Rezepten hergestelltes, zum baldigen Verbrauch bestimmtes bloßes Lesefutter von Anno dazumal trotz Überlagerung noch genießbar sein und womöglich an Geschmack gewinnen, insofern es an der frischen Luft eine Art chemischer Veredlung erfährt. Weniger kulinarisch ausgedrückt, bewirkt das fortgeschrittene Bewußtsein heutiger Leser bei kritischer Aneignung eine Metamorphose des literarischen Textes. Er bleibt, wie er ist, behält seine Patina, aber er kommt um eine entscheidende Nuance anders an, als er gemeint war. Zeitlicher Abstand und geistige Distanz gestatten es uns, flächige illustrierte Blätter aus der Vergangenheit in der historischen Perspektive plastisch zu sehen und damit um eine ganze Dimension zu erweitern.

Der konkrete Gegenstand, dem die vorangeschickten Betrachtungen gelten, gibt sich auf dem in früherer Manier zugkräftig formulierten Titelblatt der deutschen Erstausgabe frank und frei zu erkennen als ein auf reißenden Absatz berechneter englischer Kriminalschmöker aus dem frühen 18. Jahrhundert in zeitgenössischer deutscher Übersetzung. Das Original erschien 1714, die fünfte Auflage war 1719 erreicht, die deutsche Ausgabe schloß sich an; bald darauf folgte ein Ergänzungsband, bis schließlich noch Anfang der zwanziger Jahre eine dreibändige Edition der ›Vollständigen Historie der Lebensläufe und Raubereien der berüchtigtsten Straßenräuber, Wegelagerer, Ladendiebe und Betrüger beiderlei Geschlechts‹ (Complete History of the Lives and Robberies of the most notorious Highwaymen, Footpads, Shoplifts, and Cheats of both Sexes) herauskam, womit denn offenbar die Thematik mit 122 Verbrecherbiographien vorerst ausgeschöpft und der Buchmarkt einstweilen gesättigt war – nicht für lange, versteht sich.

Die der deutschen Fassung von 1720 zugrunde liegende Erstausgabe enthielt bereits 79 Lebensläufe von Kriminellen – die nebenbei registrierten Fälle nicht mitgerechnet. Da es der Nachwelt indes auf breite Erfassung weniger ankommt und der Maßstab der Berühmtheit bei Straßenräubern schwankt, hat der Herausgeber des vorliegenden Bandes eine Auswahl getroffen und den wuchernden Inhalt auf 35 Kapitel reduziert – wie er hofft, unter Wahrung des ursprünglichen Charakters der Publikation bei Einhaltung der gegen Ende des 20. Jahrhunderts angemessenen Proportionen.

Über den als Verfasser zeichnenden ›Capitain‹ Alexander Smith gehen die meisten englischen Literaturgeschichten als einen nicht im Inventar des Kulturerbes erfaßten Schreiberling dritten Ranges hinweg (wir sprachen schon von der Rumpelkammer); einige mit engmaschigem Sieb erwähnen ihn beiläufig, und lediglich in Darstellungen, die sich speziell mit dem Genre des Schelmenromans befassen, erfährt er etwas eingehendere Behandlung – so insbesondere in F. W. Chandlers Werk ›Die Schelmenliteratur‹ (The Literature of Roguery, London 1907). Im ›Dictionary of National Biography‹, dem großen englischen ›Wer war wer?‹, worin übrigens auch eine Reihe berühmter Verbrecher nachzuschlagen sind, wird Smith unter der Bezeichnung ›Straßenräuber-Biograph‹ geführt. Dies ist sein Erkennungsstempel, wenngleich er darüber hinaus den Buchhandel unter anderem mit einer ›Geheimen Lebensgeschichte der gefeiertsten Schönheiten‹ (Secret History of the Lives of the most celebrated Beauties, 1716), einem Wörterbuch der Gaunersprache (1719) sowie mit zusammengetragenem Hofklatsch aus den höchsten Adelskreisen (Court Intrigue, 1730) beliefert hat.

Sonst wissen wir über seine Personalien gar nichts; nicht einmal die Lebensdaten sind bekannt. Ob er sich den Hauptmannsrang selbst zugelegt oder ihn nach Beendigung des sich von 1702 bis 1713 hinziehenden Spanischen Erbfolgekrieges beim Überwechseln ins einträglichere Zivilgeschäft der Honorigkeit halber beibehalten hat, bleibt ebenso offen wie die Annahme, daß man sich ihn als Gerichtsreporter und Kaschemmenbesucher vorzustellen habe. Das Kriegshandwerk steht bei ihm jedenfalls in geringem Ansehen; in einigen Kapiteln erscheint es als eine natürliche Phase im Werdegang eines Missetäters, was freilich auch an den Fakten und an den

Quellen liegen mag. Ein gut Teil seiner Erfahrungen hat er, wie zu zeigen sein wird, am Schreibtisch aus Büchern gewonnen. Im Grunde benötigen wir auch keinen ausgefüllten Fragebogen oder gar ein Schriftstellerporträt; sein der Vergessenheit entrissener, auf neue Art wirksamer Bestseller ist Ausweis genug: Smith enthüllt sich darin vor unserem kritischen und amüsierten Blick als ein literarischer Filou, der sich in allen Schlichen seines Gewerbes auskennt und weiß, wo Barthel den Most holt.

Er paßt damit durchaus in die historische Landschaft.

Nachdem die bürgerliche Revolution zwischen 1640 und 1660 das Feudalsystem praktisch beseitigt hatte und der nur scheinbare Rückschlag der interimistischen Restaurationsepoche überwunden war, konnten 1689 die ›grundherrlichen und kapitalistischen Plusmacher‹ (Karl Marx) durch einfache Vertreibung des letzten lästig gewordenen Stuartkönigs James II. und Einsetzung einer Garnitur gefügigerer Monarchen – William und Mary, ab 1702 Queen Anne, hernach die vier George aus dem Hause Hannover – ihre vereinigte Macht endgültig konsolidieren. Die Spielregeln der gemischt bürgerlich-aristokratischen Klassengesellschaft gaben dem Tüchtigen freie Bahn: Fleiß, Sparsamkeit und Solidität der Mittelschichten zahlten sich aus. Ihr Wohlstand wuchs. Silbergeschirr wurde Statussymbol (und eine handliche Diebsbeute). Noch freiere Bahn eröffnete sich den Geschäftstüchtigen: Bei kaufmännischen Unternehmungen, durch koloniale Ausbeutung, im Sklavenhandel, mit Kriegslieferungen, durch Börsenspekulation oder auch betrügerischen Bankrott ließen sich – nicht erst seit dem Stichjahr 1689, aber jetzt um so ungehemmter – Riesenprofite erzielen, die insgesamt zu einer respektablen Kapitalanhäufung führten und den Optimismus der herrschenden Klassen nährten. Es war das Zeitalter der Vernunft, der sich entfaltenden Naturwissenschaften, der Erweiterung der Horizonte; zugleich das der nüchternen Kalkulation und der Kaltschnäuzigkeit.

Wo Konkurrenz herrscht – obendrein sanktioniert durch die von Bernard de Mandeville in der ›Bienenfabel‹ (The Fable of the Bees, 1714) mit Selbstironie formulierte Maxime, daß Eigensucht das Allgemeinwohl fördere –, ist jeder sich selbst der Nächste, und den letzten beißen die Hunde. Wer zum Exempel Schulden nicht bezahlen konnte, kam auf Antrag des Gläubigers ins Gefängnis; Zehntausende waren das. Was jedoch weit mehr ins Gewicht fällt: die reichliche Hälfte der Bevölkerung war zur Teilnahme am bürgerlichen Konkurrenzkampf gar nicht zugelassen. Das nur den Vermögenden vorbehaltene Wahlrecht besaßen sogar nur fünf Prozent; denn dabei schieden die Frauen von vornherein aus.

Drei Millionen von der Hand in den Mund lebende Arbeiter, Landarbeiter, Matrosen, Soldaten und Dienstboten nebst der Kategorie ›Häusler und Arme‹ hatten mit ihrem Los zufrieden zu sein. Hinzu kamen die ›Vagabunden‹ (1688 auf 30 000 geschätzt), überhaupt die durch das Bauernlegen Vertriebenen und Entwurzelten, welche das sich seit längerem akkumulierende Londoner Lumpenproletariat bildeten. Die Hauptstadt mit nahezu 600 000 Einwohnern war Handelsmetropole und Kulturzentrum voller Luxus und Eleganz, von Daniel Defoe als *Augusta Triumphans* (die glorreich Erhabene) apostrophiert, zugleich aber in ihren Elendsquartieren Sammelbecken gestrandeter Existenzen und Schlupfwinkel krimineller Elemente. In London blieb nur eins von vier Neugeborenen dieser Schicht am Leben. Der grassierende Alkoholismus trieb die Sterbeziffer in die Höhe, sie nahm bis zur Zeit von William Hogarths bekanntem Kupferstich ›Schnapsgasse‹ (Gin Lane, 1751) noch rapide zu. Um die Jahrhundertmitte konstatierte der Methodistengeistliche John Clayton: ›Unsere Straßen sind noch voll von Menschen in Not jeder Art, hungrig und nackt.‹

Die Chancenlosen, auf dem Arbeitsmarkt nicht Gefragten, in die Enge der Slumviertel Getriebenen, untermischt mit herabgekommenen Tagedieben, verlorenen Söhnen aus gutem Hause, waren in der Wahl der Mittel, sich zu erhalten oder den großen Coup zu machen, nicht zimperlich, teils aus nackter Not, teils aus dem Wunsch nach illegaler Bereicherung. »Die niederen Stände«, bemerkte der Romancier und Jurist Henry Fielding in einer Denkschrift, »nehmen sich bei uns die Freiheit heraus, so verderbt und lasterhaft zu sein wie die besseren Kreise.« Es wimmelte von Beutelschneidern, Taschendieben, Bauernfängern, Falschspielern,

Wahrsagern, Quacksalbern, Betrügern, Hochstaplern, Einbrechern, Hehlern, Prostituierten und Zuhältern – ›Unterparasiten‹, wie Ben Jonson hundert Jahre zuvor die kleinen Gauner nannte. Die verwegeneren Desperados begaben sich zu Pferde mit mehreren geladenen Pistolen im Halfter einzeln oder in Banden auf die noch relativ dünn frequentierten Landstraßen und plünderten Passanten und Postkutschen aus – ein um so lohnenderes Unternehmen, als Reisende noch oftmals größere Bargeldbeträge und Pretiosen bei sich zu führen pflegten.

Weil der Polizeiapparat – soweit man davon sprechen darf – erst in den Anfängen steckte, das Privateigentum aber an Heiligkeit eher zugenommen hatte, verließ sich die Justiz auf Terror und verhängte schon für geringe Delikte immer härtere Strafen. Es kam so weit, daß 1740 über 200 Straftaten todeswürdig waren und zum Beispiel die heimliche Entwendung eines Taschentuchs im Wert von einem Shilling selbst bei Minderjährigen mit Hängen geahndet werden konnte. Inzwischen waren ohnehin Pranger, Brandmarkung, Zuchthaus, Deportation und Hinrichtung am Galgen die übliche Praxis; bei Schwerverbrechern wurde nach mittelalterlichem Verfahren die Aufhängung des Leichnams an Ketten verfügt – ein zur Abschreckung untaugliches, lediglich brutalisierendes Menetekel.

Die drakonischen Strafen bewirkten indirekt ein Mehr an Kapitalverbrechen: Wenn schon auf Diebstahl

Hängen stand, bedeutete für den Räuber notfalls ein Menschenleben kein zusätzliches Risiko. Auf der anderen Seite genügte Rückgabe der Beute oder ein nicht zu knapper Schadensersatz – des öfteren durch die Gang – zur Einstellung des Verfahrens, und gemietete Anwälte brachten Begnadigungen zuwege. Wer Geld springen lassen konnte, gleichviel, wie erworben, genoß auch im Gefängnis Privilegien. Justitia zeigte sich gelegentlich entgegenkommend und spendabel: Ein Gesetz von 1692 zur Bekämpfung des Bandendiebstahls versprach Räubern Straflosigkeit, wenn sie zur Ergreifung und Verurteilung von zwei Mittätern beitrugen – kaum ein ganz sauberes Rechtsgebaren; jeder andere Bürger erhielt für entsprechende Dienste pro gehenkten Delinquenten eine Kopfprämie von 40 Pfund, was einem guten mittleren Jahreseinkommen entsprach. Depravierte Elemente machten daraufhin aus der Denunziation ein Gewerbe: Der 1725 hingerichtete Gangsterboß und Hehlerkönig Jonathan Wild – Modell des Macheath in John Gays ›Bettleroper‹ (The Beggar's Opera, 1728) und Held von Fieldings Satire (1743) – betrieb es im Einvernehmen mit der Behörde in großem Maßstab, und durch fabriziertes Beweismaterial skrupelloser Polizeispitzel kam manch Unschuldiger ums Leben.

Die Exekutionen erfolgten noch bis ins 19. Jahrhundert als öffentliche Schaustellungen unter häufig gewaltigem Zulauf. Im dichtbevölkerten London, wo denn auch auf der Richtstätte Tyburn oder mitunter am Tatort die meisten Todesurteile vollstreckt wurden, strömten buchstäblich Hunderttausende (nebst Scharen von Taschendieben) zusammen und gestalteten für populärere Straftäter deren letzte Stunde zu einem makabren Triumph. Der Nimbus des kühnen Straßenräubers tat dann ein übriges. Kolporteure verkauften an Ort und Stelle großformatige Extrablätter (broadsheets) mit eilends besorgten Lebensläufen, Moritatensänger verwerteten in Balladen neueste Geständnisse und Letzte Worte, die Zeitungen brachten Berichte, und behende Federfuchser schlachteten die Sensation in Form moralisierender Traktate weiter aus. Auch Defoe war auf diesem Gebiet mit Reportagen und Kommentaren recht rührig.

Angesichts solcher Publizität kam Alexander Smith als erster auf den nachgerade fälligen Gedanken, eine ganze Anthologie von Kriminalfällen als Buch herauszubringen. Auslösendes Moment war eine Sammlung von Gaunerstreichen und Falschspielertricks, die kurz zuvor ein Theophilus Lucas besorgt hatte. Ihn galt es mit einer noch stärkeren Dosis zu übertrumpfen. Wie wir sahen, ging Smiths Rechnung auf.

Es kommt da mehreres zusammen: Mit der Handelsfreiheit und nach Wegfall der Zensur (1695) nehmen Presse und Buchmarkt einen Aufschwung. Das gedruckte Wort liefert dem Streben der aufsteigenden Bürgerklasse nach erweiterter Erfahrung und Weltklugheit sowohl Tatsachenmaterial als auch möglichst wahre

Geschichten und Verhaltensregeln die Fülle, befriedigt gleichermaßen Wißbegier und naive Neugier, welch letztere mit Leichtgläubigkeit gepaart ist, wovon kleine und große Erzähler profitieren. Vom Bürgertum ausgehend, verbreiten sich neue Lesegewohnheiten nach oben und unten. Der Prozentsatz der Analphabeten verringert sich. Großstädter wollen zudem über alles und jedes auf dem laufenden sein, und die literarischen Ansprüche gehen auseinander. Der Wirtschaftshistoriker Jürgen Kuczynski hat vollkommen recht, wenn er im 18. Jahrhundert neben herausragenden Kulturleistungen das Aufkommen einer ›billigen Massenliteratur von Abenteuergeschichten bis zu albernsten Witzsammlungen‹ konstatiert und ferner auf das verwunderliche Phänomen hinweist, daß ›Dichter, Dramatiker, Romanschriftsteller aus dem tollsten moralischen Tohuwabohu die ruhigsten, bürgerlichen Morallehren ziehen‹. Beides ist in gewissem Sinne für die Beurteilung von Alexander Smiths Straßenräuberbuch einschlägig. Dazu gesellt sich eine dritte Komponente:

»Der Verbrecher«, sagt Karl Marx nicht ohne Ironie, »produziert einen Eindruck, teils moralisch, teils tragisch, je nachdem, und leistet so der Bewegung der moralischen und ästhetischen Gefühle des Publikums einen ›Dienst‹. Er produziert … auch Kunst, schöne Literatur, Romane und sogar Tragödien …« Auf Smith bezogen, kann von Kunst schwerlich, von schöner Literatur nur bedingt die Rede sein, und die Empfindung für das tragische Element fehlt ihm fast gänzlich. Er ist mit sich und der Welt eigentlich ganz zufrieden. Dennoch werden wir deshalb über ihn und sein Erzeugnis nicht voreilig den Stab brechen. Denn erstens appelliert schon der Buchtitel – Hand aufs Herz! – auch an unsere Wißbegier; zweitens ist die rüde Stereotypik und obligate Moral der Lebensläufe, die bis auf eine Ausnahme (Moll Cutpurse) alle in meist jungen Jahren mit dem ›verdienten Lohn‹ am Galgen enden, Merkmal der auf den Autor abfärbenden Gesellschaftsordnung und als solches ein beklemmendes Stück Wahrheit; womit drittens – und darin besteht Smiths wesentliche ›Dienstleistung‹ heute – der mit anderer Elle messende moderne Leser sich auseinanderzusetzen hat. Er darf sich nur nicht, wie mutmaßlich der Bürger von einst es tat und sollte, daran gewöhnen.

Dies ist ein sehr wichtiger, aber bei weitem nicht der einzige Aspekt, unter dem sich das Buch betrachten läßt. So nachdenklich es stimmt, will es doch keine seriöse soziologische Studie sein. Smiths Rezept ist vielmehr ein geschickt angerichtetes Mixtum Compositum aus einer Vielzahl von zum Teil recht heterogenen Bestandteilen. Er gleicht darin einem Quacksalber, der eine aus allerlei probaten Anregungsmitteln zusammengebraute Universal-Essenz feilbietet. Die Substanzen sind, wie die Vorrede andeutet, mit Fleiß gut durchgerührt – unter bewußtem Verzicht auf Chronologie und jegliche Systematik. Es mag nützlich sein, sich zuvor mittels Analyse über Artung und Herkunft der Ingredienzen einige Klarheit zu verschaffen.

Auf den ersten Blick erscheinen die Biographien als regelrechte Reportagen. Sie empfehlen sich – ganz in der zeitgenössischen Manier von Daniel Defoe und sogar Jonathan Swift – durch Faktenfreudigkeit, exakte Orts- und Zeitangaben, reichlich eingestreute Personennamen und Genauigkeit im Detail als authentische Berichte, die jedermann, wenn er wollte, nachprüfen könnte. Man kann das zum Teil heute noch, denn William Davis, Claude Duval, Mary Carleton und Mary Frith stehen im oben erwähnten ›Dictionary of National Biography‹, wiewohl mitunter der Verdacht auftaucht, daß einige der dort gemachten Angaben ihrerseits auf Smith basieren. Jedoch gleichviel: Die Fälle sind sämtlich in den Umrissen verbürgt und mehr oder minder verifizierbar; vor allem stimmen die Hinrichtungsdaten bis auf die Wochentage genau und die zu Beginn des Abschnitts XIV beiläufig genannte Ziffer der Exekutionen sicherlich ebenso. Die mehrfach angefügten Listen Mitverurteilter und ihrer trocken registrierten Delikte sind nur allzu verläßlich; sie bilden in ihrer Tatsächlichkeit die unausbleibliche Antiklimax zu den andernorts erzählten Schnaken und Schnurren.

Denn freilich bieten nüchterne Gerichtsprotokolle, wie sie etwa der spätere ›Newgate-Kalender‹ (Newgate Calendar) von 1774 in bedrückender Monotonie aufreiht, keine kurzweilige Lektüre im Sinne des Autors.

(Der französische Pitaval von 1734 steht auf ungleich höherer Stufe.) Das Aktenkundige gibt bei Smith nur den handfesten äußeren Rahmen ab, seine Berichterstattung bedarf der Ausschmückung – nicht zuletzt mit der erkennbaren Nebenabsicht, den Text um des Seitenhonorars willen zu strecken. Das geschieht auf verschiedene Weise. Die Zutaten gliedern sich potentiell in drei miteinander verquickte Rubriken: die möglicherweise echten, die wahrscheinlich selbst erdachten und die offenbar anderswo abgeschriebenen.

Noch zur Reportage würden etwaige Interviews der Täter, in Kneipen gewonnene Informationen aus zweiter Hand und Augenzeugenaussagen Beteiligter rechnen. Die Möglichkeit ist nicht gänzlich auszuschließen. Die Vorrede insinuiert eigene Nachforschungen, und Milieukenntnisse dürfen bei dem Verfasser eines Vokabulars der Gaunersprache vorausgesetzt werden. Allerdings macht er wenig Gebrauch davon; zumindest sind die Grenzen zwischen beim Hörensagen Erlauschtem und freier Erfindung fließend. Bis zu fünfzig und mehr Jahre zurück kann die persönliche Erfahrung ohnehin nicht reichen. Das eine in der Ich-Form festgehaltene Geständnis Strodtmans geht mit Sicherheit auf ein ›broadsheet‹ zurück.

Die diversen, mit allerlei aktuellen Bezügen gespickten Renkontres auf den Landstraßen und die in der Mehrzahl belustigenden Dialoge zwischen Räubern und Beraubten haben selbstverständlich überwiegend fiktiven Charakter. Sie stehen in einer Tradition, die ihren ersten Hauptvertreter im legendären Volkshelden Robin Hood hat: Dieser schröpfte die Reichen, beschenkte die Armen und schonte die Frauen. So nobel sind die neueren Exemplare der Gattung nicht durch die Bank; die romantische Idealisierung hat im Tatsächlichen ihr Korrektiv. Dafür tritt das Moment der Parallelsetzung von illegalem und legalem Raub mehr in den Vordergrund. Die Wegelagerer machen sich quasi Timons erbitterte Sentenz in Shakespeares Tragödie zu eigen:

Stehlt, ihr Leibeignen!
Langhändge Räuber sind ja eure Herrn
Und plündern durch Gesetz.

Gewiß, Smith läßt seine Schelme nur in komische Entrüstung ausbrechen, doch sie haben dabei die Sympathie des Lesers und die Lacher auf ihrer Seite. In solchen sich variiert wiederholenden Szenen erscheinen die Gesetzesbrecher als Vollstrecker einer Art ausgleichender Gerechtigkeit, und darein mischt sich ein gut Teil Schadenfreude, denn die Beraubten oder Betrogenen sind in der Regel Händler, Spekulanten, reiche Nichtstuer, Lebedamen, Grundbesitzer oder vorzugsweise Juristen, die allesamt nicht im Rufe der Redlichkeit stehen und einen Aderlaß vertragen können. Das gestattet spaßhafte Behandlung im Rahmen ›grausamer Thaten‹.

Auch historische Persönlichkeiten aus dem literarischen, religiösen und politischen Bereich figurieren in der undankbaren Rolle der von Strauchdieben Erpreßten, allermeist wohl mit dichterischer Freiheit, die in zeitlichem Abstand zunimmt. An ihnen kühlt der Erzähler, der es hinter den Ohren hat, in aller Unschuld sein Mütchen, mit einer gewissen Vorliebe insbesondere am ›verdammten Afterkönig‹ Oliver Cromwell, gegen den er als strammer Royalist im Nachhinein eine starke Aversion zur Schau trägt. Aber wie – so dürfen wir fragen – verträgt sich das laute Lamento über den ›Mord‹ an König Charles, wenn im selben Atem kaum noch nachzählbare Hinrichtungen simpler Diebe gleichmütig als gerechte Strafe registriert werden? Der Gedanke, daß die Diskrepanz zwischen den Zeilen beabsichtigt sein könne, scheidet aus. Dies ist einer der vielen Widersprüche, auf die man bei Smith stößt, der einmal dem Volk aus dem Herzen spricht und das andere Mal (weit öfter) der Obrigkeit nach dem Munde redet.

Das Befremden am Autor gehört mit zum Lese-Erlebnis. Er ist selbst Teil der Welt, die er beschreibt; er zählt zur aufstrebenden Mittelschicht, für die er schreibt – sich durch ein paar lateinische Floskeln und Rückverweise auf die Antike als gebildetes Mitglied ausweisend; und wir beobachten an ihm Symptome beginnender bürgerlicher Bewußtseinsspaltung, wozu auch die bisweilen etwas forcierte Humorigkeit zu rechnen wäre. Die den Schelmen zuteil werdende Sympathie stimmt versöhnlich, aber es soll doch auch scheinen, als sei alles nur halb so schlimm. Das locker umgehängte moralische Mäntelchen ist freilich zu dünn und zu kurz, als daß man ihn einen Heuchler heißen könnte.

Er plaudert ziemlich frisch von der Leber weg und kunterbunt durcheinander, besitzt Erfindungsgabe, aber keine schöpferische Phantasie, wie sie Daniel Defoe in reichem Maße eignet. Daher geht ihm auch dessen Gabe der Menschengestaltung vollständig ab. Er schildert Fälle, nicht Schicksale; verwendet Charakterschablonen, reiht unbekümmert um psychologische Stimmigkeit anekdotisches Material aneinander, wie es gerade kommt; ist ein fixer Arrangeur und erweist sich namentlich in Dialogen als versierter Mann der Feder.

Captain Smith kann also flüssig schreiben. Ebensogut allerdings versteht er sich aufs Lesen von Quellen. Und damit sind wir beim dritten kompositorischen Bestandteil des Buches angelangt, den Entlehnungen. Mit geistigem Eigentum geht er fast so sorglos um wie die negativen Helden seiner Geschichten mit anderer Leute Gut. Bei der Lektüre der sowohl stofflich als auch in der Erzählmanier ungleichen Räuberhistorien verdichtet sich allgemach der Eindruck, daß der Autor sie nicht nur nach dem Leben aufgezeichnet und ausgesponnen, sondern überdies freizügig aus der einschlägigen Literatur geschöpft hat, welcher er ganze Passagen entnimmt; weshalb denn ein anonymer zeitgenössischer Konkurrent ärgerlich bemerkte, wenn man in seinem

Geschreibsel einen vernünftigen Satz fände, dann sei der gewißlich gestohlen. Wir wollen so ungerecht nicht sein und nachsichtiger von Einblendungen sprechen. Unstreitig zwar hat Smith gemogelt, als er sein Manuskript pauschal als Eigenprodukt offerierte; indes das harte Wort Plagiat verliert sein Odium, wo es sich um Übernahmen handelt, die aus tradiertem Gemeingut stammen und der Gesamtwirkung letztlich zugute kommen.

Wer das Volksbuch von Till Eulenspiegel (1519) kennt oder Boccaccios ›Dekameron‹ (1348/58) in der Hand gehabt hat oder sich vielleicht an Geoffrey Chaucers Erzählung des Dienstmanns des Stiftsherrn aus den ›Canterbury Tales‹ um 1400 erinnert (worin Duvals alchimistische Tricks vorweggenommen sind), dem wird die eine oder andere Begebenheit aus dem vorgeblich wahrhaften Leben von Smiths relativ neueren Spitzbuben merkwürdig bekannt vorkommen. Das von ihm auf der Suche nach brauchbarem Beiwerk durchstöberte Gelände erstreckt sich überhaupt zeitlich weiter zurück, als es der chronologische Rahmen eigentlich zulassen würde. Wie F. W. Chandler an Beispielen nachweist, hat er ferner alte Schwankbücher (Jest Books) sowie Robert Greenes ›Bauernfängergeschichten‹ (Conycatching pamphlets, 1591/92) herangezogen. Vor allem aber ergänzt er seine ›listigen Ränke‹ aus dem Fundus des pikaresken Romans, der sich von Spanien über Europa verbreitet hatte und im England des 17. Jahrhunderts in Übersetzungen dominierte.

Allein vom ›Lazarillo de Tormes‹ (1554) erschienen zwischen 1622 und 1680 ein Dutzend Ausgaben, Mateo Alemáns ›Guzmán de Alfarache‹ (1599/1604) erreichte bis 1656 fünf Auflagen, Quevedos ›Buscón‹ (1626), ›von einer Standesperson‹ 1657 ins Englische übertragen, kam 1670 in einem Nachdruck, 1683 in gekürzter Fassung heraus, aus Frankreich gesellten sich Sorel und Scarron hinzu – kurzum, es gab allerlei zu imitieren und zu kopieren. Ein Ableger der Gattung sind die vielfach derb erotischen Abenteuer des Meriton Latroon im ›Englischen Schelmenbuch‹ von Richard Head und Francis Kirkman (The English Rogue, 1665/71; Nachdrucke 1679 und 1700); sie werden besonders ausgiebig benutzt. Nicht zu vergessen ist die Vielzahl monographischer Lebensbeschreibungen solcher Verbrecher, die sich durch Kühnheit oder List im Jahrhundert zuvor einen Namen erworben hatten, wie Duval und die ›Deutsche Prinzessin‹, worauf Smith sich stützen kann. Die Aufzählung ergäbe eine stattliche Liste.

Man kann es dabei bewenden lassen, denn wenig wäre damit gewonnen, all die fremden Federn, mit denen Smith sich schmückt, auf ihre Herkunft zu untersuchen. Einige diesbezügliche Hinweise und Mutmaßungen sind in den Anmerkungen zu finden, doch genügt es, über seine Arbeitsweise als Kompilator generell im Bilde zu sein. Im übrigen gehört keine sonderliche Belesenheit dazu, um die Einschübe herauszufinden. Jäher Wechsel der Diktion, Stilbrüche und krasse Unwahrscheinlichkeiten machen sie auffällig; auch Schauplatzverlagerung nach Frankreich, Spanien oder den Niederlanden signalisiert öfters Rückgriffe auf geborgtes Material.

Mag das gehandhabte Verfahren einerseits durch Einbringen evidenter Anachronismen die Glaubwürdigkeit der Reportage als Zeitbild beeinträchtigen, so erleidet der Wirklichkeitsbezug dennoch keine merkliche Einbuße. Man könnte sogar argumentieren, daß die Kollektion dank der Hineinnahme vorwiegend komischer Begebenheiten und Anekdoten aus der volkstümlichen und ›niederen‹ Literatur um ein tragendes Element erweitert wird und nicht nur an Buntheit und Unterhaltsamkeit, sondern auch an Lebenswahrheit gewinnt, der gegenüber verbriefte Tatsachentreue und äußere Wahrscheinlichkeit an die zweite Stelle rücken.

Captain Alexander Smith, der Filou (wie wir ihn nannten), hat insoweit ganz richtig spekuliert, um seine leicht verfälschte Ware vorteilhaft an den Mann zu bringen. Er zielt mit seiner Mixtur aus schieren Moritaten, lustigen Gaunerstückchen und mehr oder minder galanten Abenteuern geradeswegs sozusagen auf die – Reflexe der Gänsehaut, des Zwerchfells und des Sexus – ohne ein spürbares höheres Anliegen. Jedoch unversehens entsteht dabei ein realistisches historisches Panoptikum, das anschauenswert ist, und es braucht sich keiner zu genieren, wenn er daran Gefallen findet. Umgekehrt ist niemand zur Bewunderung oder Ehrfurcht verpflichtet: Neben die thematisch vergleichbaren Kriminalreportagen und die verwandten pikaresken Romane Defoes vom Rang der ›Moll Flanders‹ (1722) gehalten oder auch den kultivierten Sittenkommentaren von Addison und Steele gegenübergestellt (welch letzterer immerhin ein anerkennendes Wort für Captain Smith übrig hatte), nehmen sich unsere Straßenräuber-Lebensläufe aus wie Jahrmarktsbuden-Prospekte in einer Kunstgalerie. Die das ganze Gesellschaftsgefüge durchleuchtende Satire Jonathan Swifts gar steht turmhoch darüber. Allein, wie ein englisches Sprichwort sagt: ›Vergleiche sind odiös‹, und die literarische Rangskala ist breit. Zum Kennenlernen einer Geschichtsperiode gehören ihre Kontraste. Darin liegt die Rechtfertigung der Edition eines Autors aus der Unterhaltungsbranche neben der früheren Vermittlung von Swifts Ausgewählten Werken (Berlin 1967) durch den gleichen Herausgeber oder neben der Publikation solcher Werke wie Tobias Smolletts ›Roderick Random‹, Chesterfields ›Briefe an seinen Sohn‹ und James Boswells ›Das Leben Samuel Johnsons und Das Tagebuch einer Reise nach den Hebriden‹ im Rahmen der ›Bibliothek des 18. Jahrhunderts‹.

Bei der Repopularisierung von Smiths Buch hängt viel davon ab, was der Rezipient daraus macht und von sich aus beisteuert. Denn er bringt ja einiges mit: den Vorsprung von zweieinhalb Jahrhunderten, das Mehrwissen um historische Entwicklungsprozesse, die Lizenz zur kritischen Betrachtung und verständnisvollen Ausdeutung eines kaleidoskopartigen Vexierbildes – und zur Orientierung gewissermaßen einen verläßlicheren moralischen Kompaß als den, über den seinerzeit der Bürger Smith verfügte. Kaum weniger bemerkenswert als die mit ostensiblem Abscheu und geheimem Vergnügen gezeigten Figuren aus dem Verbrecheralbum und der Schreckenskammer findet der wache Leser von heute die beim Erzählen einfließenden alltäglichen Selbstverständlichkeiten – nicht allein die kulturgeschichtlich illustrativen Eindrücke vom äußeren Leben und Treiben, sondern vor allem die integralen Merkmale der Periode, den Kampf aller gegen alle, die Pariaexistenz ganzer Bevölkerungsteile und die Billigkeit von Menschenleben sowohl für den Räuber, welcher sich ›nach der Meinung, nach dem *Humeur* und der Beschaffenheit seiner bösen Gesellschaft richtet‹, als auch besonders für die Justiz gemäß den Rechtsnormen der gutbürgerlichen Gesellschaft. Wahrhaftig erstaunlich, was in deren Ordnung alles in Ordnung geht. Um Direktparallelen geht es dabei nicht; aber entstehende Ähnlichkeiten sind jedenfalls nicht rein zufällig.

Das Vorhandensein einer zeitgenössischen deutschen Übersetzung ist in unserem Falle ein besonderer Glücksumstand. Sie ist anonym, doch hat man herausgefunden, daß sie mit ziemlicher Gewißheit von dem Nürnberger Gelehrten Johann Leonhard Rost (1688 bis 1727) stammt. Dessen Publikationsliste umfaßt neben mathematisch-naturwissenschaftlichen Arbeiten auch eine ganze Anzahl von Übersetzungen unterhaltender Literatur sowie eigenen Romanen, die vielleicht seine Haupteinnahmequelle abgegeben haben mögen. Seine Leistung als Übersetzer verdient ein Lob; sie zeugt von solider Sprachkenntnis und schriftstellerischer Gewandtheit. Dies ist ein Anlaß gewesen, sie unserer Neuausgabe zugrunde zu legen. Andere Gründe kommen hinzu. Es gibt Literaturwerke, die man zwecks unmittelbarer Zwiesprache gern näher an die Gegenwart heranholt, und solche, die sich aus einer gewissen Distanz vorteilhafter ausnehmen. Smiths kurioses Opus gehört entschieden zur letzteren Kategorie. Die Suggestion der zeitlichen Entfernung kommt ihm zugute. Die damit einhergehende leichte Verfremdung macht Unebenheiten unter der glatten Oberfläche wahrnehmbarer und fördert Aha-Erlebnisse. Der frühere deutsche Sprachstand hat zudem einen eigenen Reiz und verleiht dem alten Text eine passend echte Tönung. Das etwaige Anklingen von Reminiszenzen an Grimmelshausens ›Abenteuerlichen Simplicissimus Teutsch‹ (1669), der allerdings in Wirklichkeit nicht mit Pate gestanden hat, läßt den Erzählstil – wenn auch unverdientermaßen – ästhetisch gefälliger erscheinen, als er eigentlich ist.

Die vorgenommene Bearbeitung modernisiert die Rechtschreibung (in Maßen), korrigiert vereinzelte Irrtümer und beseitigt gröbere Klippen des Verständnisses, strebt aber sonst nach Bewahrung des Sprachcharakters sowohl im Vokabular wie in Grammatik und Syntax.

Veraltete deutsche Ausdrücke, die oft sehr hübsch sind, und ungebräuchlich gewordene Fremdwörter, die zum Zeitkolorit gehören, erschließen sich in ihrer Bedeutung meist zwanglos aus dem Zusammenhang. In Zweifelsfällen gibt das angefügte Glossar Auskunft.

So mögen denn Smiths Straßenräuber, Mörder und Haus-Erbrecher nebst ihren weiblichen Pendants, den Beutelschneiderinnen, Huren und Spitzbübinnen, gleichsam in historischem Kostüm vor die Nachwelt hintreten und auf ein neues, urteilsfähiger gewordenes Publikum ›einen Eindruck produzieren‹. Um die Resonanz, so variabel sie ausfallen mag, braucht einem kaum bange zu sein.

November 1984 *Anselm Schlösser*

Vorrede

Nachdem unsere löblichen Vorfahren sich emsig und äußerst angelegen sein lassen, ihrer Nachkommenschaft nicht nur die Lebensbeschreibungen frommer und tugendhafter Leute mitzuteilen, damit die Menschen, vermittelst derselben, sich in das holdselige und unvergleichlich-schöne Antlitz der Tugend verlieben möchten, sondern auch gleiche Mühe angewandt, die Schandtaten gottloser und böser Buben bekanntzumachen, auf daß durch den abscheulichen Anblick der Laster andere vor den betrüglichen Verblendungen derselben abgeschrecket würden: Also legen wir der Welt allhier vor Augen eine historische Lebensbeschreibung der berüchtigtsten Straßenräuber, Beutelschneider, Diebe, Spitzbuben und anderer Übeltäter beiderlei Geschlechts, welche inner- und außerhalb Londons, wie auch in andern Teilen von Großbritannien, über 50 Jahre her, zu gebührender Strafe gezogen worden: Nebst einer vollkommenen Entdeckung der arglistigen Kunstgriffe und verschlagenen, spitzfindigen und heimlichen Ränke, deren sich die Diebe bedienen; zu dem Ende mit angeführet, auf daß alle ehrlichen Leute sich inskünftig in acht nehmen lernen, damit sie nicht von dergleichen Gesindel betrogen und beraubet werden.

Was die Ordnung der Zeit betrifft, worinnen diese offenbaren Übeltäter den Tod erlitten, haben wir uns nicht so genau daran gebunden, sondern dieselben einander vorgesetzet, nachdem es einer dem andern an spitzbübischer Leichtfertigkeit zuvorgetan. Aus der Beschreibung desjenigen, was ein jeglicher im Schilde geführet, wird der geneigte Leser die allerseltsamsten Geschichten leichtfertiger Schandtaten, die jemals erhöret worden, erkennen lernen; welche alle aus ihrem eigenen Munde nachgeschrieben und nicht von der Aussage, so die Übeltäter einem oder dem andern von den Amtspersonen zu Newgate getan, geborget worden. Wannenhero wir uns auf Begehren unterschiedlicher sehr wertgeschätzter Gönner überreden lassen, solche zum Druck zu befördern; maßen es das erste unparteiische Werk ist, welches von dieser Materie jemals in Europa zum Vorschein gekommen. Wenn wir hier und da einige von diesen gottlosen Übeltätern angeführet, die sich einen verruchten Eid-Schwur oder Fluch entfahren lassen, der mit eingemenget ist, hat man es deswegen getan, sie in ihren eigentlichen Farben abzumalen, deren Worte jederzeit so verhaßt, abscheulich und ärgerlich sind, daß einige, die so wenig mit Gott bekannt sind als sie, leichtlich schließen dürften, die

Natur habe sie in der Zeugung verwahrloset, indem daß sie ihren Mund an einen unrechten Ort des Leibes versetzet. Gewißlich, es hat uns keine geringe Mühe gekostet, die Lebensbeschreibungen dieser Bösewichter zusammenzutragen, weil wir nicht nur allein ihre eigenen Worte und Redensarten sehr genau angezeiget, sondern auch ihre heimlichen Händel, verschlagenen Schelmereien, verräterischen Anschläge und verborgenen Intrigen in allen ihren unrechtmäßigen Unternehmungen bekannt gemachet. Überdies führen wir nicht nur den Ort der Geburt, die Eltern, Auferziehung, Hantierung und Alter derjenigen Missetäter an, die ihr Ende auf dem Lande beschlossen, sondern auch derjenigen gleichergestalt, die ihre Strafe zu Tyburn oder anderswo um London herum leiden müssen: Da viele unter ihnen den Amtspersonen zu Newgate solche speziellen Umstände, so ihr Leben und Umgang, ingleichen heimliche Missetaten betreffen, nicht ausbeichten wollen; wodurch sie zu verhüten suchten, daß ihre Freunde und Anverwandten durch diejenigen Schriften prostituieret würden, welche unter folgendem Titel überall ausgebreitet worden: ›Eine Nachricht von der Bezeugung, letzten Reden und Bekenntnissen der Übeltäter, welche diesen Tag zu Tyburn hingerichtet worden‹.

Aus dieser Ursache haben wir dasjenige, was vornehmlich zur Sache gehöret, nebst den rechten Begebenheiten ihrer leichtfertigen Händel verschwiegen;

zumal sie auch durch Personen, so in theologischen Sachen besser erfahren gewesen als sie, unterrichtet worden, daß sie nicht verpflichtet wären, ihre Sünden jemandem insonderheit zu bekennen als dem Allmächtigen, der das Verborgene aller menschlichen Herzen kennet. Und dafern sie gewußt hätten, daß diese Schriften nach einigen Jahren, nachdem sie durch die Hand der Gerechtigkeit abgetan worden, der Welt offenbar gemacht werden sollen, so würden sie, solange sie noch im Lande der Lebendigen waren, nicht so frei gewesen sein, wie sie getan, ihre abscheulichen Missetaten zu bekennen. Doch wir erzählen den Lebenswandel dieser ärgerlichen und unglückseligen Menschen keinesweges etwa in der Absicht, sie zum Gespötte und Gelächter leichtsinniger und gottloser Buben zu machen, die über das Unglück solcher sterbenden Leute nur lachen, sondern wiederholen ihre vielfältigen Missetaten vielmehr als ein Mittel und Gelegenheit, böse und gottlose Personen dieser ausgelassenen Zeit zu unterweisen und zu bekehren, und hoffen gänzlich, sie werden diesem Rat des Poeten folgen:

> *Felix, quem faciunt aliena pericula cautum.*
> Glückselig wird der Mensch geacht',
> Den andrer Schaden klug gemacht.

Gleichwie man von dem Polypen vorgibt, daß er allezeit diejenige Farbe annimmet, die der benachbarte

Gegenstand an sich hat: oder gleichwie ein Spiegel so viel unterschiedene Angesichter zurückstrahlet, als ihm entgegengestellet werden, also mag man wohl heutzutage hier und da von manchen Menschen (alle will ich nicht beschuldigen) sagen, daß er eigentlich nicht einer, sondern jedermann sei, weil er sich nach der Meinung, nach dem *Humeur* und der Beschaffenheit seiner bösen Gesellschaft so genau richtet, als ihm seine eigene Schwachheit, ihnen nachzuahmen, erlauben will. Dannenhero wird ihm dieses Buch zu seiner Unterweisung angepriesen, als welches besorget, daß alle seine Laster, so abscheulich dieselben auch in den blinden Augen der Welt scheinen, ihm dennoch als vollkommene Tugenden vorkommen dürften. Überdies zeiget es einem jedweden ehrlichen und rechtschaffenen Mann, welchergestalt er sich auf der Straße vorzusehen hat, einem Einheimischen aber, das Seinige zu Haus mit besserer Sicherheit als vormals zu erhalten: Ingleichen wie andere redliche Leute sich vorsehen mögen, daß sie durch die unbekannten Spitzbübereien dieser Bösewichter in der Beschreibung ihres schändlichen Lebenswandels vollkommen entdecket sind.

Obschon diese unglückseligen Menschen das Verhängnis betroffen, daß sie sich auf Leichtfertigkeit und Ruchlosigkeit beflissen und auch bis an den Tag ihres Todes darinnen verharren, so rücke ich ihnen doch ihr erbärmliches Ende keinesweges mit frechen und lieblosen Zensuren auf, sondern erzähle nur bloß, wie übel sie gearbeitet, damit ich der Welt zeigen möge, wie weit sich die Tiefe der Bosheit in solchen ruchlosen Menschen erstrecket.

Alexander Smith

I
Der güldene Pachter, ein Mörder und Straßenräuber

Der güldene Pachter wurde also genennet von seiner Hantierung, und weil er die Leute, wenn es eine ansehnliche Summe war, allezeit in Gold bezahlte: Sein rechter Name aber hieß William Davis, geboren zu Wrexham in Denbighshire, in Nord-Wales, von wann er sich in seinen jungen Jahren nach Sudbury in Gloucestershire begab, woselbst er die Tochter eines reichen Gastwirts heiratete, mit welcher er achtzehn Kinder zeugte und dem Gewerbe eines Pachters bis an den Tag seines Todes nachfolgete, um seine Straßenräuberei dadurch zu verhehlen; welcher unordentlichen Lebensart er in die 42 Jahr ohne den geringsten Argwohn unter seinen Nachbarn nachgefolget.

Er raubete gemeiniglich alleine, und da er eines Tages drei oder vier Landkutschen antraf, die nach Salisbury fuhren, hielt er eine von denselbigen an, welche voller Frauenzimmer saß, darunter eine Quäkerin war: Sie taten alle des güldenen Pachters seinem Verlangen ein Genüge, bis auf diese gewissenhafte Schwester, mit welcher er vergeblich ein langes Räsonnement hielt: Denn sie schwur hoch und teuer, sie hätte kein Geld noch sonst etwas Kostbares bei sich; weil er sich nun befürchtete, er möchte die Leute in den andern Kutschen verlieren, sagte er zu ihr, er wollte hingehen und sehen, was sie ihm mitgebracht, alsdenn werde er ihr wiederum aufwarten. Nachdem er also die drei andern Kutschen geplündert hatte, kam er, seinem gegebenen Versprechen gemäß, wiederum zurücke; und weil die Quäkerin auf ihrem alten Ton verharrete, sie habe nichts für ihn, setzte solches den güldenen Pachter in einen heftigen Amtseifer, daß er sie bei der Schulter anpackte und schüttelte, wie ein Fleischerhund einen Bull-Ochsen, wobei er ausrief: Du garstige Betze, wenn du mich auf solche Art bei der Nase herumführen willst, so wirst du mir gewiß die Laus über die Leber jagen, daß ich verzweifelt grob mit dir komplimentieren werde: Du siehest, daß diese ehrlichen Damen hier so treuherzig sind, sich liebreich gegen mich zu erweisen, und du alte Heller-Hure bist so geizig, dein Leben um des Mammons willen zu verlieren. Los! Los! nichtswürdige Vettel! schnüre den Beutel geschwind auf, oder ich will dich aus dem Lande der Lebendigen hinwegsenden. Weil nun diese rauhen Drohworte des Eisenfressers der armen Quäkerin eine solche Furcht einjagten, daß sie nicht wußte, wie alt sie war, gab sie ihm einen Beutel mit Guineas, eine güldene Taschenuhr und einen Demantring, worauf sie so gute Freunde voneinander schieden, als ob sie niemals miteinander zerfallen gewesen.

Als zu einer andern Zeit dieser desperate Kerl der Herzogin von Albemarle begegnete, welche in einer Kutsche über Salisbury Plain fuhr, wurde ihm nicht wenig zu schaffen gemachet, ehe er Ihro Gnaden anfallen konnte, maßen er mit einem Postillion, einem Kutscher und zwei Lakaien einen langen Scharmützel hatte, ehe er zu seiner Plünderung schreiten konnte. Nachdem er aber durch Losbrennung unterschiedlicher Pistolen sie alle verwundet hatte, ging er auf seinen Raub los, den er noch widerspenstiger befand, als die Quäkerin gewesen war, welches ihn um so viel kühner und begieriger machte, weil er in Furchten stand, es dürften immittelst einige andere Reisende dazukommen. Indem aber die Herzogin durchaus nichts geben wollte, zog er mit der größten Gewalttätigkeit drei Demantringe von ihren Fingern und riß ihr eine kostbare güldene Sack-Uhr von der Seite hinweg, schrie auch, da er wahrnahm, daß sie ihr Angesicht geschminket, zugleich aus: Du angestrichene Betze, du beschauest lieber alle Morgen dein Angesicht im Spiegel und verwandelst Gelb in Rot, als daß du einem ehrlichen Kerl, wie ich bin, eine kleine Ritter-Zehrung verehrest, um seinen rechtmäßigen Angelegenheiten auf der Landstraße zustatten zu kommen. Worauf er so schleunig, als er konnte, davonritt, ohne daß er im geringsten was von Gelde bei der Herzogin gesuchet, immaßen er die Kutsche einer andern Standesperson gewahr wurde, welche in Begleitung einer guten Anzahl Bedienter auf sie zu eilete.

Als nicht lange nach dieser Tat der güldene Pachter dem Herrn Thomas Day, einem Friedensrichter, der zu Bristol lebete, auf der Straße zwischen Gloucester und Worcester begegnete, ließen sie sich miteinander in ein Gespräch ein, und indem sie also miteinander fortritten, erzählte er dem Herrn Thomas, den er gar wohl kannte, obschon der andere ihn nicht, welchergestalt es wenig gefehlet, daß er ein klein wenig vorher von ein paar Straßenräubern geplündert worden. Weil aber zu gutem Glücke sein Pferd von schnellern Füßen gewesen als die ihrigen, sei er glücklich davongekommen, sonsten würden sie ihn ohnfehlbar seines Geldes, welches sich auf die 40 Pfund beliefe, beraubet und also zeitlebens zu einem verdorbenen Mann gemachet haben. In Wahrheit, sagte Herr Thomas Day, dieses wäre ein großes Unglück gewesen, nichtsdestoweniger aber, gleichwie der Herr zwischen Aufgang und Niedergang beraubet worden, also hätte die Grafschaft, auf dessen Anhalten, verbunden sein müssen, seinen Verlust wiedergutzumachen. Aber nicht lange danach, indem sie also miteinander schwatzen und zu einem bequemen Platz kommen, schießet der güldene Pachter des Herrn Thomas seinem Diener das Pferd unter dem Leibe nieder und indem er ihn nötigte, sich ein Stück hinweg zu begeben, damit er sich nicht etwa der Pistolen, die er in den Halftern stecken hatte, bedienen möchte, setzte er dem Herrn Thomas ein Faust-Rohr an die Brust und begehrte, er sollte sein Geld hergeben. Herr Thomas fing an und sagte: Mein Herr, ich habe Euch vor einen ehrlichen Mann angesehen und dieses nimmermehr von Euch gedacht. Der güldene Pachter erwiderte: Eure Gestrengheit sehen, daß Sie sich geirret, und dafern Sie nur ein wenig Gritz im Gehirne gehabt, würden Sie aus meinem Angesicht leichtlich haben abnehmen können, daß mir Mangel und Not zu den Augen heraus gesehen; derhalben geschwind damit heraus, was man bei sich hat, denn ich habe nicht lange zu warten! Da nun der Herr Thomas Day dem güldenen Pachter hierauf gab, soviel er an Gelde bei sich hatte, welches Gold und Silber in die 60 Pfund austrug, bedankte er sich untertänigst gegen seine Gestreng und ließ sich vernehmen, dasjenige, so er ihm mitgeteilet, wäre nicht verloren, angesehen er zwischen Auf- und Niedergang beraubet worden, derohalben müßte es (wie er ihm vermeldet) die Grafschaft wieder ersetzen.

Als Herr Hart, ein junger Edelmann von Enfield, der zwar ein gutes Vermögen, aber nicht allzuviel Verstand besaß und demnach eher ein Goldstück als ein Stück Klugheit verwechseln konnte, eines Tages über Finchley Common ritt, allwo der güldene Pachter an die 4 bis 5 Stunden einer Beute nachgejaget, ritt er auf ihn zu und gab dem Edelmann mit der Fläche seines ausgezogenen

Hirschfängers einen Schlag über die Schultern, sagend: Daß Euch was anders ankomme! Wie lange zaudert Ihr denn, daß man den ganzen Vormittag auf Euch lauern muß? Los! gebet geschwind her, was Ihr habet, alsdenn gehet an Galgen hin, wo Ihr hin wollet. Der Edelmann, welcher gewohnt war, eine angenehmere Unterhaltung bei seiner Mätresse und Schnupftabaksdose anzutreffen, erschrak über diese ungeschliffene Art zu grüßen nicht wenig und fing an, allerhand Entschuldigungen vorzubringen und zu sagen, er habe kein Geld bei sich. Allein sein Gegner, der ihm nicht glaubete, erkühnte sich, seine Taschen selber auszusuchen, und da er hundert Guineas nebst einer güldenen Taschenuhr darinnen fand, gab er ihm mit flachem Hirschfänger wiederum etliche gute Schläge über seine Schultern, mit Vermelden, er sollte sich hinfüro nicht mehr unterstehen zu lügen, wenn ihn ein ehrlicher Mensch um eine geringe Ritter-Zehrung ersuchte.

Zu einer andern Zeit zahlte dieser öffentliche Räuber seinem Eigentums-Herrn an die 80 Pfund Renten aus, und da sich dieser damit nach Haus begeben wollte, verkleidete sich sein sauberer Pacht-Mann, passete dem alten ansehnlichen Herrn auf und gebot ihm, stehenzubleiben, sagend: Wohlan, du Alter vom Kopf bis zu den Füßen voller Gravität, aber vom Kopf bis auf die Füße von wenig Herze, rucke augenblicklich mit demjenigen heraus, was du bei dir hast. Der Alte holete einen so tiefen Seufzer, daß ihm einige Knöpfe darüber von der Weste absprangen, und berichtete ihm, daß er nicht über zween Shilling bei sich hätte, derowegen hoffete er, der Herr würde viel zu generös sein, einem armen Mann ein solches Bagatell zu nehmen.

Der güldene Pachter sagte: Mein Glaube ist zu schwach, mich dieses überreden zu lassen, denn Ihr scheinet nach Eurem Ansehen und Habit ein Mann von bessern Mitteln zu sein, als vor den Ihr Euch ausgebet; derohalben öffnet Euer Felleisen, oder ich werde garstig mit Euch herumspringen! Allerliebster Herr, versetzte der Eigentums-Herr, Ihr werdet nicht so barbarisch mit einem alten Manne umgehen? Was? Habt Ihr keine Gottesfurcht, Frömmigkeit oder Mitleiden in Euch? Habt Ihr kein Gewissen? Ja, traget Ihr keine Hochachtung gegen Euren eigenen Leib und Seele? Welche notwendig in einem elenden Zustand sein müssen, wenn Ihr dieser ruchlosen Lebensart nachfolget! Daß Euch dieser und jener hole! sagte sein Pachter, den er aber nicht kannte, zu ihm, sagt mir nichts von Alter oder Grausamkeit; denn ich bezeige gegen niemand Barmherzigkeit oder Mitleiden. In Henkers Namen, was sagt Ihr mir von Gewissen? Ich habe so wenig von dieser lüderlichen Ware, als Ihr habet, so lässet sich mein Leib und Seel auch nicht von der Religion, sondern dem Interesse regieren, derohalben überliefert, was Ihr habt, ehe Euch dieses Pistol Eure Hartnäckigkeit zu spät bereuen lässet! Und also händigte er sein Geld dem güldenen Pachter ein, welcher es annahm, ohne daß er seinem

Herrn eine Quittung darüber gegeben, wie derselbige ihm getan hatte.

Nicht lange nach Begehung dieses Raubes holete er einen alten Viehhändler auf der Putney Heath, der gar schlechte Kleidung trug, aber doch sehr reich war, ein und nahm ein halb Dutzend Guineas aus seiner Tasche heraus, gab sie dem alten Manne und sagte: Es sind etliche Personen hinter uns, die mir gar verdächtig vorkommen; dahero tut mir doch den Gefallen und stecket dieses Gold in Euren Schubsack, denn im Fall es Straßenräuber sind, so wird sie Eure schlechte Kleidung glaubend machen, daß Ihr nichts von dergleichen bei Euch führet. Der alte Viehhändler, der sein Absehen vor ehrlich ansah, sagte: Ich habe 50 Guineas vorne in den Zipfel meines Hemdes gebunden, zu denselben will ich es sicherheitshalber auch tun. Also ritten sie in guter Vertraulichkeit über eine halbe Meile Wegs nebeneinander her, und als alles am sichersten war, sagte der güldene Pachter zu dem alten Mann: Ich glaube, es wird sowohl mich als Euch heute niemand berauben; dahero denke, ich werde ebensogut tun, wenn ich mir die Mühe selbst nehme, Euch zu plündern, also seid so gut und überliefert mir statt eines Beutels den Zipfel von Eurem Hemde! Der alte Viehhändler stutzte erschrecklich über diese Worte und fing an, überaus barmherzig zu bitten, nicht so grausam zu sein und einen armen alten Mann zu berauben. Ich bitte Euch drum, sagte der güldene Pachter, schwatzt mir nichts von Grausamkeit vor, denn was kann grausamer sein als ein Mann von Eurem Alter, dessen Hochmut so groß ist, daß er sein Gesinde mit so großer Grausamkeit ihre Pflicht zu beobachten zwinget, als manche Leute ihre Hunde zum Holen und Tragen abzurichten pflegen? Und weil der Alte nicht dran wollte, also sah er sich genötiget, den Zipfel des Hemdes selbsten abzuschneiden; womit er hinwegritt, sich nach einer andern Beute umzusehen.

Ein andermal lag dieser kühne Räuber im Gasthof Zum Roten Löwen in Uxbridge, da begab sichs, daß er mit einem Landjunker Broughton, der ein Rechtsgelehrter vom Middle Temple war, in Gesellschaft geriet; und als er solches vernahm, gab er gegen ihn vor, daß er nach London reisete, sich bei einem Juristen wegen einiger Angelegenheiten Rats zu erholen, er würde ihm demnach höchlich verbunden sein, wenn er ihm einen guten Advokaten zuweisen könnte. Herr Broughton vermeinte, einen guten Klienten an ihm angetroffen zu haben, erbot sich demnach selbsten zu seinen Diensten. Da ihm denn der güldene Pachter vermeldete, seine Sache bestünde darinnen, daß unterschiedliche Stücke Vieh seiner Nachbarn in seinen Grund und Boden eingebrochen und ihm großen Schaden zugefüget hätten: Der Advokat ließ sich vernehmen, diese Sache getraue er sich sehr wohl auszumachen, maßen es *Damnum illatum* sei. *Damnum illatum*? versetzte der güldene Pachter, was ist das? Der Herr sei so gut und erkläre mir solches! Er berichtete ihm, es sei eine Klage, die jemand wider gewisse Personen eingäbe, wenn derer Vieh durch Hecken oder andere Zäune in ihren Grund eingebrochen und ihnen Schaden zugefüget hätte. Als sie des folgenden Morgens miteinander nach London ritten, sagte der güldene Pachter zu dem Rechtsgelehrten: Wenn ich mich erkühnen darf, Sie zu fragen, mein Herr, so belieben Sie mir doch zu eröffnen, was dasjenige ist, so sie *Inventum et conversio* nennen? Der Fürsprech gab ihm zur Antwort: Es bedeutet in unserm gemeinen Gesetz eine Klage, die jemand wider einen andern hat, der etwas von seinen Gütern gefunden und solche auf Wiederforderung abfolgen zu lassen sich weigert, da er sie immittelst vielleicht auch zu seinem Nutzen anwendet. Nachdem sich der güldene Pachter nunmehro an einem für sein Vorhaben bequemen Orte befand, erwiderte er: Sehr wohl, mein Herr! Und wenn ich also einiges Geld bei ihm fände und es zu meinem Nutzen anwendete, so wäre es nur eine Sache, weswegen wir prozessieren könnten? Das wäre ein Straßenraub, sagte der Fürsprech, welcher so viel Verantwortung auf sich hat als ein Totschlag.

Ein Straßenraub, versetzte der güldene Pachter, wieso denn? Nun, ich muß einen begehen, derohalben rücket mit Eurem Gelde heraus oder sehet, dieses Pistol soll Euch alsbald verbieten, den Coke über den Littleton jemals wieder zu lesen! Der Fürsprech wurde über seines Klienten grobe Zumutung aufs höchste bestürzet und fragte ihn, ob er meinte, daß weder Himmel noch Hölle wäre, weil er sich solcher gottlosen Taten schuldig mache? Der güldene Pachter gab zur Antwort: Ei, du Huren-Sohn, deine Schamlosigkeit ist sehr groß, daß du mir von Himmel und Hölle vorpredigst, da du denkest, es sei kein anderer Weg zum Himmel als durch Westminster Hall. Los! Los! geschwind herab mit der Reittasche! denn ich habe andere Kundschaft abzuwarten, als den ganzen Tag mit dir Esel zuzubringen.

Der Advokat, der durchaus nicht dran wollte, sein Geld zu verlassen, beharrete noch immer darauf, es wäre eine ungerechte Tat, und sagte, daß es sowohl wider das Gesetz als Gewissen liefe, jemanden zu berauben. Allein der güldene Pachter fragte nichts nach seiner Verteidigung, sondern fluchte und schwur, daß er sich so wenig als einer von seiner Profession vom Gesetz oder Gewissen regieren lasse, deren Gesetz jederzeit mit einer Vollmacht, die Gewissen rege zu machen, versehen sei, aber nach gesprochenem Urteil wußten sie es insgemein recht meisterlich auf die lange Bank zu schieben. Hiermit setzte er dem Advokaten ein Pistol an die Brust, worauf derselbe sein Geld willig auslieferte, welches sich auf die 30 Guineas und elf breite Stück Gold belief nebst einigem Silber und einer güldenen Uhr.

Einstens holete er auf Black Heath einen Kesselflicker ein, von dem er wußte, daß er sieben oder acht Pfund bei sich hatte, und sprach zu ihm: Wohl eingeholt! mein ehrlicher Kesselflicker! Es kömmt mir vor, als wenn Ihr sehr andächtig zu sein schienet, denn Euer Leben ist eine beständige Pilgrimschaft, und aus Demut gehet Ihr mehrenteils barfuß und machet dadurch aus der Not eine Tugend. Ja, Herr!, versetzte der Kesselflicker. Muß ist ein übel Kraut, und Not bricht Eisen, und hättet Ihr nicht mehr als ich, Ihr würdet auch ohne Stiefel und Schuhe gehen müssen. Das könnte sein, sagte der güldene Pachter, und ich glaube, Ihr durchreiset ganz England mit Eurem Sack und Bagage. Ja, sagte der Kesselflicker, ich reise einen guten Weg in der Welt herum, aber nicht so weit als Ihr reitet. Wohl! sagte der güldene Pachter, gehet, wohin Ihr wollet, Eure Gesellschaft ist untadelig, weil Ihr immerfort etwas auszubessern findet. Ich wollte wünschen, antwortete der Kesselflicker, daß ich dieses auch von Euch sagen könnte. Was? du schäbiger Hund aus Ägypten! erwiderte der andere, ich glaube, du denkest, ich sei nicht so gut als du in Beobachtung der Statuten und hielte demnach, dem Staupbesen und Gefängnis zum Trotz, vor besser, zu stehlen, als zu betteln. Der Kesselflicker versetzte wiederum: Ihr müsset bedenken, daß ich mir es muß blutsauer werden lassen, mein Leben zu erhalten. Ja freilich, war des güldenen Pachters Gegenrede, ich weiß wohl, Ihr seid ein solcher abgesagter Feind der Faulheit, daß, wenn Ihr ein Loch zuflicket, Ihr deren viel lieber dreie machet, ehe ihr müßig ginget. Es ist wahr, was Ihr saget, gab der Kesselflicker zur Antwort, alleine ich wollte wünschen, mein Herr, daß ich und Ihr fein weit voneinander wären, denn wahrhaftig, Eure Gesellschaft gefällt mir gar nicht. Eure mir auch nicht, sagte der andere, denn ob Ihr schon an einem jeglichen Orte erhalten werdet, so dürft Ihr doch, Argwohn zu vermeiden, nicht weiter als unter die Tür gehen. In Wahrheit, gegenredete der Kesselflicker, ich habe einen großen Verdacht auf Euch. Habt Ihr einen Verdacht auf mich, fiel des güldenen Pachters Antwort, wohlan denn, er soll nicht ohne Ursache sein! Kommet, öffnet Euren Waat-Sack ohnverzüglich, und gebet das Päckchen Geld her, so darinnen ist! Hier war ihr Gespräch zu Ende, und der Kesselflikker bat vor und nach Gott, daß er ihn nicht plündern möchte, denn wenn er es täte, sähe er sich genötiget, den Weg nach Hause betteln zu gehen, von wannen er über hundert Meilen wäre. Dieser und jener hole mich, sagte der güldene Pachter, ich frage nichts danach, und wenn Ihr Euch 200 Meilwegs betteln müßtet, denn wenn ein Kesselflicker Tyburn und Banbury (das ist, dem Galgen) entkömmet, so hat er das Unglück, daß er als ein Bettler sterben muß. Also nahm er Geld und Waat-Sack zugleich von dem Kesselflicker und hinterließ ihn seiner alten Gewohnheit, in offenen Feldern und niedrigen Hütten zu verbleiben.

Nachdem also der güldene Pachter eine lange Zeit in seiner Ruchlosigkeit fortgegangen war, wurde er endlich im Salisbury Court ertappet; weil er aber die Flucht ergreifen wollte und ein Metzger ihn sich aufzuhalten bemühete, schoß er ihn mit einer Pistole tot; weil er aber nichtsdestoweniger ergriffen wurde, ward er nach Newgate gebracht und kurz danach am Ende des Salisbury Court in der Fleet Street am Freitag, dem 20. Dezember 1689, hingerichtet, nachgehends auf der Bagshot Heath im 64. Jahre seines Alters an Ketten aufgehänget.

II
Der alte Mobb, ein öffentlicher Straßenräuber

Dieser alte Mobb war ein so großer Straßenräuber als einer in dem letzten oder gegenwärtigen Jahrhundert und ist der Rauberei in die 45 Jahre nachgefolget, niemals aber in Gesellschaft anderer, ausgenommen bisweilen mit dem güldenen Pachter gewesen.

Sein rechter Name war Thomas Simpson, geboren zu Romsey in Hampshire, woselbst er ein Weib und 5 Kinder nebst Enkeln zur Zeit seines schändlichen Todes noch am Leben hatte.

Als dieser berüchtigte Räuber einstens dem Herrn Bartholomew Shower zwischen Honiton und Exeter begegnete, forderte er Rechenschaft von ihm wegen seines Geldes, und als er solches von ihm erhalten hatte, es aber mit seiner gemachten Rechnung nicht überein kam, zwang er diesen Herrn, ihm einen Wechselbrief an einen vornehmen Goldarbeiter in Exeter, wo Herr Shower sehr wohl bekannt war, zu geben, damit solcher auf Vorzeigung bezahlet würde. Als er ihn demnach auf hundert und fünfzig Pfund aufgesetzet hatte, band ihm der alte Mobb Hände und Füße und ritt spornstreichs hin zu dem Goldschmied, welcher auf Zeigung des Wechsels ihm sofort das Geld auszahlete. Alsdenn ritt er ebenso schleunig wiederum zurück zum Herrn Shower, den er fand, wie er ihn gelassen hatte, und berichtete ihm, ihn nach erteiltem Pardon fortzuschaffen, und also entledigte er ihn seiner Bande und gab ihm Freiheit, nach Hause zu reisen, von wannen er nicht über drei Meilwegs war: Er sah sich aber genötiget, zu Fuß zu spazieren, denn weil der alte Galgenvogel die Gurt und Zaum am Pferde entzweigeschnitten, war ihm solches durchgegangen.

Ein andermal begegnete dieser vermessene Straßenräuber einem geistlichen Advokaten, der ihm ehemals in dem geistlichen Gerichtshof einige Verdrießlichkeiten verursachet, daß er eine Weibs-Person eine Hure gescholten hatte. Diesem gebot er sehr kühne, anzuhalten und herzugeben, was er habe, sonst wollte er nicht mehr Barmherzigkeit gegen ihn bezeugen, als er gegen eine exkommunizierte Person zu erweisen pflege. Der Advokat tat einen tapferen Widerstand, sein allerliebstes Schoßkind, ich meine das Geld, davonzubringen; allein der alte Mobb war ihm zu mächtig, dahero zog er seinen Beutel heraus und wollte ihn ausleeren, ihm das Geld zu geben, welches 15 Guineas war; weil aber der alte Dieb sah, daß es ein schöner mit Gold gestickter Beutel wäre, wollte er denselben gleichergestalt haben. Der Advokat bat gar sehr, er möchte ihm seinen Beutel lassen, weil er ihm von einem sonderlich guten Freunde verehret worden, dem er versprochen, solchen zeitlebens nicht von sich kommen zu lassen. Allein der alte Mobb hatte keine Ohren für seine Vorbitte, sondern schwur hoch und teuer, daß, gleichwie er itzo *Rem in re* beweisen könnte, also wollte er beides, Beutel und Geld, zusammen haben, oder er würde ihm, ehe sie voneinander schieden, das Licht ausblasen. Wann dann der Advokat sein Leben höher schätzete als den Beutel, gab er ihm solchen mit Gelassenheit und ging seines Weges.

Einsmals holte der alte Mobb den Gadbury, einen Astrologen, auf der Straße zwischen Winchester und London ein und grüßete ihn mit seinem gewöhnlichen Kompliment: Stehe, Hund, und gib her, was du hast! welches ihn in einen zitternden Zustand versetzete und verursachte, daß er sich gar sehr über seine Armut beklagte. Allein der alte Mobb hatte kein Mitleiden mit seiner erdichteten Dürftigkeit, sondern sagte: Du verlogener Schelm, wie kannst du arm sein, dessen Gütigkeit sich allewege über die Marktschreier und Sau-Schneider erstrecket, indem du ihnen die rechte Zeit des Jahres bescheidest, woran sie tot machen oder plagen sollen? Da du überdies gewöhnlichermaßen ein Pächter der Planeten bist, besetzest du zwölf Häuser durch mündliche Vermietung und bezahlest ihnen die jährlichen Renten von deiner Zeit und Studieren; hernach gibst du sie wiederum heraus den Buchhändlern, Papierhändlern, Buchdruckern und Buchbindern, daß sie solche jährlich ebenso hoch nutzen können. Nein, nein, du darfst mir nichts von Armut vorschwatzen, ich weiß alles so gut als du selbsten: Wenn du mir demnach dein Geld nicht augenblicklich hergibst, so soll dir diese Pistole so gefährlich ausschlagen als der erzürnte Stern, welcher unserm Lande in Hundstagen mit Tod und Krankheiten drohet. Herr Gadbury fing nun an, die Sache genauer einzusehen, und weil er befand, daß hier kein ander Mittel mehr übrig sei als die Geduld, händigte er dem alten Mobb sein Geld ganz friedfertig aus, welches sich an Gold und Silber auf die neun Pfund belief; jedoch konnte er sich nicht enthalten, ihm diese astrologische Wahrheit unter Augen zu sagen: Ihr Straßenräuber seid den Lotterien gleich, denn man muß wohl zwanzigmal ziehen, ehe man einen bekommet, der hängenswert sei. Aber der alte Mobb wurde nicht entrüstet über diese Worte, sondern antwortete nur: Er müßte dem Verlierer Erlaubnis zu reden verstatten, und alsdann gab er seinem Pferde die Sporen und eilete, so geschwind er konnte, auf seine rufenden Spießgesellen zu, deren Üppigkeit so groß ist, daß sie ihre Degen mitten unter grausamem Fluchen und unzähligem Teufel-Holen gebrauchen, damit ihre scheinbare Tapferkeit, die von den gröbsten Lastern begleitet wird, sie geschickt machen möge, Oberaufseher über ein Hur- und Kuppel-Haus abzugeben.

Einsmals holete der alte Mobb die Landkutsche ein, so nach Bath reisete, worinnen niemand als eine Dame saß, und befahl dem Kutscher, er sollte stillehalten; und weil er alsdann der Dame ihr Geld abforderte, suchte sie einen Haufen Ausflüchte, daß sie seinem Verlangen kein Genügen leisten könnte, und, Mitleiden in ihm zu erregen, vergoß sie häufige Tränen und klagte, sie wäre eine arme Witwe, die erst vor kurzem ihren Mann verloren, hoffte demnach, er werde Barmherzigkeit an ihr erweisen. Daß dich dieser und jener hole, du Hure, sagte der alte Mobb, und deinen Mann dazu, der Verlust desselben ist kein Beweistum, daß ich auch meine Beute verlieren müsse; Los! Los! gib geschwind Geld her! denn diese deine Krokodilstränen wirken kein Mitleiden in mir, sintemal ich gar wohl weiß, daß das Ende eines Mannes bei seinem Weibe allezeit mit Tränen anfängt, und das Ende ihrer Tränen auf einen andern Mann ausgehet. Wahrhaftig! sagte die Dame, mein letzter Ehemann war so ein lieber Mann, daß ich mirs nimmermehr werde in den Sinn kommen lassen, einen andern zu heiraten, weil ich seinesgleichen an Gütigkeit nicht wieder finden werde. Der alte Mobb gab ihr aber folgende Antwort: Halte das Maul, du verlogene Hure, du wirst gewiß in diesem Stücke vor andern Witwen was besonders haben, die einem Leichentuche gleich sind, so man über die Totenbahren breitet, als welches ohne die geringste Veränderung der Farbe bei vielen Leichenbegängnissen gebraucht werden kann: Also sage mir nur nichts von den Toten, denn ich muß mich von den Lebendigen erhalten! Als die Dame sah, daß hier keine Höflichkeit zu erwarten, gab sie ihm ihre Börse, worinnen über 40 Guineas waren. Der alte Mobb steckte solche ein und sagte: Ich würde eine genauere Visitation mit Euch angestellt haben, wenn ich nicht dorten eine andere Beute kommen sähe! Worauf er sich hinzu machte und befand, daß es Cornelius a Tilburgh, der Quacksalber, sei, der sich in Lincoln's Inn Fields aufhielt und itzo hinreisete, zu Wells eine Schaubühne aufzubauen. Er bediente sich seines gewöhnlichen Befehl-Wortes und forderte sein Geld von ihm, und zwar auf eine sehr ungehobelte Weise, welches den Marktschreier verursachte, unterschiedliche Protestationen zur Erhaltung des Seinigen zu gebrauchen. Aber es war alles vergeblich, denn weil der alte Mobb seine Profession wußte, sagte er: Gleichwie Euch Euer Geld nicht sehr sauer wird, also muß ich Euch des alten Sprichworts erinnern: Wie du kömmst, so gehst du, und wie gewonnen, so zerronnen, dahero tut bald, was Ihr tun wollt, daß ich wiederum an mein Geschäft gehen kann! Der landstreichende Doktor, welcher sein Geld gar nicht gerne verlassen wollte, fing an, ihm eine gute Lektion zu lesen wegen der Unzulässigkeit seines Handels, ihn anbei versichernd, daß, was er täte, den gänzlichen Untergang vieler Leute nach sich ziehen würde.

Ei, du Schelm, kann ich mehr Leute als du ruinieren? der du mehr Menschen um die Augen gebracht als die Kinderpocken; mehr taub gemacht als der Wasserfall des Nilstroms, mehr gelähmet als das Zipperlein; mehr Spannadern eingeschrumpfet als einer, der Bogensehnen verfertiget, und mehr getötet als die Pestilenz: Derowegen mache los und gib Geld her, sonst will ich dir zu erkennen geben, daß, obschon dein Orvietan Gift austreibet, es doch nicht kräftig genug sei, der Gewalt des Schießpulvers zu widerstehen, welches vermittelst ein wenig Blei deinen Leib ärger voller Löcher machen soll als ein Sieb. Hierauf plünderte er ihm sein Felleisen und nahm 25 Pfund heraus, nebst einer güldenen Medaille, so ihm von König Karl dem Zweiten, weil er in Seiner Majestät Gegenwart Gift eingenommen, verehret worden.

Als zu einer andern Zeit der alte Mobb der Herzogin von Portsmouth begegnete, die mit einem gar schlechten Gefolg von Newmarket kam, erkühnte er sich, sie zu fragen, was sie hätte? Weil aber die Herzogin nicht so bereit zu geben als er zu fordern war, sagte sie: Wisset Ihr, wen Ihr anhaltet? Ja, Madame! erwiderte der alte Mobb, ich halte eine Erz-Hure an: Gleichwie demnach meine Profession ist, eine Hure zu berauben, damit ich eine andere bereichern möge, also muß ich mich erkühnen, ohne fernem Wortwechsel zu nehmen, was Ihr habet. Die Herzogin erzürnete sich über diese Worte und hielt ihm seine Schamlosigkeit vor, sagte auch rundheraus, er sollte nichts von ihr haben; ja, was noch mehr, bot sie zum Trotz, sie anzurühren, wenn er das Herz hätte. Wahrlich, sagte der alte Mobb, ich habe das Herz, und sollte es mich mein Leben kosten; derowegen, du französische Hure, gib Geld her! Denn gleichwie Ihr keine andere Ware als französische bei Euch habt, also kann ich die Hinwegnehmung desjenigen, was kraft einer Parlamentsakte verboten ist, nach dem Gesetz wohl verantworten. Nachdem er also auf eine sehr ungeschliffene Weise über die Herzogin herfiel, fing sie an, um Quartier zu bitten, welches ihr der alte Mobb auch stracks gab, sobald sie ihm 200 Pfund an Geld, so in ihrer Kutsche war, nebst einem kostbaren Halsband, einer güldenen Sack-Uhr und einigen Demantringen aushändigte.

Da der alte Mobb einsmals zu Bath war und vernahm, daß ein gewisser Lord den nächsten Tag von da nach London aufbrechen wollte, aber mit einem sehr starken Gefolge, warf er sich in Fraunzimmer-Habit; und weil er einen ziemlichen Spiegel hatte, angesehen er noch sehr jung war, ließ sich der Pair gelieben, Bekanntschaft bei dieser jungen Demoiselle, wovor er sie ansah, zu suchen. Nachdem er also eine gute Weile mit ihr geschwatzet hatte, kam den guten Lord eine Lust an, seine Geilheit auszuüben. Und da er ihr demnach diesen Vortrag tat, stellete sich diese maskulinische Demoiselle sehr ehrbar und verzumpen an, sagend: Es gezieme ihrem Geschlecht, daß sie unehrbare Dinge auch nicht einmal vor ihre Ohren dürfte kommen lassen, und damit sie solchergestalt der Tugend die Mühe erspareten, müßte Verwunderung und Abscheu solches unterbrechen. Als aber der Lord seine Neigung sehr begierig fortsetzete, fing sie so sittsam an zu lächeln, als ob sie keine Zähne, sondern nur Lippen gehabt hätte; und indem sie seine verliebten Karessen endlich anzunehmen schien, vermeldete sie dem Lord, daß, wofern man einen einsamen Ort hätte, sie sich eine Ehre daraus machen wollte, seinem Verlangen eine Genüge zu leisten: Alleine vor einem Dutzend Bedienten, die Seine Herrlichkeit um sich hätten, ihren Leib preiszugeben, ließ sich nicht tun, und wenn er ihr die ganze Welt geben wollte. Dem Lord lachte über dieser Erklärung das Herz im Leibe, und sie waren nicht über eine halbe Meile fortgefahren, so präsentierte sich ihren Augen ein Wald, da befahl er seinen Bedienten, sie sollten stillehalten, bis er wieder zu ihnen käme, und er nebst seiner geliebten Mätresse fuhren miteinander ins Holz; und indem er abstieg, willens, zum *Examen rigorosum* zu schreiten und, damit er in den Hafen des Vergnügens einlaufen möchte, ihr den Rock aufhub, traf er unter diesem ein Paar Hosen an, welches ihn zu fragen bewog: Was der Henker, Madame! bedeutet dieses, daß Ihr Hosen anhabt? Nichts, erwiderte der alte Mobb, als daß Ihr Euer Geld hineinstecken sollet. Hiermit setzte er dem Lord ein Pistol an die Brust und sagte: Wofern Ihr nur den geringsten Widerstand tun werdet, so seid Ihr des Todes! Also band er dem Lord Hände und Füße und suchte seine Taschen aus, worinnen er über hundert Guineas und Pistolen fand, wonebst er ihm auch noch eine güldene Taschenuhr, eine güldene Schnupftabaksdose, zwei Demantringe und einen Degen mit einem silbernen Gefäß abnahm, sagte auch noch zu dem Lord: Hieraus kann der Herr sehen, wasmaßen das Unglück bisweilen auch einen Hofmann betreffen könne, der gemeiniglich nichts als Unbeständigkeit suchet, nichts als Schönheit bewundert und nichts als das Glück beehret: Hiermit Adieu, Mylord, bis zur nächsten fröhlichen Zusammenkunft! Alsdenn ritt er einen andern Weg durch das Holz.

Da nun die Bedienten über eine Stunde gewartet hatten und sich verwunderten, wo ihr Herr so lange bleiben möchte, fingen sie an, sich nach ihm umzusehen; und indem sie in den Wald hineingingen und eine Stimme um Hilfe schreien hörten, folgten sie dem Schall so eilig nach, als sie konnten, bis sie ihren Herrn antrafen, der seine Leute nicht so bald ansichtig wurde, als er sie bat, sie möchten ihn losmachen; wobei er zugleich diese Worte vernehmen ließ: Hier seht ihr einen Mann, der sich durch die Liebe auch einmal hat in einen Narren verwandeln lassen, denn indem ich mit dem Liebes-Affekt zu streiten gesuchet, habe ich all mein Geld nebst meinem Gewehr verloren. Die Kröte, welche ich vor eine Weibs-Person hielt, ist ein Straßenräuber und hat mir alles, was nur kostbar ist, abgenommen. Aber dieser und jener hole mich! wofern ich mich inskünftig einigem Ding, so einem Weibe gleich ist, wiederum alleine vertrauen will. Ja, ich mochte noch so gute Worte geben und noch so erbärmlich betteln, dennoch wollte mir der verfluchte Schelm nicht einmal eine Uhr wiedergeben, sondern sagte, er habe sich vorgesetzt, heute den ganzen Tag nach der Stunde zu rauben und zu plündern. Nachdem also der Lord seiner Bande entlediget war, ritt er so schnell, als er konnte, zu dem nächsten Gasthof und *discebat mercari cautius.*

Ein andermal befand sich der alte Mobb zu Abingdon, woselbst ein großer Kornmarkt gehalten wurde. Da geriet er im Gasthof Zur Krone mit einem gewissen Mann in Gesellschaft, von dem er wußte, daß er ein großer Aufkäufer des Getreides war und damals auf diesem Markt davon vor 50 Pfund eingekauft hatte, welches ihm der alte Mobb wieder abkaufte und 80 Pfund bares Geld davor hinzahlte, weil (wie er sich anstellte) ihm solches besser gefalle als alles andere, so man diesen Tag feilhatte. Er schaffte das Korn alsbald hinweg und an einen Ort, wo er es zu nutzen wußte; wiewohl nicht so hoch, als es ihm zu stehen kam: Und weil er wußte, welchen Weg besagter Mann, von dem er das Korn gekaufet, des folgenden Morgens nehmen werde, passete er ihm zu rechter Zeit auf, setzte ihm ein Pistol an die Brust und forderte sein Geld wieder nebst allem, was derselbe sonst bei sich hatte. Der Landmann erschrak aufs heftigste, zitterte wie Aspen-Laub und fragte ihn, ob es recht sei, ihm das Geld und auch das

Seinige zugleich abzunehmen? Bist du noch so unverschämt, sagte der alte Mobb, daß du von Recht und Gerechtigkeit redest, da doch keine Seele in der Welt ist, die mehr Ungerechtigkeit wirket als ein Aufkäufer und Verteuerer des Getreides? Du Galgen-Schwengel, es ist kein schädlicher Ungeziefer im ganzen Lande, ihr beleget Himmel und Erden zugleich mit Schmach, wenn ihr Teuerung verursachet, da doch ganz und gar kein Mangel vorhanden. Du Teufels-Brut! Ihr betet täglich um Teuerung und wisset nicht, warum wir die Tage unserer Vorväter die Zeit der Unwissenheit nennen, nämlich bloß deswegen, weil sie den Scheffel Weizen vor zwölf Pence verkauften. Du Erz-Bösewicht! wünschest du nicht, daß Danzig wäre, wo der Pfeffer wächst? Und verfluchst du nicht den Tabak, weil man saget, daß man das Brot damit ersparet, welches du so oft ohne Verzollung verpartierest? Kein Gemälde gefället euch so wohl als Pharaos Traum von den sieben mageren Kühen, so die fetten aufgefressen; diese solltet ihr in eure Stuben setzen und sie den Leuten rekommandieren, daß sie um gleiche Teurung beten möchten. Und weil ihr wisset, daß die Armen der Gerechtigkeit von eurem Wesen Nachricht erteilen, hasset ihr sie tödlich und beklagt euch über unsere Nachlässigkeit in Entdeckung neuer Teile der Welt, bloß deswegen, sie aus dem Lande zu schaffen. Drum sage mir nichts mehr von Gerechtigkeit, du verdammter Hund! sondern gib diesen Augenblick her, was du hast, sonst will ich dir ein paar Kugeln durchs Oberstübchen schicken! Hierauf überlieferte der Spekulant ihm einen Sack, worinnen der alte Mobb nicht nur sein Geld, sondern noch viel darüber fand, weswegen er sich mit großer Zufriedenheit hinwegbegab.

Nicht lange nach Begehung dieses Straßenraubes begegnete der alte Mobb dem Kanzler Jeffreys, welcher auf sein Landgut reisete und damals zugleich Lord Chief Justice oder der oberste Richter von England war; da hielt er die Kutsche an und forderte ihm sein Geld ab, nachdem er vorhero ein paar von seinen Dienern, die sich ihm widersetzet, verwundet hatte, indem er einem durch den Arm und dem andern durch den Schenkel geschossen. Weil aber der Lord nicht gesonnen war, das Seinige gleich so hinzugeben, fragte er den alten Mobb, ob er ihn auch kenne? Der alte abgefeimte Vogel antwortete: o ja, Mylord, ich kenne Euch gar wohl und sollte Euch als einen Schergen traktieren, denn versichert, Ihr habt mich einsmals zu Hertford auf dem Land-Tag in nicht geringe Gefahr meines Lebens gesetzet; drum will ich Euch anitzo Gleiches mit Gleichem vergelten! Weil er nun mit vielem erschrecklichem Fluchen und Schwören beteuerte, den Lord über den Haufen zu schießen, gab ihm derselbe, was er an Geld bei sich hatte, welches sich über 56 Guineas belief.

Endlich aber wurde dieser alte Mobb dennoch über seiner Spitzbüberei ergriffen, in der Tothill Street in

Westminster, und nach Newgate gebracht; und nachdem er hierauf im Gerichtssaal des alten Justizgebäudes Old Bailey wegen 36 Beschuldigungen, denen er aller, bis auf viere, schuldig befunden worden, verurteilet wurde, vollzog man zu Tyburn am Freitag, so der 30. Mai 1689 war, das Todesurteil an ihm.

III
Whitney, ein Straßenräuber

Dieser bekannte Straßenräuber, Whitney, der Fleischhauer, traf in der Grafschaft Kent Herrn Warren an, welcher einige Jahre bei der Kirche zu Greenwich Vesper-Prediger gewesen war, da setzte er nebenst seinen Raub-Gesellen auf diesen Herrn los und plünderte ihn. Hierauf sagte Whitney, er habe in langer Zeit keine Predigt gehöret, sintemal er der Kirche auf ewig gute Nacht gegeben; es wäre demnach sein inständiges Verlangen, der Prediger möchte belieben, ihn hierselbst mit einer zu beehren. Herr Warren, welcher sah, daß er und seine Gesellen resolut bei ihrer Kurzweil waren, und besorgen mußte, sie dürften ihm Schaden zufügen, falls er ihnen ihr Begehr abschlüge, zumal er sich in einem sehr übeln Orte befände, fing an, ihnen auf folgende Weise ein Genügen zu leisten.

Ihr Herren! mein Text ist THEFT (Raub oder Diebstahl): Und da derselbe nicht in Verse und Silben eingeteilet werden kann, angesehn er nur aus einem Wort, und zwar einem einsilbigen, bestehet, so verbindet mich die Notwendigkeit, denselben in Buchstaben abzuteilen, welche ich diese zu sein befinde: T, H, E, F, T. Nun, meine Geliebten! T ist *Theologisch*; H ist *Historisch*; E *Exegetisch*, F *Figürlich*; und T *Tropisch*. Der *Theologische* Teil meines Textes gründet sich auf die Wirkungen, so er herfürbringet, welche ich von zweierlei Gattung zu sein befinde: Die erste in dieser Welt; die andere in der zukünftigen. Die Wirkungen, so er in dieser Welt herfürbringet, sind T, *Tribulation* (Trübsal), H, *Hatred* (Haß), E, *Envy* (Mißgunst), F, *Fear* (Furcht), und T, *Torment* (Tortur und Marter): Denn was kann doch einem Menschen vor größere Trübsal widerfahren, als wenn er, der angenehmen Freiheit beraubt, leben und sich in ein stinkendes Gefängnis einsperren lassen muß? Dieses muß notwendig eine vollkommene Repräsentation der Eisernen Zeit sein, weil man daselbsten nichts höret als das Getöse der Fesseln, Riegel, Gatter und Schlüssel, welches einen so großen Lärm machet als der Wetterhahn auf dem

St.-Peters-Turm in Cornhill. Jedennoch muß ich zugeben, daß ihr Straßenräuber, solange ihr euch unter dieser Trübsal befindet, vor eine Art der Christen passieren könnet, sintemal ihr gewissermaßen Märtyrer seid und wirklich und in der Tat um der Wahrheit willen leidet. Ferner habt ihr den Haß aller ehrlichen Leute auf euch, wie auch die Mißgunst der Kerkermeister, wenn ihr euch ohne Geld in euern Schubsäcken unter ihre Botmäßigkeit begebet. Ich bin versichert, daß allen von eurer Profession mehr als zu wohl bekannt ist, welchergestalt mancher Stockmeister nicht allein Geld aus euren Bubenstücken zu destillieren, sondern sich von euerm Fluchen und Schwören zu mästen hoffet, und dahero sind deren Ohren vor dem Schreien anderer verstopfet, und sie haben Räson dazu: Denn lege das Leben eines Menschen in eine Waagschale und seine Einkünfte in die andere, so wirst du befinden, daß er gern das erste verlieret, wenn er nur die letztern erhalten kann. Benebst seid ihr allzeit in so großer Furcht, ergriffen zu werden, als ein Kaufmann, der viel schuldig ist, vor den Schergen; welcher auch vermummet geht wie ein Dieb und allzeit die Wahrzeichen eines solchen mit sich herumträgt, denn er bestiehlt die Leute verzagterweise, bezupfet sie, wo er weiß und kann, und hält sie so lange auf, bis er ihnen den Beutel gefeget. Alleine nur hierinnen sind sie voneinander unterschieden, daß der Dieb beherzter ist und ein ehrlicher Mann noch unerschrokkener als sie alle beide. Und wenn ihr alsdann ergriffen werdet, so folget nichts als Tortur und Marter darauf; denn wenn ihr einmal im Kerker eingesperret seid, wie ich vorher angemerket, so kommt ihr bald hernach unter des Henkers Klauen, da hänget er euch wie lauter Hunde auf, bloß deswegen, daß ihr euch dieser bestürzenden Worte bedienet: Stehe und gib her! weil die Wirkung, so Rauberei und Dieberei in der zukünftigen Welt herfürbringet, mit der andern nicht einerlei Bewandtnis hat, indem jene zeitlich, diese aber ewig ist: Also will ich zu dem *Historischen* Teile meines Textes fortgehen und aus der Profan-Historie beweisen, daß die Kunst, zu rauben und stehlen, sich auf einiges Altertum gründet. Paris entführte Helena; Theseus stahl Ariadne, und Jason raubete Medea. Alleine das Altertum kann den Lastern das Wort nicht reden, sintemal sowohl göttliche wie menschliche Gesetze böse Taten, insonderheit Rauberei und Dieberei, nachdrücklich untersagen: Denn die Historie unterrichtet uns gleichergestalt, daß zum Exempel Skiron der Dieberei wegen, so lang als er war, in das Meer gestürzet worden; Cacus wurde von dem Herkules getötet; Sisyphus in Stücke zerhauen; Brunellus, weil er des Angelicus seinen Ring gestohlen, aufgehangen; und Kaiser Friedrich der Dritte verdammte alle Diebe auf die Galeeren.

Der *Exegetische* Teil meines Textes ist eine Art von einer Erklärung dessen, was ich soeben erst gesagt habe, nämlich daß eure Übertretungen sowohl der göttlichen als menschlichen Ordnung zuwider sind, als welche beide mit allen Arten des Diebstahls streiten. Wenn ihr demnach entschlossen seid, diesen Lebenswandel also fortzusetzen, so wisset, daß, ungeachtet ihr mich beraubet, meine Liebe dennoch so groß gegen euch ist, daß, wofern ihr euch nur in Acht nehmen könnet, erwischet zu werden, ich euch jederzeit vom Strange zu erretten suchen werde.

Der *Figürliche* Teil meines Textes soll dartun, daß, ob ich euch schon Herren nenne, ich euch dennoch in meinem Herzen alle vor Schelme und Spitzbuben halte; aber ich zäume nur meinen Zorn durch einen Euphemismus, welches eine Figur oder Redensart ist, so harte Sachen unter angenehmen Worten vorträget. Also gab ein gewisser Mensch, als er vor Alexander den Großen, König von Mazedonien, gebracht und befragt ward, warum er und seine Gesellschaft übel von dem König gesprochen, diese Antwort: Hätte nicht der Wein gefehlt, wir hätten viel ärger geredet! Wodurch er andeuten wollte, daß diese Worte mehr von Wein als Bosheit hergerühret, kraft welchen freien und kurzweiligen Bekenntnisses er des Alexanders große Ungnade besänftiget und Vergebung erhalten. Aber auch auf den *Tropischen* Teil meines Textes zu kommen, welcher darinnen bestehet, daß man ein Wort von seiner eigentlichen und rechten Bedeutung auf einen andern Verstand lenket, als wenn ich euch die berühmtesten Straßenräuber nenne, so bitte, mir aufmerksame Ohren zu schenken und die Ermahnung St. Pauls, des Apostels, anzunehmen: Wer gestohlen hat, der stehle nicht mehr! Sonst zielen die Buchstaben meines Textes auf einen tragischen und traurigen Ausgang; denn T, *Take care* (nimm dich in acht) H, *Hanging* (vor dem Henken) E, *Ends not* (damit sich nicht endiget) F, *Felony* (die Spitzbüberei) T, *at Tyburn* (zu Tyburn am Galgen.)

Nachdem der Pfarrer seine Predigt geendiget hatte, welche einer von des Whitneys Gesellschaft nachgeschrieben, gefiel ihnen dasjenige, so er geprediget, so wohl, daß sie sich vereinigten, ihm den Zehnten zu geben.

Jonathan Wild auf dem Weg nach Tyburn

Also zähleten sie das Geld, so sie ihm abgenommen, und da sie befanden, daß es gerade zehn Pfund sei, gaben sie ihm zehn Shilling vor seine Mühe und ritten alsdenn davon, sich umzusehen, wen sie weiter in ihre Klauen kriegen möchten.

Als Whitney und seine Gesellen zu einer andern Zeit einen Herrn auf der Bagshot Heath antrafen, geboten sie ihm, stehenzubleiben, worauf der Herr sagte: Ich wollte gleich eben dieses zu Euch sagen, Ihr Herren! Ei, nicht doch? sagte Whitney, seid Ihr ein Räuber? Er antwortete: Ja, mein Herr! aber ich bin heute sehr unglücklich, denn ich bin den ganzen Morgen auf und nieder geritten und habe noch nicht die geringste Beute angetroffen. Alsdenn wünschete Whitney nebst seinen Kameraden diesem Herrn gutes Glück, weil sie ihn vor einen von ihrer Hantierung ansahen, und schieden voneinander. Aber des Abends begab sichs, daß sie in einen Gasthof kamen, woselbst sie diesen Herrn behorchten, wie er einem andern erzählte, welchergestalt er diesen Tag hundert Pfund davongebracht, daß sie ihm von ein paar Straßenräubern nicht hinweggenommen worden, indem er sich vor einen von ihrer räuberischen Gesellschaft ausgegeben. Sie waren recht toll auf sich selbsten, als sie hörten, was vor eine Beute sie entwischen lassen, indem sie der Person, die sie angehalten, Glauben beigemessen, als ob sie einer von ihrer Fraternität wäre. Und als sie den Herrn, welchem diese Begebenheit erzählt ward, sagen hörten, daß er eine ansehnliche Summe

Geldes bei sich hätte, und wenn er demnach, ehe er nach Hause käme, auf der Straße angegriffen werden sollte, er sich eben der gleichen List bedienen wollte, schwuren sie, ihn in genaue Obacht zu nehmen. Nachdem also des folgenden Morgens Whitney und seine Spießgesellen sich zuerst aufgemachet, lauerten sie in einem Hinterhalt auf diesen Herrn, und als er plötzlich auf sie stieß, gebot ihm Whitney, stehenzubleiben. Worauf er schrie: Wahrhaftig, ihr Herren, ich wollte eben dieses gleich zu Euch sagen! Whitney gab zur Antwort: Seid Ihr ein Herr Räuber, mein Herr? Ja, erwiderte dieser Herr. Ei, nicht doch? versetzte Whitney. Nun ist es ein alt Sprichwort, daß sich zween von einerlei Hantierung nie recht wohl miteinander vertragen: Also gebet geschwind her, was Ihr habt, sonst werdet Ihr mich nötigen, ein paar Kugeln durch Euren Kopf zu senden. Weil diese erschrecklichen Worte den guten Herrn in eine grausame Bestürzung setzeten, gab er dem Whitney hundertundzwanzig Guineas, welcher sodenn Abschied von dem beraubten Herrn nahm, ihn ersuchend, dem andern Herrn, wenn er ihn wieder zu Gesichte bekäme, zu vermelden, daß die Worte: Ich wollte dieses eben gleich zu Euch sagen, seinen Speck niemals mehr davonbringen sollten.

Einstens begegnete Whitney und sein Anhang dem Mr. Hull, einem alten Wucherer, der vormals im Strand wohnete, als er über die Hounslow Heath ritt; da gebot er ihm, zu stehen und herzugeben! Der alte Mann geriet hierüber in eine große Verwirrung, indem er zitterte, als ob er mit der bösen Krankheit behaftet gewesen; und derweil er mit den Straßenräubern argumentierte, vorgebend, er sei ein armer Mann, und es würde gänzlich um ihn geschehen sein, wofern sie so unbarmherzig wären, sein Geld von ihm zu nehmen; überdies sei es etwas sehr Ruchloses, daß sie einer solchen leichtfertigen Lebensart nachfolgeten; er bäte sie demnach demütigst, sie sollten mit ihm verfahren, wie sie wollten, daß man mit ihnen verfahren sollte. Whitney antwortete mit grimmigem Zorn: Du alter Galgenvogel! unterwindest du dich, ehrlichen Leuten moralische Lektionen vorzulesen? Du ungehenkter Dieb, ich kenne dich gar wohl, was vor ein schändlicher Geizhals, Knicker und Wucherer du bist, der du dein Geld auf eine unrechtmäßige Weise zu vermehren suchest, du scheinest demnach eines Stockmeisters Sohn zu sein; denn all dein Vermögen ist in den unbarmherzigsten und grausamsten Händen. Du in ein Wams gekleideter Hund, kannst du so vermessen sein, bessern Christen vorzupredigen, als du selber bist? Nein, nein, wir wissen es besser, als daß wir uns von dir Sitten-Lehren dürfen vorschreiben lassen, dessen Gewissen es hasset, nach Recht und Billigkeit zu handeln; und weil uns deine Schamlosigkeit erinnert, wir sollten mit dir verfahren, wie wir wollten, daß man mit uns verfahren möchte, so wollen wir dir mit dem Maß messen, womit du andern missest, deren Freund du schwerlich sein kannst, sintemal dein Dichten und Trachten dahin gehet, alle Menschen ins Verderben zu bringen. Und indem er hierauf dem alten Hull sein Geld nahm, welches an die 18 Pfund war, wurde der so rasend über diesen Verlust, daß er sagte, es sollte nicht lange Anstand haben, so wollte er sie den steilen Holborn Hill hinan rückwärts reiten sehen. Hiermit riß Whitney den Mr. Hull vom Pferde herab, und indem er ihn mit dem Angesicht gegen des Pferdes Schwanz gekehret wiederum hinaufsetzte und seine Beine unter des Pferdes Bauch zusammenband, sagte er zu ihm: Nun, du Schelm! nun wollen wir sehen, was vor eine Figur du machen wirst, wenn du rückwärts reitest. Und indem sie also dem Pferd ein Dutzend gute Hiebe mit der Peitsche gaben, rennete das Tier ohne Stillestehen spornstreichs fort, bis es seinen Herrn in die Stadt Hounslow brachte, woselbsten die Leute den alten Mann wieder in die Freiheit setzten.

Dieser große Straßenräuber Whitney ging eines Morgens in den Gasthof Zum Roten Löwen zu Doncaster in Yorkshire und zog aus seinem Felleisen einen hundertpfündigen Sack, der mit messingnen Zahl-Pfennigen angefüllet war, heraus, und indem er in Gegenwart des Wirtes eine Handvoll gutes Geld, welches durch ein Stück dazwischengenähtes Tuch von den Zahl-Pfennigen abgesondert war, aus demselben hervorzog, alsdann den Sack wieder zuband und ihn wiederum in sein Felleisen verschloß, sagte er: Herr Wirt, Er sei so gut und hebe mir mein Felleisen sicher auf! Nachdem er hierauf ein gutes Frühstück gegessen hatte, ging er aus zu sehen, was man denselben Tag auf dem Jahrmarkt allda feilhabe; und ohngefähr eine Stunde danach kam er gleichsam ganz eilfertig in den Gasthof zurück und vermeldete seinem Wirt, er habe auf dem Markt Handgeld auf ein paar Pferde gegeben; und weil er demnach nicht gleich Geld bei sich hätte, solche zu bezahlen, so bäte er, so gut zu sein und ihm 20 Guineas zu leihen und sein Pferd zu holen, welches er vor ein anderes vertauschen wollte. Diesemnach lieh der Mann des Hauses dem Whitney zwanzig Guineas, weil er im geringsten nicht zweifelte, ein genugsames Pfand dafür in seinen Händen zu haben. Da aber Whitney weder denselben noch den andern Tag in den Gasthof zurückkam, fing der Gastwirt an, ungeduldig darüber zu werden, und öffnete das Felleisen nebst Zeugen, fand aber nichts darinnen, so Gelde gleich gesehen, sondern eine gute Menge Rechen-Pfennige, welches ihn veranlassete zu fluchen, als wenn er unsinnig wäre, daß er sein Geld vor eine Sau im Sack, das ist, ehe er die Ware besehen, hingegeben.

Nicht lange nach diesem an dem Gastwirt verübten Schelmstück traf Whitney und noch einer von seinem Anhang den Esquire Long auf der Newmarket Heath an, da ritten sie auf ihn los, und des ehrbaren Herrn Whitneys erste Begrüßung war: Schelm, steh, und gib Geld her, oder dieser und jener soll dich holen! Worüber sein Kamerad unwillig zu sein schien und dem Whitney zurief: Könnt Ihr einen ehrlichen Herrn nicht höflich berauben? Müßt Ihr denn so dabei fluchen und schimpfen wie ich weiß nicht was? Dessenungeachtet nahm Whitney an die hundert Pfund aus dieses Herrn seinem Felleisen: Und weil dieser gar kein Geld mehr bei sich hatte, erzählte er den Straßenräubern seinen Zustand, wasmaßen er noch einen weiten Weg zu reisen hätte, hoffte demnach, sie würden seine Umstände doch sofern in reife Betrachtung ziehen, daß sie ihm nur etwas zur Zehrung zurückgäben. Worauf Whitney den Sack aufmachte und sagte: Da nimm einiges! Indem nun dieser Herr seine Hand in den Sack hineinsteckte und so viel Geld, als er halten konnte, herausnahm, sah ihn Whitney deswegen mit starren Augen an und schrie: Ei, Herr, habt Ihr gar kein Gewissen in Euch? als wäre es ein sehr ungewissenhaftes Stückchen von ihm gewesen, die Höflichkeit dieser Kerle zu mißbrauchen, die das Gewissen hatten, alles, was er hatte, ihm hinwegzunehmen. Doch sie ließen ihn behalten, was er von seinem eigenen wiedereroberte, und ritten, so schnell sie nur konnten, auf und davon, das übrige in ihrer üppigen und ruchlosen Lebensart durchzubringen.

Als Whitney die erste Neigung zur Mauserei erkennen ließ, ging er mit einem andern lüderlichen Fleischhauer, Kälber einzukaufen, nach Essex, woselbst sie ein ungemein schönes Kalb antrafen, welches ihm gar sonderlich wohl gefiel; weil aber der Besitzer es außerordentlich teuer bot, sagte Whitney zu seinem Kameraden: Warum sollten wir so viel Geld hingeben, welches anitzo ohnedem sehr dünne bei uns ist, da wir das Kalb auf die Nacht umsonst kriegen können? Der andere Fleischer billigte seinen Vorschlag, und saßen und tranken den ganzen Tag zu Rumford, bis es Zeit war, ihr Vorhaben ins Werk zu setzen. Nun begab sichs, daß ein Bärentreiber desselbigen Abends in diese Stadt kam, der einen großen Bären, den er im Lande herumführete, bei sich hatte und in dieses Mannes Haus, bei welchem Whitney das Kalb zu stehlen willens war, einkehrte, denn er hielt einen Bierschank eine Viertelmeile auf der Straße von Rumford; weil es nun hieselbst an einem bequemen Platz fehlete, den Bären hineinzusperren, sagte die Magd: Wir haben ein Kalb im Hof, welches ich herauf in meine Kammer tragen will, alsdenn könnet Ihr Euren Bären in seinen Stall tun. Als demnach dem Bären der Maulkorb angeleget war, führete man ihn in das Kälber-Behältnis hinein; und um Mitternacht, da es stockfinster war, kamen Whitney und sein Spießgeselle, ihre Beute abzuholen: Whitney kroch ganz sachte hinein in den Stall, und indem er mit den Händen nach dem Kalb herumtappete, kriegte er endlich den Bären zu fassen, welcher nach seiner trägen Art schwer dalag, dahero er anfing, solchen zu rütteln und zu schütteln, damit das vermeinte Kalb aufstünde. Indem sich nun der Bär verunruhiget fand, fing er an, sich aufzurichten und auf seine Hinterfüße zu treten und schloß den Whitney aufs festeste in seine zwei vorderen Tatzen ein. Dem andern Fleischhauer kam vor, als ob sein Kamerad ein wenig zauderhaft wäre, rief demnach mit leiser Stimme: Was zum Teufel machest du? willst du denn die ganze Nacht über dem Kalbe zubringen? Ei was Kalb, sagte Whitney, ich glaube, ich habe den Teufel erhascht, denn er hält mich so fest als eine Hexe. Ich bitte dich drum, sagte der andere Fleischhauer wieder, wenn du es funden hast, so brings doch her! Ich kann nicht, versetzte Whitney; so komm doch nur selbsten! sagte sein Kamerad. Ei! erwiderte Whitney, er will mich nicht gehen lassen. Hierauf ging der Metzger selber hinein, und erlösete Whitney aus seines Feindes Klauen: Aber dieser böse Possen veranlassete ihn, daß er schwur, nimmermehr wieder Kälber stehlen zu gehen.

Nach dieser Bären-Bataille hielt Whitney den Georgen-Gasthof zu Cheston in Hertfordshire, weil er aber bei dieser Hantierung nicht reich werden wollte, verließ er solche bald und kam nach London, ein unordentliches Leben zu führen, es möchte hinauslaufen, wo es wollte. Weil er nun wohlgekleidet ging und sich wie einer vom Adel aufführete, begab sichs, daß er eines Morgens vor eines Seidenkrämers Tür auf dem Ludgate Hill stand und auf einen Freund, der zu ihm kommen wollte, wartete. Da gingen ein paar sehr wohlgeschmückte Stadt-Huren vorbei, und weil sie meineten, Whitney gehöre zu dem Warenlager, fragten sie, ob er nicht was von feiner Seide nach der neuesten Fasson hätte? Er antwortete mit nein; aber in ein Tag oder zween sollten ihm von seinem Weber etliche Stücke gebracht werden: Wenn sie demnach belieben wollten, ihm zu berichten, wo er ihnen sodann aufwarten möchte, wollte er ihnen Muster von sehr kostbarer und modernster Art bringen. Die Huren stutzten hierüber ein wenig; nachdem sie aber einander ein Zeichen gegeben, gaben sie vor, sie wären Personen, die erst neulich vom Lande gekommen und vorher noch niemals in London gewesen wären, wüßten demnach den Namen der Straße nicht, in welcher sie logiereten; wofern er aber mit ihnen zu gehen beliebte, wollten sie ihm den Ort ihres Aufenthaltes zeigen. Whitney merkte gar wohl, daß dieses eine listige Finte wäre, beschloß aber dennoch, sich mit ihnen zu wagen. Hierauf ging er hinein in das Lager zum Kram-Jungen, sich stellend, als ob er ihm Befehl wegen seiner Geschäfte erteilte, während er ihn im Gegenteil nur zum Schein nach einem erdichteten Namen fragte, der dem Kauf-Diener unbekannt war; alsdenn kam er wiederum heraus, die beiden Frauenzimmer bis zu ihren Wohnungen zu begleiten. Und als er sie bis an ihre Haustüre gebracht hatte, wollte er seinen Abschied nehmen, allein sie riefen: Nein, mein Herr! sondern Sie müssen mit hineinspazieren und ein Glas Wein annehmen, vor die Mühe, die Sie sich gegeben haben: Denn sie hielten ihn nunmehr vor nichts anders als den Herrn selbsten, angesehen sie ihn während des Fortgehens sowohl vor vornehmen Standespersonen in ihren Kutschen als auch reichen Bürgern tiefe Bücklinge machen sahen, die ihn auch aus Höflichkeit wiedergrüßeten. Sie wiesen ihm demnach ein sehr schönes und aufgeputztes Zimmer an, woselbst er sich an einen Tisch setzen und seinesteils Wein im Überfluß trinken mußte, sie aber tranken nur zum Schein, und dieses nicht ohne Ursache. Alsdenn wurde eine feine Kollation von kalter Küche aufgetragen; nachdem diese vorbei war, kam die Magd hinein und zischelte der einen Halbwelt-Dame etwas ins Ohr, worauf sie ihre Gegenwart entzog und Whitney mit der andern alleinließ; diese fing nach einigen Diskursen sehr verliebt zu schwatzen an, weil er sich als einen Anfänger in Liebessachen anstellte, und entblödete sich nicht, ihm als eine Meisterin die süße und leichte Lektion der Liebe, wie sie sagte, zu lehren. Er bezeugte sich sehr willig zum Lernen, besorgte aber, er werde zu teuer dafür bezahlen müssen, denn er wußte schon, daß sie so viele Seide verlangen würde, als sie zu einem ganzen Kleide oder wenigstens einem Weiberrock brauchte; auf welche Art er aber solche bekommen sollte, wußte er nicht. Whitney ließ sich endlich überreden, ihr gehorsamster Diener zu sein und ihren Befehlen nachzuleben. Nun war er ein wenig hitzig vor der Stirne; damit es demnach nicht vielleicht den Schein haben möchte, als sei er weniger, als wovor man ihn hielt, zog er aus Prahlerei eine Handvoll Geld heraus, welche Lockspeise seiner Mätresse in ihrer Einbildung schmeichelte, welche ihn mit sich in ihre Kammer nahm, woselbst er die Früchte der süßen Liebe mit so oftmaliger Wiederholung einerntete, daß sie trefflich wohl mit seiner Bedienung zufrieden zu sein schien: Allein, wie ihre Gedanken vorhero gewesen, so war das Lied auch vom Ende, nämlich die Hoffnung des Gewinstes. Nach diesem gab sie ihm ihre Hand und führte ihn wieder in das Speisezimmer, und da sie ihn hieselbst wiederum mit etlichen Flaschen Wein traktieret hatten, wovor sie kein Geld annahmen, machte er sein Abschiedskompliment mit Versprechen, ihr unterschiedliche kostbare Präsente zu übersenden. Drauf wird er doch hingehen zu einem Seidenkrämer in der Ludgate Street und ihm vermelden, eine gewisse Dame schicke ihn hin, mit Bitte, so gütig zu sein und ihr durch seinen Diener etwas von der köstlichsten Seide aus seinem Laden überbringen zu lassen; worein der Krämer willigte, weil ihm die vornehme Dame, deren Whitney Meldung tat, sehr wohl bekannt war, und gab die Seide einem Jungen, der erst neulich zu ihm gekommen war, und sich also am besten schickte, betrogen zu werden. Er führete den neubackenen Krämer-Jungen durch so viele Nebenstraßen, als möglich war, damit derselbe seinen Weg verlieren möchte. Endlich fiel ihm ein Haus in der Suffolk Street in die Augen, welches einen Durchgang hatte, der in ein Gäßchen mündete; in dieses Haus ging Whitney hinein, den Krämer-Jungen vor der Tür ersuchend, ihm das Päckchen zu überreichen, damit er es seiner Dame zeigen möchte; aber anstatt dieses zu tun, fragte er die Leute nach einem erdichteten Namen, und nachdem sie ihm berichtet hatten, daß allda niemand logiere, der so hieße, machte er eine Entschuldigung, er habe sich wohl geirret, und bat, man möchte ihn durch das Haus ins Hinter-Gäßchen hinauslassen; also blieb der einfältige Krämer-Junge im Stich und mußte mit einer erbärmlichen Historie vom Spitzbuben zu seinem Herrn umkehren. Nachdem Whitney solchergestalt erlanget, wonach er gezielet, begab er sich alsobald zu seiner Mätresse, welche ihn überaus liebreich aufnahm, daß er sich etliche Tage über hieselbst lustig machte. Als er aber der Vergnüglichkeiten mit diesen Huren endlich überdrüssig wurde, welchen er die kostbaren Waren, worum er den armen Kram-Jungen betrogen, aufgehänget hatte, gab er ihnen gute Nacht und sandte einen Brief an den Seidenkrämer, worinnen er ihm zu wissen tat, wo er seine Güter wiederfinden könnte. Dieser lief stracks nach einer obrigkeitlichen Vollmacht, nahm einen Konstabler mit sich und tat alsobald bei den Huren genaue Haussuchung, fand auch seine Seide in ihrer Verwahrschaft. Hierauf wurden sie, ungeachtet aller ihrer Ausflüchte, die sie suchten, nach ihrer Verhörung vor der Obrigkeit nach Bridewell geschafft und ließen sie die sechs Monate über, solange sie sich unter der harten Arbeit, Hanf zu brechen, befanden, manchen herzhaften Fluch und Verwünschung nach dem Whitney abfliegen.

Whitney war gewißlich ein rechter Abschaum von einem lasterhaften Menschen, geboren zu Stevenage in Hertfordshire, und nicht lange hernach, als er seine Lehrjahre bei einem Fleischhauer ausgestanden, begab er sich aufs Straßenrauben und beging vielerlei Plünderungen. Endlich aber wurde er von einer Frau namens Cozens, welche in der Milford Lane, der St.-Clement-

Kirche im Strand gegenüber, ein Bordell hielt, verraten und in Whitefriars von ihr ergriffen und alsdann nach Newgate gesendet. Nicht lange nach seiner Gefangennehmung, als er im Gerichtssaal des Old Bailey verhöret und zum Tode verdammet ward, mußte er mit andern Übeltätern nach Tyburn, um daselbst hingerichtet zu werden, zugehen; weil ihn aber unterwegs noch ein Aufschubs-Befehl einholte, wurde er wiederum zurückgebracht und die folgende Woche zu Ponters Block bei Smithfield am Mittwoch, dem 19. Dezember 1694, gehangen. Als er, den Tod zu leiden, dahin kam, versah er sich zuversichtlich eines abermaligen Aufschubs; da aber alle Hoffnung, dem Sterben zu entgehen, verschwand, erkannte er, daß seine Verdammung gerecht wäre; und nachdem ihm noch einige Minuten zu seiner ernstlichen Vorbereitung und Andacht verstattet wurden, mußte er im 34. Jahre seines Alters aus dieser Welt in die andere abwandern.

IV
Thomas Cox, ein Straßenräuber

Thomas Cox war der jüngste Sohn eines gewissen braven Mannes zu Blandford in Dorsetshire; weil aber sein väterliches Vermögen und Erbteil nicht allzugroß war, verschwendete er es bald mit seinem üppigen Leben, und da er nach London kam, geriet er unter eine Rotte Straßenräuber: Damit er sich nun in seiner lüderlichen Lebensart erhalten möchte, folgete er ihrer ruchlosen Hantierung nach, weshalb er auf dem Land-Tag in Gloucester, Winchester und Worcester dreimal verhöret worden, hatte aber das gute Glück, losgelassen zu werden. Und weil er ein schöner und galanter Mensch war, verliebte sich, als er an dem letztgedachten Orte verhöret wurde, ein Frauenzimmer in ihn, die tausend und 500 Pfund im Vermögen hatte, und heiratete ihn.

Nichtsdestoweniger, als diese ansehnliche Summe Geldes in weniger als zween Jahren durchgebracht war, nahm er sein altes Handwerk wiederum auf, worüber sich sein Weib in kurzem zu Tode grämte. Als er sich einsmals des Killigrew, Königs Karl des Zweiten kurzweiligen Rats, auf der Straße zwischen Somerton und Shepton-Mallet bemächtigte, befahl er ihm, stehenzubleiben und Geld herzugeben. Killigrew brachte allerhand Entschuldigungen vor, sein Geld davonzubringen, weil er aber sah, daß kein Zureden seinen Vorsatz unterbrechen wollte, fragte er ihn, ob er scherzete oder ob es sein Ernst wäre? Cox antwortete: Nein, nein, es ist mein ganzer Ernst, denn ob du dich gleich vom Scherz erhalten kannst, so kann ich es doch nicht tun; derohalben Geld her! ehe ich mit ein paar Kugeln etliche Luftlöcher durch deinen Körper mache; und weil hierauf Killigrew hergeben mußte, was er hatte, welches über 25 Guineas austrug, befand er, daß es des saubern Herrn Cox sein ganzer Ernst gewesen.

Zu einer andern Zeit begegnete Cox einer Standesperson auf der Landstraße zwischen London und St. Albans, da setzte er nebst seinen Rott-Gesellen auf ihn los, und nach einem hartnäckigen Gefecht, welches zwischen des vornehmen Herrn Bedienten und den Straßenräubern vorging, worinnen es auf beiden Teilen nicht ohne Wunden abging, behielten die Spitzbuben das Feld; alsdenn gingen sie auch auf den Herrn selbsten zu, welcher auch aus der Kutsche gestiegen war, sich ihnen zu widersetzen, und Cox forderte sein Geld von ihm; weil er es aber abschlug, einwendend, daß es doch eine unrechtmäßige und mit der Schrift streitende Sache sei, Leute ihres Geldes zu berauben, gab ihm Herr Cox zur Antwort: Wahrlich, mein Herr, ich erfülle die Schrift öfter, als Ihr tut;

denn ich speise vielmals die Hungrigen und sende die Reichen leer hinweg. Und, um insoweit dem Cox sein gebührendes Lob zu geben, war er von einem generösen Naturell und erwies sich gegen arme Leute vielmals sehr liebreich und freigebig. Weil aber des Lords Beredsamkeit bei diesem Räuber nichts fruchten wollte, trug der Galgenvogel hundertundzehn Guineas nebst einer güldenen Uhr und einem sehr kostbaren Demantring, welcher über hundert Pfund kostete, davon.

Wiederum stieß dem Cox auf der Straße zwischen Midhurst und Petworth in der Grafschaft Essex Herr Hitchcock, ein Advokat, unterwegs auf, von welchem ihm nicht unbekannt war, daß er in seiner Praxis keiner der Gerechtesten war: Diesem gebot er, stehenzubleiben und herzugeben. Weil aber der andere diesen unbilligen Befehl nicht respektieren wollte, sondern bämmelte und bettelte, er möchte ihm doch lassen, was er hätte, machte er den Cox so zornig, daß er schwur, wenn er nicht augenblicklich sein Geld hergäbe, so sollten ihm ein paar Pistolen bald das Maul stopfen. Bei diesen harten Worten gab ihm der Advokat einen Sack aus seinem Felleisen heraus, in welchem 300 und 50 Guineas waren. Ließ sich aber anbei gegen den Cox vernehmen, daß er doch einen weiten Weg zu reisen und keinen Heller mehr bei sich hätte; hoffte demnach, seine Generosität würde so höflich sein und ihm einen Zehrpfennig mitteilen. Worauf ihm Cox eine Guinea gab, sagend: Hier hast du was, du betrügerischer Schelm, der du vom Kläger und Beklagten gleichermaßen Geschenke nimmest und sprichst zu einem jeglichen, seine Sache sei gut; allein lerne inskünftig ehrlich handeln, so wird dir Gott Segen geben! Der Advokat machte große Augen und stutzte wie eine Eule auf einem Efeu-Busch, sich gänzlich einbildend, die Welt würde bald ein Ende nehmen, nachdem sich der Teufel selbsten zu einem Prediger aufwürfe. Weil er aber wohl sah, daß nichts zu hoffen war, nahm er seinen Weg, so gut als er konnte, nach London, seinem Verlust in Westminster Hall wiederum beizukommen.

Ein andermal begegnete Tom Cox der Madame Box auf der Straße, welche eine bekannte Kupplerin in Fountain Court beim Strand war und itzo von Lichfield kam, woselbst sie ein von ihrer Schwester hinterlassenes Legat von 50 Pfunden abgeholet: Er unterstand sich, sie mit den profitablen Worten zu begrüßen: Stehe und gib her! Sie saß in einer Kutsche und schlug ihm sein Begehren ernstlich in Gnaden ab, schwur auch hoch und teuer (denn sie kannte Cox und Cox sie), daß, wofern er sie beraubte, sie ihn unfehlbar wollte henken lassen. Du französische Hure, sagte Cox, die du die Salivation schon zweimal ausgestanden hast, du verdienest, gehangen zu werden und die Hölle dazu, weil du nicht nur den Leib so vieler armen Manns- und Weibs-Personen ruinierest, sondern auch ihre Seelen zugleich ins Verderben stürzest; maßen du die letztern gleichsam dingest, Bosheit zu deinem eigenen Profit zu wirken. Du alte Vettel, dein Neid ist gleich des Teufels seinem, indem du gerne wolltest, daß alle schöne Mädchen so häßlich als du aussehen möchten; nachdem es aber unmöglich ist, daß, weil sie jung, dieselben so scheußlich und abscheulich als du selbst aussehen sollten, so suchest du sie durch Krankheiten vor der Zeit also zu machen. Du Erz-Kanaille! es bleibt niemand dein Freund als die Häscher, die sich von dir bestechen lassen, Schutz vor dich auszuwirken. Aber was zum Teufel nehme ich mir die Mühe, einen einzigen Atem über einer solchen Giftkröte, wie diese ist, zu verschwenden, welche der ganzen Stadt und Nachbarschaft zur Pestilenz gereichet. Los! los! du Hure! gib dein Geld her, oder ich werde dein Leben meiner Furie aufopfern! Hierauf ruckte zwar Madame Box mit ihrem Gelde heraus, gab ihm aber dabei alle ersinnlichen Ehrentitel. Weil nun diese Frechheit den Cox heftig verdroß, nahm er die außerordentliche Mühe auf sich, sie fadennackigt vom Kopf bis zun Füßen auszuziehen, ihr dadurch zu Gemüte zu führen, daß, gleichwie sie nackend in die Welt gekommen, also werde sie auch nackend wiederum hinausmüssen. Alsdann ritt er so schnell davon als ihm möglich, eine andere Beute auf der Landstraße aufzusuchen.

Nicht lange hierauf wurde eben dieser Cox, welchem ein unordentlich Leben besser gefiel als ein mäßiges und der sein *Summum bonum* darinnen suchte, wenn er vom Verderben ehrlicher Leute leben konnte, wegen eines Straßenraubs, den er bei Chard in Somersetshire begangen, in das Gefängnis zu Ilchester geleget, hatte sich aber nicht lange in diesem verdrießlichen Behältnis befunden, so ersah er seine Gelegenheit, sich herauszubrechen. Dieses Vorhaben aber auszuführen, fand er sich genötiget, einen Weg durch sein Gefängnis hinein in des Stockmeisters Stube zu machen; und da sich derselbe, weil er stark gesoffen, ehe er zu Bette gegangen, in einem festen Schlaf befand, stahl er ihm eine silberne Kanne, 10 Pfund wert, und nahm sie mit, kam auch, vermittelst eines guten Pferdes, das er nicht weit von dannen mit Sattel und Zeug aus einem Stalle zog, glücklich davon. Alsdenn ritt er in möglichster Eilfertigkeit nach Coventry und kam von ohngefähr in einen Gasthof, woselbsten eben gleich zween von seiner Profession, die ihm aber unbekannt, ihre Pferde eingezogen hatten; diese behorchte er aus einer nächstgelegenen Stube und hörete, daß sie von einer Beute von hundert und zwanzig Pfunden, die sie selbigen Tages den Reisenden auf der Landstraße hinweggenommen, miteinander diskutierten. Weil nun des Cox sein Beutel gefährlich an der Schwindsucht laborierte, er aber die von dem Stockmeister zu Ilchester gestohlene Kanne zu verkaufen voritzo noch Bedenken trug, faßte er den Entschluß, mit diesen zween andern Straßenräubern einen Wettstreit zu versuchen, um zu sehen, wer sein Handwerk am besten gelernet. Des folgenden Tages ritt Cox sehr frühe aus der Herberge; und weil diese, die zu berauben er entschlossen war, vermeinten, er dürfte ein gefundenes Fressen vor ihren Schnabel sein, angesehen er wohlberitten und trefflich gekleidet war, folgeten sie ihm auf dem Fuß nach und sobald sie einen bequemen Platz erreicheten, geboten sie ihm, stehenzubleiben und Geld herzugeben. Cox machte viele Entschuldigungen, ihre Gunst zu gewinnen, weil aber nichts verfangen wollte, eröffnete er ihnen, daß er ihres Handwerkes wäre, und sintemal, sagte er, zween von einerlei Gewerbe sich nicht miteinander vertragen können, also muß ich mich erkühnen, euch mit demjenigen Maß zu messen, womit ihr mich zu messen gedachtet. Hierauf folgete ein blutiges Gefecht, worinnen Cox einen von den Straßenräubern auf der Stelle totschoß, und weil er des andern Pferd verwundete, stürzte er ihn bald herab und nahm ihm die hundertundzwanzig Pfund hinweg, die sie den Tag vorher auch unrechtmäßigerweise hinweggenommen hatten; also machte er das alte Sprichwort wahr: Petrus berauben und mit dem Geraubten Paulus bezahlen.

Zu einer andern Zeit lag Cox nebst noch zween von seinen Rott-Gesellen in einem Gasthofe zu Reading, da begab sichs, daß dieselbe Nacht auch ein gewisser Herr mit zween Lakaien, die ihn begleiteten, hieselbst zu logieren kam; und als er des folgenden Tages seine Reise fortsetzete, ritt Cox gerade hinter dem Edelmann, welcher ein und den andern Diskurs mit ihm führte, weil er ihn der Kleidung nach vor einen seines Standes hielt. Sobald sie aber ins Gehölz von Maidenhead kamen, setzten Coxens Raubgesellen mit Degen und Pistolen auf sie los, dergestalt, daß ein hitziges Treffen zwischen ihnen vorfiel, worinnen Cox in Verteidigung seiner eigenen Partei, wiewohl nur zum Schein, da es ein abgeredetes Scharmützel war, sehr tapfer hielt, und nach einigem Gefechte mußten die zwei Räuber ohne die geringste Beute die Flucht ergreifen. Als der Edelmann solchergestalt von seinen Feinden erlöset war, lobte er den Cox höchlich, maßen er ein Instrument gewesen, durch welches er von dieser Rotte befreiet worden; invitierte ihn demnach mit aller Gewalt, er möchte ihm die Ehre gönnen und bei einer vornehmen Person, bei welcher er dieselbe Nacht logieren würde, Gesellschaft leisten. Cox nahm dieses Anerbieten mit einer sonderbaren angemaßten Bescheidenheit an, und da sie an dem Orte anlangeten, wurde er mit ungemeiner Hochachtung und Höflichkeit aufgenommen, wobei dieser Edelmann den andern erzählte, welchergestalt er diesen Tag durch den herzhaften und tapferen Beistand, welchen dieser Fremdling erwiesen, aus der Räuber Hände entronnen, die sie zu Pferde sehr kühnmütig angefallen. Nun wurde bei der Abendmahlzeit ein Schluß gefasset, des nächsten Morgens auf die Jagd auszureiten; und als der reisende Edelmann auch hierein willigte, bat er Mr. Cox, auch mit an dieser Lustbarkeit teilzunehmen, welches er sich gefallen ließ: und sobald es Tag ward, machten die Jäger und andere Diener des Edelmanns zu der Ergötzlichkeit ihres Herrn Anstalt. Als aber in der hitzigen Verfolgung ihres Wildbrets diejenigen, so dahinten waren, einer diesen, der andere einen andern Weg zerstreuet wurden, gerieten Cox und der Edelmann, sein guter Freund, in ein finsteres Dickicht oder Gebüsche: Weil nun besagter Cox dieses als einen vor sein Absehen vorteilhaften Ort befand, zog er ein paar Pistolen heraus, und indem er dem Edelmann eine an die Brust setzete, schwur er mit allen erdenklichen Verfluchungen, daß er des Todes sein müßte, falls er nicht hergäbe, was er bei sich hätte. Der Edelmann geriet in eine grausame Bestürzung, als er diese plötzliche Veränderung bei einem Menschen sah, den er vor den honettesten von der ganzen Welt angesehen, und fing an, ihm seine Undankbarkeit aufzumutzen, aber vergeblich: Denn Cox ließ sich vernehmen, er habe lange genug gejaget, ehe er ein Wildbret angetroffen, und wofern er das Seinige nicht ohnverzüglich hergäbe, wollte er nicht mehr Barmherzigkeit gegen ihn erweisen als sie gegen den armen Hirschen, dem sie nachjageten. Als nun der Edelmann hierauf hergab, was er hatte, nämlich einen köstlichen Demantring, eine güldene Sack-Uhr und an die hundert Guineas, durchstach Cox sein Pferd (denn aus Furcht, es dürfte das Losbrennen der Pistole den andern, wenn sie es höreten, einen Argwohn verursachen, getraute er sich nicht, es zu erschießen). Alsdann band er dem Edelmann Hände und Füße und ritt mit solcher Eilfertigkeit hinweg, daß er sich wenig darum bekümmerte, was das Pferdefleisch koste. Aber in einer guten halben Stunde hernach, indem die Hunde das Tier noch immer jagten, welches in dieses Dickicht hineinrannte, fügete es sich also, daß der andere Edelmann, dem das Revier zugehörte, mit noch einem andern von Adel, so dieser Kurzweil beiwohnete, gerade bei dem Orte vorbeiritt, wo der gestrenge Herr, auf eine recht säuberliche Manier an Hals und Beinen gebunden, so ehrbar dalag; und als sie ihn fragten, wie dieses zuginge, gab er die Antwort: Durch böse Gesellen fahren manche zur Höllen: Denn derjenige, den ich vor einen ehrlichen Menschen angesehen, hat sich zuletzt unverhofft als einen Schelm erwiesen und mir alles, was ich hatte, hinweggenommen. Der andere Edelmann fing herzlich hierüber an zu lachen und sagte: Sonach ist der Herr aus dem Regen in die Traufe geraten. Worauf der andere erwiderte: Es ist wahr, alleine dieser Possen soll mich lehren, keinem Menschen mehr zu trauen, bis er tot ist; alsdann ist man versichert, daß er nicht mehr betrügen kann.

Weil also Cox in seinen Schelmereien glücklich war, wuchs seine Kühnheit, solche fortzusetzen, von Tag zu Tag; und indem er auf der Straße einen alten reichen Viehhändler antraf, der mit 300 Pfunden an Gold und Silber, so er vor Vieh empfangen, nach Hause reisete, erkühnte er sich, nach einem kleinen Widerstand, ihm solches abzuborgen, wiewohl ohne Bestimmung einer gewissen Zeit, es wieder zu bezahlen. Als er aber befand, daß das erbeutete Geld ein guter schwerer Batzen war, fing er an, den Viehhändler mit dem spanischen Rohr zu prügeln, als ob der Teufel in ihm gewesen wäre, worüber jener schrie: Was der Kuckuck soll dieses bedeuten? Habt Ihr nicht Geld genug bekommen? wovor Ihr nichts zu tun braucht, als bloß diese Worte sagen: Stehe und gib her! Cox versetzte: Ja, du alter Geizhals und Schelm! du Kröten-Geziefer! ich habe mehr als zuviel von dir bekommen, und dieses veranlasset mich, mein spanisches Rohr auf dich zu legen; denn wer, zum Gift, wird sein gutes Pferd zu Boden treiben, Eure Last hinwegzuführen? Der Viehhändler antwortete: Daß Euch was anders anfechte! gebt mirs wieder her, es soll mir um das Hinwegführen nicht leid sein! Mir auch nicht, versetzte Cox, alleine, du alter Erz-Schelm, ich lasse mich nicht gerne inkommodieren. Hiermit gab er seinem Pferd die Sporen und hinterließ den Viehhändler seinem Glücke.

Die letzte Rauberei beging er auf der Hounslow Heath, allwo er einem Pachter 20 Pfund hinwegnahm; aber ohngefähr eine Woche hernach befand sich besagter Pachter in London und wurde gewahr, daß Cox (den er alsbald kannte) aus seinem Logis in der Essex Street beim Strand herauskam; und weil er ausschrie: Ein Spitzbube! haltet den Spitzbuben auf! wurde er auf dem Kirchhof von St. Clement ergriffen, und als er vor den Friedensrichter gebracht wurde, schickte ihn derselbe nach Newgate, woselbst er in der Preß-Abteilung das leichtfertigste Leben führete. Nachdem man ihm aber bei der folgenden Verhandlung, so im Gerichtssaal des Old Bailey gehalten worden, das Leben abgesprochen, wurde er an einem Mittwoch, dem 3. Juni 1691, im 26. Jahr seines Alters zu Tyburn gehangen. Er ging sehr kühn dran; denn ehe er abgetan wurde, ermahnte ihn Herr Smith, der Prediger zu Newgate, mit den übrigen armen Sündern zu beten, allein er tat einen grausamen Schwur, nicht ein Wort zu beten, und stieß den Prediger samt dem Henker vom Karren hinunter.

V
Ned Bonnet, ein Straßenräuber

Edward Bonnet war von gar ehrlichen und reputierlichen Eltern in der Insel Ely in Cambridgeshire geboren, und weil dieselbigen eins und das andere auf seine Auferziehung wendeten, lernete er lesen, schreiben und rechnen; wurde demnach zu einem Würzkrämer zu Potton in Bedfordshire getan, die Jahre bei ihm auszustehen, wo er sich sehr honett aufführete. Als er seine Lehrjahre ausgestanden hatte, heiratete er eines Nachbars Tochter, mit welcher er zwei Kinder zeugete, und betrieb einen Handel auf dem Lande, also, daß er einsmals über 600 Pfund im Vermögen hatte. Wurde aber durch ein Feuer, welches alle seine Güter und Haus bis auf den Grund abbrannte, jählings ruiniert. Und weil er sich nicht imstande befand, seinen Verlust zu verwinden, kam er, die ungestümen Forderungen der Gläubiger zu vermeiden, nach London, woselbst er unter eine Rotte Straßenräuber geriet und ihr Handwerk ergriff, sich, wo es möglich, wiederum auf die Beine zu helfen. Nachdem er nun durch unterschiedliche Streifereien einen glücklichen Versuch getan, gefiel ihm der angenehme Profit seiner Entreprisen auf den Landstraßen so wohl, daß er sich diesem Handwerk gänzlich widmete und über 300 Raubereien, absonderlich in Cambridgeshire, beging.

Nachdem er in der vorteilhaften Kunst und Geheimnis der Straßenräuberei eine gute Wissenschaft erlanget, versuchte er öfters, vor sich alleine zu rauben, denn er war ein vortrefflicher Reiter, hielt die besten Pferde, welche über Zäune, Gräben und Schlagbäume mitsamt dem Reiter hinwegsetzten und die Wege bei Tag und Nacht in dieser Landschaft so genau wußten, als wenn er von einem Wegweiser geleitet worden. Also begegnete er einstens einem jungen Menschen von Cambridge, der mehr Geld als Witz besaß und sich mit einer muntern, anmutigen Kurtisane in einer Kalesche erlustierte; welche Weibs-Person der Kupplerin Barnwel angehörte, die sich in einem kleinen Marktflecken innerhalb einer Meile von der Universität Cambridge aufhielt und mit Tierchen von der gleichen Gattung, so die garstige Krankheit einem jungen Menschen um einen gar leidlichen Preis verkaufen, sehr reichlich versehen war. An dieses verliebte Paar machte sich unser Räuber, gebot ihnen, stille zu halten, und sprach sie gar höflich um ihr Geld an; weil sie ihm aber solches säuberlich abschlugen, nahm er mit Gewalt eine Summe von sechs Pfunden von ihnen hinweg; und dieweil sie ihm einige Schwierigkeiten verursachten, ehe sie das Ihrige verlassen wollten, faßte er den Schluß, ihnen einen Schimpf anzutun: Denn indem er ein paar Pistolen auf sie zuhielt, schwur er, sie sollten augenblicklich des Todes sein, wofern sie sich nicht alsobald mutterfadennackigt auszögen; das angenehme Leben demnach zu erhalten, gehorcheten sie diesem Befehl. Alsdenn band er ihnen die Hände auf den Rücken zusammen, mit den Schenkeln aber band er sie vorne aneinander und gab dem Pferd die Geißel; so lief es im vollen Rennen mit diesen Adamiten immer nach dem Gasthof in Cambridge zu; sobald sie in der Stadt anlangeten, lief und schrie ihnen eine Menge von Männern, Weibern und Kindern nach, daß dergleichen Spektakel seit der Zeit, da die Dame Godiva nackend durch die Stadt Coventry geritten, niemals gesehen worden. Allein ihre Schande hatte hiermit noch kein Ende: Denn der junge Mensch wurde vor den Rektor zitieret und wegen diesem dem Kollegium durch öffentlichen Umgang mit leichtfertigen Weibs-Personen gegebenen Ärgernis von der Universität relegieret; die Hure aber ins Zuchthaus geführet, um durch fernere Buße den Kitzel des mutwilligen Fleisches hieselbst zu vertreiben.

Nach Verrichtung dieses leichtfertigen Streiches und Verlegung seines Quartieres auf die andere Seite der Landschaft traf er seinen Schneider nebst dessen Sohn an, der ihn ohnlängst wegen einer Summe von 4 oder 5 Pfunden, die er diesem Herrn Stich schuldig gewesen, in Arrest nehmen lassen; und weil er anitzo sich an demselben zu rächen entschlossen war, verlangte er von ihm, er sollte seinen Beutel hergeben: Weil aber der Schneider diesen Vortrag nicht billigen wollte, sondern eine große Menge Worte und Zeremonien gebrauchte, Ned Bonnet von seinem Vorhaben abzulenken, wollte sich dieser mit Worten nicht abspeisen lassen, eroberte demnach durch die Gewalt seines Gewehres 36 Pfund von seinem vorigen Gläubiger und ritt auf und davon. Weswegen der Sohn zu seinem Vater sagte: Was müssen doch diese Kerle denken? Sie kommen ohnfehlbar in die Hölle, daß sie solche grausame Übeltaten ausüben.

Da sei Gott vor! versetzte der Schneider, daß man die Gesellschaft solcher Schelme daselbst haben sollte, die mich gänzlich ruinieret! Du einfältiger Bengel!

Nach diesen begegnete dem Ned Bonnet Herr Piggot, der anabaptistische Prediger in der Little Wild Street, auf der Straße zwischen Cambridge und Ely, dem gebot er, stehenzubleiben und herzugeben. Weil aber dieser andächtige und emsige Fortpflanzer des Evangeliums seinen Mammon diesem Teufel von einem Räuber ungerne wollte abfolgen lassen, verlor er ein Haufen andächtige Worte, ihn von seinem gefaßten Vorsatz abzuwenden. Weswegen Ned Bonnet nicht ein klein wenig zornig wurde und sagte: Ich bitte Euch drum, Herr! sparet diesen Atem zu einer Suppe und plaudert mir nichts von Religions-Sachen vor, sondern wisset, daß ich, gleich allen andern rechtschaffenen Kerln, gar nichts von der Religion glaube: derohalben gebt mir Euer Geld her und

Verhaftung von Jack Ketch

sparet Euer mühsames Gewäsche bis auf eine Plauder-Bude vor die alten Weiber.
Indem er ihm also eine gute Sack-Uhr, die 8 Pfund wert war, nebst so vielen Guineas abnahm, nötigte er ihn, vom Pferd ab-, und hernach mit gegen des Pferdes Schwanz gekehrtem Angesicht wiederum aufzusteigen, band sodann seine Beine unter des Pferdes Bauch zusammen und ließ ihn seine Reise, so gut er konnte, fortsetzen.

Zu einer andern Zeit begegnete Ned Bonnet und seine Rott-Gesellen einer Standesperson, so von ziemlichem Gefolge begleitet wurde, an einem Orte, wo man von einem Berge herab in einen Hohlweg gehet, dessen eine Seite von einem spitzigen klüftigen Felsen, die andere aber von einem großen Wald, der um ein gutes Stück höher lag als die Straße, eingeschlossen war; hier hielten sie es vor bequem, den Edelmann nebst seinen Bedienten anzufallen, denen sie anzuhalten und herzugeben, was sie hätten, anbefohlen. Der von Adel lächelte hierüber und meinete (oder stellte sich wenigstens also) es wäre ihr Spaß, und ließ sich gegen sie vernehmen, daß er sie vor lustige Herren ansähe; wenn sie ihm demnach bis zur nächsten Stadt Gesellschaft leisten wollten, sollten sie mit dem allerbesten Wein, so an dem Orte zu bekommen wäre, traktieret werden. Bonnet und seine Kameraden antworteten sehr trotzig hierauf und sagten: Sie müßten ihn durch stärkere Argumente überzeugen, wenn er darauf beharrete, sein

Geld nicht auszuhändigen, welches sie, er möchte wollen oder nicht wollen, kurzum von ihm haben müßten; nachdem er sich also zum Plündern fertig gemachet, sprang er hinzu, das Pferd beim Zügel zu ergreifen. Als nun hieraus klärlich abzunehmen war, daß es kein Scherz, sondern ihr ganzer Ernst sei, erhub sich ein starker Streit unter ihnen. Weil aber des Edelmanns Partei sich übermannet fand, sahen sie sich gezwungen, sich auf Gnade oder Ungnade zu ergeben; und indem die Räuber dem Edelmann eine Gold-Börse, eine güldene Schnupftabaksdose, eine güldene Taschenuhr und einen kostbaren Demantring abnahmen, führeten sie ihn nebst seinen Bedienten in einen nahegelegenen Wald, banden ihnen Hände und Füße und gingen davon; ließen sich aber zugleich vernehmen, daß sie ihnen bald noch mehr Gesellschafter bringen wollten. Bonnet und seine Rott-Gesellen hielten auch ihr Wort redlich: Denn ehe zwo Stünden verliefen, brachten sie gerade ein Dutzend Personen zusammen, und indem sie dieselben auch fesselten, sagte Ned Bonnet: Nun sind gerade euer Zwölfe, alle brave und rechtschaffene Leute, drum gehabt euch wohl! und gehet über uns, wenn wir hinweg sind, so brettdicke her, als es euch beliebet; denn ungeachtet ihr uns nicht das beste Lob geben werdet, so wollen wir dennoch, alle Verdrießlichkeit möglichstermaßen zu vermeiden, nicht länger warten, euch deswegen zur Rede zu setzen; darum nochmals Adieu!

Also suchte Bonnet nebst seinen Kameraden die gewöhnlichen Tummelplätze, sich mit dem, was sie erbeutet, lustig zu machen, welches in einem von der Landstraße zwischen Stamford und Grantham etwas abgelegenen Wirtshause geschah. Hier begab sichs, daß des Abends wegen starken Regenwetters Herr Randal, ein Kannegießer, der in der Marigold Alley beim Strand, ehe sie abbrannte, wohnte, genötigt wurde, seine Zuflucht unter dieses Dach zu nehmen: Und indem er einen Krug Bier forderte, vernahm er, daß der Gastwirt auch Randal hieß, ersuchte demnach selbigen, weil sie Namensvettern wären, sich neben ihn zu setzen und ihm Gesellschaft zu leisten. Sie hatten aber nicht lange miteinander geschwatzet, so kam Bonnet nebst noch einem von seinen Kameraden und einer Hure die Treppen herab und setzten sich an ebendenselben Tisch; und weil sie aus besagten Umständen verstunden, wie dieser Fremde mit Namen hieß, sah ihm einer von den Spitzbuben scharf in die Augen und sprang mit einer angemaßten Freude über den Tisch hinüber, umarmete den Kannegießer und sagte: Wertester Herr Randal! ich hätte nicht vermeinet, Ihn allhier anzutreffen; es ist meines Behalts zehn Jahr, seitdem ich das Glück hatte, den Herrn kennenzulernen. Indem der Zinngießer alsdann in seinem Gedächtnis kramte, ob er sich dieses Menschen erinnern könnte, denn er wußte sich nicht zu entsinnen, ihn sein Lebtag gesehen zu haben, schrie der Straßenräuber noch einmal aus: Ei, Herr Randal! ich sehe wohl, ich muß mich sehr verändert haben, weil Er mich nicht mehr kennet! Weil er nun nicht weiter konnte noch wußte, wie die Sache ferner anzugreifen, stutzte Ned Bonnet und sagte mit einer angemaßten Verwunderung: Ist dieses Herr Henry, der ehrliche Herr in London, den Ihr seiner Höflichkeit und Freigebigkeit halber gegen jedermann so oft zu rühmen pfleget? So sind wir in Wahrheit recht glücklich, ihn so unverhofft angetroffen zu haben. Durch diese Diskurse wollten sie den Herrn Randal mit Gewalt betäuben, als ob sie ihn genau kennten; sintemal ihm aber das Gegenteil allzuwohl bewußt war, versicherte er sie sehr ernstlich, daß er sich nicht entsinnen könnte, Zeit seines Lebens einen einzigen von ihnen gesehen zu haben. Nicht doch! sagten sie, als gleichsam von Verwunderung gerühret, das wäre ja was Seltsames, daß wir uns binnen diesen wenigen Jahren so sehr sollten verändert haben! Alsdann fing Herr Randal an, dem Aufschneider, der ihn so wohl kennen wollte, einige Fragen vorzulegen, von denen er versichert war, daß sie der Betrüger nicht richtig werde beantworten können; aber der Schlepp-Sack, besorgend, sie dürften in die Klemme getrieben werden, unterbrach den Diskurs und sagte: Ihr sehet wohl, daß der Herr euer ganz und gar vergessen hat, drum leget diesen Diskurs beiseite bis zu einer andern Zeit, denn das Essen stehet schon auf dem Tische. Sie hatten dieses nicht so bald gesagt, so standen sie jählings auf und nötigten den Herrn Randal durch unzählige Komplimente, mit ihnen zu speisen, welches auch alle seine Verweigerung nicht abzulehnen und zu vermeiden vermochte. Bis hieher hatten sie alleine gespeiset, itzo aber kamen noch viere von Bonnets Kameradschaft hinein, die er niedersitzen und mitspeisen hieß; alsdann donnerte er um noch mehr Proviant, welcher auch sobald gebracht als verzehret wurde; wiewohl nicht ohne des Wirts Rechnung und Anschreibung mit doppelter Kreide: Denn nachdem der Mann ein halbes Dutzend gute Vögel nebst andern Viktualien und unterschiedliche Flaschen Wein akzeptieret hatte, war nicht weniger als drei Pfund und noch was drüber zu bezahlen. Hierüber stutzten sie ein wenig, sahen einander an und schwiegen eine gute Weile stille, da mittlerweile Herr Randal in seinem Schubsack herumsuchte, sie aber mit großem Verlangen erwarteten, was die Berge gebären; allein da sie sahen, daß nur eine Maus herfürkroch und er bloß so viel, als auf seinen Anteil zu bezahlen kam, herausbrachte, stand derjenige, so sich ihn zu kennen rühmte, plötzlich auf und protestierte dawider, sagend, er sollte der alten Bekanntschaft wegen frei ausgehen. Der Kannegießer aber, nicht willens, dergleichen Kompagnons verbunden zu bleiben, damit sie nicht etwan vor diese Höflichkeit weit größere Verpflichtungen von ihm erwarteten, nötigte sie, dasjenige, was der Rechnung nach seine Person anbeträfe, anzunehmen, mit Vermelden, daß, wofern es nicht genug wäre, er gern ein mehreres bezahlen wollte. Endlich gab ihr Schlepp-Sack der Sache einen Ausschlag, sagend:

Wohlan! was braucht es so vieler Worte? lasset den Herrn, wenn er es zufrieden ist, diese geringe Mahlzeit auf sich nehmen, und beehret ihr ihn des Morgens beim Abschied mit einem besseren Valet-Schmaus! Weil dem Randal dieser Vortrag auch nicht anstand, vereinigte man sich, daß er und Bonnet, den Streit zu schlichten, miteinander würfeln sollten; weil er nun wohl sah, daß er einmal unter diese Gesellschaft geraten, mußte er, größere Ungelegenheiten zu vermeiden, mit den Wölfen heulen, ließ sich demnach gefallen, daß, wer das meiste würfe, die Zeche bezahlen sollte; es geriet aber der Wurf also, daß die Betrüger bald selbsten betrogen worden, da die Würfel, womit sie wurfen, nur 3 und 2 auf des Bonnets Seite, aber 4 und 5 auf des Kannegießers Seite zeigeten; und als er dieses gewahr wurde und es angeben wollte, kehrte ihr Schlepp-Sack oder Hure (ihr den rechten Titel zu geben) den Würfel geschwind um und verwandelte durch ihre spitzbübische Taschen-Spielerkunst den Wurf also, wie sie ihn wünscheten. Nachdem er somit das Votum des ganzen räuberischen Schwarms wider sich hatte, sah er sich gemüßiget, die ganze Zeche zu bezahlen: Da denn die hartgesottenen Galgenvögel noch auf verstellte Weise beteuerten und protestierten, sie hätten es lieber gesehen, wenn das Los einen von ihnen betroffen, damit sie die Ehre, ihn freizuhalten, gehabt haben möchten; taten anbei große Promessen, was vor treffliche Dinge sie den folgenden Morgen, solches gutzumachen, auf sich nehmen wollten. Herr Randal verbiß sein Mißvergnügen über diesen spitzbübischen Betrug, so gut er konnte; und weil sie merketen, er werde sich in kein Spiel mit ihnen einlassen, indem er sich schläfrig stellte und zu Bette zu gehen begehrte, brach die Kompagnie auf, und ihm ward sein Schlafgemach angewiesen, welches er, so gut ihm möglich, verbollwerkete, indem er Stühle, Tische und Bänke vor die Tür setzete. Hiermit ging er zu Bette, löschte das Licht aus und schlief ein; wurde aber von einem Auf- und Nieder-Springen in der Kammer und Geschrei über Mörder und Diebe bald wieder aus der Ruhe gestört. Er sprang über diesem Lärm aus dem Bette und lief auf die Kammertüre zu, um zu sehen, ob sie noch befestiget sei oder nicht; und als er befand, daß alles noch am alten Orte stand (denn die Räuber waren durch eine hinter den Tapeten verborgene Falltür in sein Schlafgemach gekommen), verwunderte er sich bald zu Tode, wodurch der Lärm in seiner Kammer entstünde, und vermeinte, bezaubert zu sein. Indem er aber im Begriff war, die Wagenburg aus dem Wege zu räumen und zu laufen und die Leute im Hause aufzuwecken, sah er sich plötzlich von einer Rotte eingefleischter Teufel umringet, die ihn fesselten und ihm einen Knebel ins Maul legten, alsdenn alle seine Kleider hinwegnahmen und ihn also gefesselt und geknebelt hinterließen. Ein wenig hernach kam der Wirt, die Sache desto besser zu beschönigen, und polterte an die Tür an, fragend, was die Ursache seines Geschreies um so ungewöhnliche Zeit der Nacht wäre?

Weil ihm aber niemand antworten wollte, erbrach er die Tür und ging mit einem Licht hinein in die Kammer, brachte auch seinen Hausknecht und Schenken mit sich. Und als er ihn in dieser elenden Positur fand, entledigte er ihn seiner Bande und stellte sich an, als ob ihm dieser Unfall gar sehr zu Herzen ginge: Denn sie hatten ihm nicht nur seine Kleider, sondern auch 40 Pfund, so er an Gold in seinen Hosen gehabt, hinweggeraubet. Mittlerweile kam auch Bonnet und noch einer von seinen Gesellen in des Herrn Randals Schlafgemach getreten, um zu vernehmen, was diese nächtliche Unruhe zu bedeuten hätte; und da man ihnen den Verlust eröffnete, schwuren sie in einem angemaßten Zorn, sie müßten die Spitzbuben ausforschen, und wenn sie zu einer weisen Frau oder Beschwörerin gehen sollten. Allein der arme Kannegießer gedachte in seinem Herzen: Ihr Galgenvögel habt nicht nötig, den Teufel um Rat zu fragen, wer mich beraubet hat, so wenig als ihr zweifeln dürfet, daß, wenn ihr sterbet, ihr selbsten zu ihm gehen werdet. Nachdem Herr Randal also um alles das Seinige gebracht war, fand er sich genötiget, einige alte Kleider von dem Gastwirt zu borgen, der ihm ein und das andere lieh; alsdenn reisete er des Morgens frühe mit schwerem Herzen, aber leichtem Beutel wiederum nach Hause, weil er aus Mangel der Zehrungskosten seine vorgesetzte Reise nicht zu vollstrecken vermögend war.

Ein andermal hatte Ned Bonnet bei einem Renkontre auf der Straße das Unglück, daß ihm sein Pferd unter dem Leibe niedergeschossen und er genötiget wurde, seiner Hantierung zu Fuß nachzufolgen, bis er ein anderes ohne Geld erhandeln konnte, welches sich bald fügen mußte, indem er dem Gastwirt Zum Roten Löwen in Hounslow einen schönen Wallach vom Felde hinwegritt und spornstreichs damit auf Cambridgeshire zu galoppierte.

Hieselbst holete ihn eines Tages ein Edelmann auf der Straße ein, welchem es um ein Haar gefehlt, daß er beraubet worden; und weil er Bonnet ein Stück aus einem Psalm hatte anstimmen hören, glaubte er, dieser sei ein frommer Mensch; bewarb sich demnach um seine Gesellschaft, indem Bonnet vorgab, er reisete eben an denjenigen Ort, wo jener hingedachte; (denn ein Straßenräuber hat niemalen nicht ein Reiseziel, ob er schon wider seinen Willen an den Galgen gehen muß). Als aber Bonnet endlich an einen Ort kam, den er zu seinem gottlosen Vorhaben bequem fand, nötigte er ihn, stehenzubleiben und sein Geld herzugeben! und da solches über 80 Guineas austrug, war er so gewissenhaft, daß er ihm eine halbe Krone zu seiner Zehrung zurückgab, bis er Kredit bekommen konnte, seinen Beutel aufs neue zu spicken. Dieser Herr konnte es nachgehends nicht vertragen, wenn ein Psalm angestimmt wurde, denn er hatte einen so großen Abscheu vor Sternhold, Hopkins, Tate oder Brady, als der Teufel hat vor dem Weihwasser.

Gleichwie aber der Krug so lange zum Brunnen gehet, bis er zerbrochen wird, also geschah es zuletzt, als

Zacharias Clare, dessen Vater itzo ein Bäcker zu Hackney ist, wegen Straßenraubes ergriffen und nach Cambridge ins Gefängnis geführet wurde, daß er, um sich davonzubringen, Ned Bonnet in die Falle zu jagen suchte und ihn angab, welcher auch in seinem Logis in der Old Street alsobald in Verhaft genommen und nach Newgate gesendet wurde, woselbst er verbleiben mußte, bis man den Gerichts-Tag zu Cambridge hielt, auf welchen er geführet und vor den Herrn Baron Lovell gestellet, alsdenn verurteilet und endlich am Sonnabend, als dem 28. März 1713, zur allgemeinen Freude und Zufriedenheit dieser ganzen Landschaft vor dem Schlosse hingerichtet wurde. Das Volk in dieser Provinz war dergestalt auf ihn erbittert, daß, als er abgeführet ward, ihm über 500 zu Pferde nachfolgeten, damit er sicher ins Gefängnis gebracht würde. Ehe er abgetan wurde, bezeugete er großes Leidwesen wegen des elenden Zustandes, worinnen er sein Weib und Kinder hinterließ, und gestand, daß er diesen schimpflichen Tod mit Recht verdienet; zumal, da er nicht über 3 Jahr vorher zu Chelmsford in Essex zum Galgen verurteilet, aber wiederum pardonieret worden; denn weil er sich solche hohe königliche Gnade nicht recht zu Nutze gemachet, hätte ihn das göttliche Gericht nunmehro um aller seiner Ruchlosigkeit willen heimgesuchet und bestraft.

VI
John Withers, ein Mörder und Straßenräuber

John Withers war geboren zu Lichfield in Staffordshire und stand die Lehrjahre bei seinem Vater aus, der seines Handwerks ein Fleischhauer war; als aber derselbe nach verflossenen Lehrjahren nach London kam und sich außer Kondition befand, geriet er unter eine Rotte Diebe, durch deren Umgang er bald nach Newgate befördert und von dannen vor einen Soldaten nach Flandern gesendet wurde. Weil es aber hier gar schmal und kahl herging, also, daß sein leichter Bauch vielmals voller Hunger und der leere Beutel mit schweren Sorgen angefüllet zu sein pflegte, ging er eines Tages zu Gent in eine Kirche, allwo die Leute alle in der Hohen Messe waren: Und als er sah, daß die meisten Geld in eine Büchse hineinwarfen, die unter einem Marienbild stand, fingen ihm die Diebs-Finger gewaltig an zu jucken, diese Pfennige hinwegzufischen; er passete demnach eine bequeme Gelegenheit ab, machte mit einem krummen Nagel das Schloß auf und steckte so viel von dem Schatz in seine Diebs-Säcke, als ihm möglich fiel. Weil er es aber ein bißchen zu eilfertig tat und eine Handvoll verschüttete, machten die großen und kleinen Stücke untereinander ein solches Geklänge auf dem marmorsteinernen Pflaster, daß er das Unglück hatte, über seiner saubern Arbeit ertappet, in Verhaft genommen und vor einen großen Kardinal, der sich damals in dieser Stadt befand, geführet zu werden: Und nachdem derselbe die Zeugen wegen dieser Tat verhöret hatte, donnerte er ihn mit allen erschrecklichen Ehrentiteln an und schrie unaufhörlich: Du Spitzbube! du Galgenvogel! du verfluchter Kirchenräuber! und war gleich willens, ihn zu einer harten Strafe zu verdammen, als John Withers mit aufgehobenen Händen und tränenvollen Augen auf seine Knie niederfiel und Seine Eminenz, ihm ein geneigtes Ohr zu verstatten, anflehete, welches er ihm nach vielem Stürmen, Poltern und Schnarchen verstattete. Nachdem nun jedermann ein Stillschweigen auferleget worden, erzählete er mit einer jämmerlichen Stimme, daß er ja bloß ein armer elender Stümper sei, der als ein Protestante auferzogen worden, dahero er sich selbsten vor einen Ketzer gehalten; und weil er deswegen in großen Ängsten gewesen, hätte er durch Gebet seine Zuflucht zur heiligen Jungfrau Maria genommen und ihr Bildnis allhier angeflehet, daß sie ihm in seiner Not beistehen möchte; und in Betrachtung dessen wollte er den römisch-katholischen Glauben annehmen und sie ewig verehren, wofern sie verursachte, daß sich die Büchse unter ihrem Bildnis auftäte, und sie mit ihrem Finger auf das Geld wiese, auch durch das stumme Nicken mit ihrem Haupte ihm erlaubte, seine Dürftigkeit daraus zu ersetzen; welches er mit dankbarem Herzen und fester Entschließung, seine Gelübde auf ewig zu halten, getan hätte. Als man diese Erzählung mit großer Geduld und Aufmerksamkeit angehöret, rief der Kardinal aus: Ein Mirakel! Ein Mirakel! Welches auch die andern alle ausbreiteten und von nichts als diesem Wunderwerke zu singen und sagen wußten, auch gänzlich dafürhielten, daß niemand mehr Recht gehabt, mit diesem Gelde nach Belieben zu handeln, als die heilige Jungfrau Maria, der es offeriert worden. Hierauf wurde John Withers in einer feierlichen Prozession zurück in die Kirche geführet und, indem die Priester das Ave Maria sangen, von dem Volk im Triumph auf den Schultern getragen, vor den Hochaltar gestellet und endlich mit großem Frohlocken dimittieret.

Als ihm dieser Streich so glücklich vonstatten gegangen, wurde er dadurch kühn gemachet, einen größern zu begehen; denn da er eines Tages zu Antwerpen in eine Kirche ging, beobachtete er, daß der Priester ein silbernes Kruzifix in ein Grab legte; wie sie im Brauch haben, wenn sie am Ostertage die Auferstehung vorstellen: Und indem der Geistliche nebst dem Volk um die Kirche herumgehet, ihre Andacht zu verrichten, war John Withers so geschickt und hurtig, daß er das Kruzifix überaus künstlich unter seinen Rock praktizierte und unter dem andern Volk davonwischete; also, daß der Priester, wie er wieder zurückkam und die Worte aus dem Evangelium sagte: *Non est hic, surrexit enim* (das ist: Er ist auferstanden und nicht hier) nach vielem Suchen gewahr wurde, daß sein vergrabenes Kruzifix nicht mehr vorhanden. Withers machte sich inmittelst, aus Furcht entdecket zu werden, in aller Eilfertigkeit aus dem Staube.

Nicht lange nach Begehung dieses Bubenstückes ging John Withers durch, verließ seine Fahne und kam wieder nach England. Weil er nun hieselbst das lüderliche Leben einem ehrlichen Handwerk vorzog, begab er sich aufs Straßenrauben; und da er eines Tages einen alten Wucherer unterwegs antraf, der seines Vaters Nachbar war, gebot er ihm, stehenzubleiben und, was er hätte, herzugeben oder augenblicklich des Todes zu sein. Der alte Wucherer, der keine guten Werke mehr liebte, als die durch Brief und Siegel geschahen, noch etwas eifriger wünschte, als daß nur die Bienenstöcke im Lande wohl geraten möchten, weil er davon reich würde, erstaunte über diesen Antrag heftig und schützte seine große Armut vor, der Hoffnung, sein Geld zu erretten, welches an die 100 Guineas und breite Stücke von Gold war, so er in seinen weiten Schlutter-Hosen hatte, die Tuch genug in sich hielten, einer Dame einen Reifrock daraus zu machen. Nachdem aber all sein Weinen und Lamentieren den Withers nicht zu bewegen vermochte, gab er ihm, um seiner los zu werden, die eine Hälfte seines Geldes und suchte die andere Hälfte davonzubringen; dieweil aber Withers einen hohen Schwur tat, ihm nicht einen Heller von hundert nachzulassen, fühlete der Alte eine gute Weile in seinem Schubsack herum, endlich zerrete er seinen Beutel nebst einer Brille heraus, die er auf seine Nase setzte und sein Geld dem John Withers zustellte, der ihn fragte, ob er ein so blödes Gesicht hätte, daß er ihm sein Geld nicht ohne vier Augen zu gebrauchen geben könnte? Der Wucherer sagte: Ich hoffe, Eure Herrlichkeit wird mir die Freiheit vergönnen, daß ich sehen darf, wem ich mein Geld gebe. Ja, ja, und willkommen! erwiderte John Withers, alleine der Herr soll wissen, daß Er mir dieses Geld nicht gibt, sondern nur leihet, und ich versichere, daß ich ihm solches wiedergeben will, wenn der Teufel blind wird und die Katzen Eier legen. Also ritt er diesen Weg und der Wucherer einen andern, mit gar schwerem Herzen wegen des Verlusts seines Goldes, welches er vor sein *Summum bonum* oder höchstes Gut hielt – nicht nur in dieser Welt, sondern auch in der zukünftigen.

Als John Withers nebst noch zween von seiner hoffnungsvollen Kameradschaft einsmals die ganze Nacht auf dem Lande herumgestreifet, und sie zur Sommerszeit an einem Morgen um 4 Uhr bei Marylebone zu Fuß über das Feld herüber gespazieret kamen, wurden sie eines Menschen gewahr, der ganz alleine herumwandelte und alle ersinnlichen Gebärden des Mißvergnügens und unsinniger Verzweifelung machte, indem er die Augen gegen den Himmel kehrte, die Arme ausstreckte und wiederum zusammenschlug; welches Mr. Vanbruggen, ein Komödiante, war, der sich auf seine Rolle präparierte: Weil sie ihn aber nicht kannten, vermeinten sie, er wäre vielleicht ein verzweifelter Liebhaber oder dergleichen und wollte in solchem Zustand gewaltsam Hand an sich selbsten legen. Dahero gaben sie in einigem Abstand genau Achtung auf seine Bewegungen; weil sie aber Mr. Vanbruggen endlich gewahr wurde, ging er, um desto einsamer zu sein, durch eine Hecke hinüber auf ein anderes Feld; da denn diese drei Schnapphähne so eilig als möglich auf ihn zurenneten, aus Furcht, er dürfte sich selbsten ein Leid antun, zumal sie ihn neben einem Teich antrafen und auf eine sehr pathetische Weise diese Worte des Varanes aus der Tragödie des Theodosius, ›Die Macht der Liebe‹ genannt, ausdrücken hörten:

Ich klage dich nicht an!
Doch wenns sein kann,
So lasse, wenn ich tot, mich, deinen Sklaven,
Also mit Blut bespritzt, stracks in den Tempel tragen,
Und leget mich, o wertester Aranthes!
Im Schoß des kühlen Sandes
Zu Athenais Füßen hin
Und saget, wie mein Aug und Sinn

In Tränen fast zerflossen;
Sagt, wie ich in dem letzten Zug noch um
Genad gefleht,
Doch keine nicht genossen.
Drum hier, mein Freund! kommt! harret! steht!
Halt fest das Schwert und setzt es an!
Ich fühl schon, wie das Herz-Geblüt zur Spitze
machet Bahn.
Nun, o ihr Götter! habt ihr noch ein leeres
Plätzchen stehn,
So laßt mich doch hinein in selbges gehn!
Immaßen ich so unverzagt
Den Tod gewagt.
Also verwundet die mächtige Liebe
Menschliche Herzen mit rasendem Triebe:
Und Athenais Schönheits-Pracht
Hat mich allhier ins Grab gebracht!

Weil nun John Withers der vörderste war, rief er seinen Kameraden aus vollem Halse zu: Machet schnell, um Gottes Willen, es ist, wie wir gesagt haben: der arme Mensch wird sich den Augenblick vor Liebe um das Leben bringen! Also machten sie sich alle hin zu dem Vanbruggen, und indem ihn einer bei diesem, der andere bei dem andern Arm herumzerrete, sagten sie: Oh! Um Himmels Willen, lieber Herr! bedenket, was Ihr vorhabt! Warum wollt Ihr Euch hier so elendiglich ersäufen? Ei! laßt Euch raten und fasset bessere Gedanken!

Der Vanbruggen, nicht wissend, was die Narren haben wollten, als sie ihn also herumzerreten und schleppten, sagte: Was zum Beelzebub habt ihr denn vor? Ich will mich weder hängen, erstechen noch ersäufen; ich bin auch nicht toll vor Liebe, sondern ich bin ein Komödiant und präpariere mich, meine Rolle spielen zu können. Ein Komödiant? versetzte Withers, wir hätten gemeint, Ihr würdet Euch ersäufen; und daß Ihr doch verdammt dazu gewesen, ehe wir uns die Mühe genommen, Euch Esel auf und nieder nachzufolgen. Aber unsern Verdruß zu stillen, werden wir uns erkühnen, Euch alles Geld, so Ihr bei Euch habt, hinwegzunehmen. Und weil sie also an einem freien Orte waren, banden sie seine Hände und Beine zusammen und bekamen etwa 10 Shillinge nebst einem silbernen Degen von ihm.

Als nachgehends John Withers und William Edwards eine Standesperson etliche Meilen von Beaconsfield in Buckinghamshire anfielen, hatte der attackierte Lord das Herz, sich ihnen zu widersetzen, und hielt eine so hitzige Disputation, das Seinige zu erhalten, daß dem Withers sein Pferd unter dem Leibe niedergeschossen und Edwards genötiget wurde, ihn auf seines zu nehmen; und weil man sie scharf verfolgete, sahen sie sich gezwungen, dieses Pferd auch zu verlassen und ihre Flucht zu Fuß durch abgelegene Wege und über Felder zu nehmen, wo ihnen niemand zu Pferde nachreiten konnte. Die ganze Nacht über verbargen sie sich in einem Wald, und den folgenden Morgen eileten sie auf

London zu; dieweil sie aber eine Meile von Uxbridge einem Penny-Post-Boten begegneten, fielen sie ihn auf der großen Landstraße an und nahmen ihm ohngefähr 8 Shillinge hinweg; damit sie nun von ihm nicht möchten verraten werden, zog Withers (wiewohl wider den Willen seines Kameraden Edwards) ein Fleischermesser aus seinem Schubsack und schnitt ihm nicht nur aufs barbarische die Kehle ab, sondern riß ihm auch seine Gedärme oder Eingeweide heraus, füllete des armen Menschen Bauch mit Steinen an und warf ihn hinein in einen Teich, worinnen er des nächsten Tages gefunden ward, niemand aber konnte Nachricht von dieser unmenschlichen Mordtat erteilen, bis ohngefähr zween Monate hernach Withers und sein Kamerad Edwards ergriffen wurden, weil sie wieder auf dem Lande geraubet hatten; da sendete man sie nach Newgate und von da hinab auf den Land-Tag in Norfolk, woselbst sie deswegen verurteilet wurden, und auf der Gerichtsstätte zu Thetford, am Sonnabend, dem 16. April 1703, bekannte Withers vorbesagte Mordtat. Hieraus kann man Gottes Gütigkeit sehen, daß er die Mörder allzeit an Tag zu bringen pfleget: Denn obschon ein Mörder der Strafe eine kurze Zeit entgehet, so wird doch Gottes Gericht den Blut-Vergießer endlich offenbar machen und zu gebührender Strafe ziehen lassen.

VII
Thomas Sharp
ein Mörder und Haus-Erbrecher

Dieser Thomas Sharp war schon lange vorher ein alter Bösewicht gewesen, ehe er noch die Mordtat, um welcher willen er den Tod leiden mußte, begangen; und war achtzehnmal in Newgate gewesen, welches abscheuliche Gefängnis genug ist, jedermann von allem Bösen abzuschrecken, wenn man nur daran gedenket, daß es ein Ort des Elends ist, eine Wohnung in mehr als mitternächtiger Finsternis, ein Haus der Trübsal, ein konfuses Chaos ohne Unterschied, eine grundlose Grube der Gewalttätigkeit und ein Turm zu Babel, worinnen alle reden, niemand aber den andern verstehet. Hier ist eine Vermischung des Edlen mit dem Unedlen, des Reichen mit dem Armen, des Verschmitzten mit dem Einfältigen und der Bußfertigen mit den ärgsten Übeltätern. Es ist das Grab des Adelsstandes, die Verbannung der Höflichkeit, ein Gift der Ehre, der Mittelpunkt aller Schande, die Quintessenz aller Beschimpfungen, die Zerstörung des Verstandes, ein Fallstrick der Einbildungen, ein Paradies des Betrugs, eine Hölle der Anfechtung, eine Verdunkelung der Wahrheit, eine Schatzkammer der Verzweiflung, ein Zuflucht-Haus der Rache und eine Grube der Füchse. Hier ist derjenige, so gestern groß war, heute klein; derjenige, so gestern satt war, heute hungrig; derjenige, so gestern herrlich bekleidet, heute fadennackigt; derjenige, so gestern zu befehlen hatte, muß heute hier gehorsam sein; und der, so in einem weichen Bette lag, muß auf harten Brettern und kalten Steinen schlafen. Hier hat sich die Bescheidenheit in Vermessenheit, die Tapferkeit in Arglistigkeit, die Schmeichelei in Beredsamkeit, die Lüge in Wahrheit, die Blödigkeit in Kühnheit, die Wissenschaft in Unwissenheit und die Ordnung in Unordnung verwandelt. Hier weinet einer, derweil der andere singet; einer betet, derweil der andere fluchet; einer schläfet, derweil der andere wachet; einer gehet hinaus, der andere hinein; einer wird verurteilet, der andere losgelassen; einer mahnet, der andere bezahlet: Kurz, man wird hier schwerlich zwei Personen von einerlei Gedanken und Verrichtung antreffen. Der Hunger ist hier der beste Koch; ihre Tischzeit, wenn sie was haben; ihre Tafel der Boden; ihre Tunke der unreine Gestank von den Wächtern; und ihre Musik nichts als Schnarchen, Niesen, Rülpsen. Die Vorhänge ihrer Gemächer haben eine beständige Trauer und sind mit großen Spinnegeweben verbordieret; ihre Stühle sind der Boden; und sie leben apostolisch, das ist, ohne Taschen, ohne Stab und ohne

Schuhe. Mancher ihre Krägen sind mit einem Stückchen Leinwand verbrämet, ein Halstuch abzugeben, in der Tat aber sind es nur die verzweifelten Relikte ihrer Hemden, die bei dem Halse herauskriechen; und viele von den Gefangenen haben ihre regulären Stunden, worinnen sie mit den Feinden ihrer Leiber fechten; ungeachtet aber sie das Blut dieses Ungeziefers, welches sie mit ihren Nägeln totschlagen, gleichsam im Triumph davontragen, so erhalten sie doch nimmermehr über dasselbige den völligen Sieg.

Thomas Sharp war zwar ein sehr großer Spieler, insonderheit mit Würfeln, und pflegte alle, mit denen er spielte, zu betrügen: Er war selten ohne Würfel und konnte machen, daß sie allzeit nach seinem Willen fallen mußten; weil aber diese Lebensart nicht fähig war, ihn in seinen Ausschweifungen zu versorgen, beging er solche Schurkenstreiche, die ihm zu Newgate sehr oft das Quartier bestelleten, woselbst die Gefangenen gar schlechtes Divertissement haben: Denn Seufzer sind ihre vornehmste Lust, Kälte ist ihre Behaglichkeit, Verzweiflung ihre Speise, das Rasseln der Ketten ihre Musik, die Ausrottung des kleinen mutwilligen Ungeziefers ihr Zeitvertreib und Verurteilung und Tod ihre einzige Hoffnung. Sooft ein Pförtner zu ihnen kömmet, jaget ihnen sein grimmiges Gesicht die Furcht vor einer neuen Marter ein; wiewohl der abgefeimte Vogel bei seinem großen Hochmut nicht nötig hätte, seine abgünstige Stirne also in Falten zu legen, weil solche ohnehin aussiehet wie das lederne Paar Hosen eines Häckerlingschneiders, welches die Gemüter dieser armen Sklaven, die sich vor ihm fürchten wie die Kinder vor dem Popanz, so niederschläget, daß die Beschaffenheit ihrer Blicke ihn um einen freundlichen Anblick anzuflehen scheinet, dessen versteinertes Herz aber aller Barmherzigkeit abgesaget und einen gar traurigen Widerstrahl in ihre erbärmlichen Gesichter zurückwirft.

Obwohl Thomas Sharp so viele Namen hatte, als Monate im Jahre sind, so kannten ihn doch die Janitscharen vom Whittington College mehr als zu wohl, er mochte in dieses höllische Seminar kommen, wann er wollte. Er war ein Mensch, der in der Welt zu leben wußte, und, wie ein polnischer Stiefel, in allen Sätteln gerecht. Eines Tages ging er in Godlingstons Kaffeehaus, welches ehemals an der Ecke von Parker Street und Drury Lane war; und indem er sich an einen gemeinen Tisch niedersetzte (wie denn die Stube einem jeden offenstehet), kam ein wenig hernach einer von seinen Kameraden auch hinein und setzte sich gleichfalls nieder. Thomas Sharp sah zu eben der Zeit eine kuriöse güldene Medaille an, die er an einem Orte gemauset; weil ihm nun Herr Hitchcock, ein Advokat vom New Inn, gerade gegenüber saß, bat ihn dieser um Erlaubnis, solche zu betrachten. Als ihm dieselbe nun überreichet ward und er sie nicht allein in Augenschein genommen, sondern auch vor ein rares Stück herausgestrichen, stellte sich Sharps Kamerad, der hier tat, als kennete er jenen nicht, an, als ob er solche Kuriosität auch besichtigen wollte, die ihm denn der Advokat ohne Bedenken in die Hände gab. Nachdem sie dieser eine Weile säuberlich betrachtet, schlich er sich ebenso säuberlich damit auf und davon.

Sharp tat, als sähe er ihn nicht, weil er schon wußte, wo er ihn wieder antreffen werde. Der Advokat lässet sich immittelst nichts Böses träumen, meinend, der Besitzer habe seine Medaille längst wieder, als eine Weile hernach Sharp seine Medaille höflich zurückforderte und vorgab, wie daß er es bald in Vergessenheit gestellet. Der Advokat stutzte und gab zur Antwort: Monsieur, ich dachte, Ihr hättet solche längst wieder! Sharp sagte, er hätte sie nicht, und gleichwie er ihm solche in die Hände gegeben, also könnte er auch solche von niemand anders als ihm wiederfordern. Der Advokat schüttelte den Kopf dazu und sagte endlich, er möchte klagen; welches er auch tat: Denn nachdem er Zeugen von den Anwesenden hatte verhören lassen, mußte ihm der Advokat die Medaille gedoppelt bezahlen.

Zu einer andern Zeit, da Sharp überaus stattlich gekleidet war, ging er zu einem Advokaten, Herrn Manning in Gray's Inn, und verlangte 100 Pfund von ihm, die er ihm auf eine Obligation geliehen hätte. Der Advokat erschrak über seine Anforderung, weil er ihn nicht kannte; und da er die Obligation ansah, war seine Hand so genau nachgemalet, daß er es auf keinerlei Weise als seine eigene Handschrift hätte verleugnen können, wofern er nicht gewiß wußte, daß er es zeitlebens niemals nötig gehabt, eine solche Summe Geldes von jemand aufzunehmen. Gleichwie er nun so viel Geld nicht schuldig war; also vermeldete er dem Sharp, daß er solche auch nicht bezahlen könnte, es möchte kommen, wie es wollte. Hiermit nahm Sharp seinen Abschied mit dem Bemerken, sodann möchte er sichs gefallen lassen, wenn er Ungelegenheit bekäme. Weil nun Herr Manning auch nichts Besseres vermutete, schickte er mittlerweile nach einem anderen Advokaten, dem er die Sache eröffnete. Sie schlußfolgerten, es wäre ein falscher nachgemachter Wechselbrief, und machten ihrerseits eine falsche Quittung, daß diese 100 Pfund bezahlet wären. Als nun die Sache vor den Lordoberrichter Holt gelangete, schwuren die Zeugen für Thomas Sharps Obligation so vermessen, daß es gar wenig gefehlt, der Beklagte wäre zu kurz gekommen, bis des Herrn Mannings Anwalt das Gericht zum Behuf seines Klienten bewegete und dem Lord berichtete, sie leugneten zwar nicht, daß die 100 Pfund vom Kläger geborgt worden, diese wären aber auch schon vor drei Monaten zurückgezahlet worden. Vor drei Monaten? sagte der Lord, warum hat aber damals Beklagter seine Obligation nicht aufgehoben oder ausgestrichen? Der Anwalt erwiderte, daß, als das Geld ausgezahlt worden, man die Obligation nicht hätte finden können und Kläger demnach eine General-Quittung wegen der Zahlung ausstellen müssen. Und als man dieses im Gericht vortrug und zween abgeredete oder bestellte Zeugen darüber schwuren, verlor der Kläger seine Sache. Dieses setzte den Thomas Sharp in einen solchen Affekt, daß, da er durch Westminster Hall ging, er zu seinen Kompagnons ausrief: Habt ihr auch euer Lebtag solche Schelme in der Welt gesehen, die da schwören dürfen, sie hätten dasjenige bezahlt, was sie doch niemals geborget haben?

Aber seine Neigung zur Gottlosigkeit blieb nicht nur bei solchen Lastern, die nur mit einer Geldstrafe und Pranger beleget werden konnten, sondern er war ein Kerl von einem recht tollkühnen Gemüte und trug keine Scheu, die allerabscheulichsten Bubenstücke auszuüben. Er pflegte öfters zu sagen, daß derjenige Mensch nicht wert wäre, die geringste Glückseligkeit allhier zu genießen, der, ehe er solche entbehrete, nicht viel lieber seinen Hals dran wagen wollte. Also mag zwar die Sünde, wenn sie mit scheinbarem Vorwand geschmücket wird, einiges Ansehen gewinnen; wenn man sie aber in ihrer eignen Gestalt betrachtet, so kann sie dem Menschen, er müßte denn ganz unempfindlich und verstockt sein, nichts anders als Abscheu und Schrecken einjagen. Und gewißlich, dieser Kerl war recht fühllos und verstockt in seinen Sünden; denn um sich nur in seinem ruchlosen Leben zu erhalten, war ihm kein Bubenstück zu groß und zu viel. Also geriet er unter andern in eine Rotte falscher Münz-Meister und lernete die Kunst, ›Black Dogs‹ zu machen, welches Shillinge oder andere Stücken Geldes sind, die man nur aus englischem Zinn machet.

Er hatte die Profession nicht lange getrieben, so wurden unterschiedliche von seiner Rotte ergriffen und mußten ihrer verbotenen Ingeniosität wegen par force gen den Galgen reiten. Weil es nun solchergestalt mit Thomas Sharp wieder auf die Neige gekommen war, mußte er alle Kräfte seiner Spitzfindigkeit zusammenstoppeln, ein Mittel auszuspintisieren, durch welches er seine mannigfaltigen Ausschweifungen unterstützen möchte: Also legte er sich auf die Beutelschneiderei; weil er aber auch hierüber erwischet wurde, wies man ihm ein Logis im neuen Gefängnis an. Hier hatte er eine große Menge lüderlicher Weibspersonen, die zu ihm kamen und ihm mit sehr vielem Gelde an die Hand gingen; weswegen er alle erdenkliche Freiheit im Gefängnis genoß. Und als er aufs Stadtgericht mußte, um seines Tuns wegen daselbst verhört zu werden, und John Lee, der Pförtner, ihn dahin führete, gab der ihm Erlaubnis, sich unterwegs barbieren zu lassen; und weil sein Hüter auch einen ziemlich langen Bart hatte, sagte Sharp zu ihm: Kommet! wir haben noch Zeit genug, sitzet nieder, ich will vor Euern Bart auch mit bezahlen.

Indem dieser sitzet und sich barbieren lässet, redet Sharp eins und das andere, ihn im Diskurs zu erhalten; weil aber endlich der Barbier sagte: Machet die Augen zu, sonst wird Euch meine Seife inkommodieren, machte jener die Augen zu, und Sharp, den der Barbier vor keinen Gefangenen ansah, bediente sich dieser Gelegenheit zu entwischen und verbarg sich in einem nahegelegenen Bierhause. Als ihn der Pförtner nicht mehr plaudern hörte, achtete er das Beißen der Seife nicht, sondern öffnete die Augen, und weil er den Sharp nicht mehr in der Stube sah, sprang er so plötzlich vom Stuhl auf, daß er Rasiermesser, Becken, Wasser und alles über den Haufen warf, und lief mitsamt dem Schürztuch, so ihm der Barbier umgebunden, und mit der Serviette um seinen Kopf dergestalt halb barbieret hinaus auf die Gasse. Die Leute, ihn also sehend mit dem Seifenschaum in seinem Angesicht, meinten nicht anders, als der Kerl sei toll, und liefen ihm alle aus dem Wege. Der Barbier lief mit dem Rasiermesser in der Hand dem Pförtner nach und schrie immerzu: Haltet den Spitzbuben auf! haltet den Spitzbuben auf! Alleine jener fragte nicht viel nach seinem Schreien, sondern rannte immer auf und nieder, als ob sein Verstand in der Buttermilch ersoffen wäre, in der irrigen Hoffnung, den entlaufenen Hasen (oder vielmehr Fuchs) wieder einzufangen. Einige getraueten sich nicht, und andere hatten keine Lust, ihn aufzuhalten; nichtsdestoweniger ergriff ihn der Barbier endlich, und indem er ihm sein Schürztuch und die Serviette wieder abnahm, mußte ihm derselbige, ungeachtet er nur halb rasiert war, noch 6 Pence draufzahlen. Unter diesem ›Hurly-Burly‹ oder Wirrwarr kömmet Sharp glücklich davon.

Nach diesem nahm Thomas Sharp einen Mantel um und ging in die Portugiesische Kapelle in Lincoln's Inn Fields, und nachdem er ein Papier mit Lampenschwärze

Auspeitschung des Titus Oates von Newgate nach Tyburn

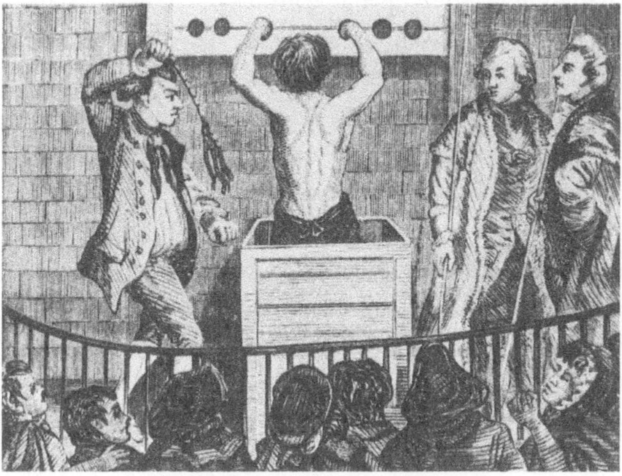

Öffentliche Auspeitschung im Londoner Gerichtshof

hinein ins heilige Weihwasser, so neben der Tür stand, geworfen, ging er hinauf zu dem Altar, da gerade zwischen dem Gitter ein silbernes Becken stand, welches er mit einem zinnernen, das er unter seinem Mantel hatte, vertauschte, und goß unvermerkt das Wasser aus einem in das andere und tat die Lampenschwärze gleichfalls hinein. Indem nun nachgehends der Geistliche herauskömmet und ein Kreuz vor sich geschlagen, auch einige kurze Gebetlein bei sich hergesaget, wandte er sich gegen seine Versammlung, sie mit einem *Pax vobiscum* anzureden; als er aber sah, daß sie alle schwarze Kreuze an ihren Stirnen hatten, und das Volk auch eins an seiner gewahr wurde, entstand ein solches Aufsehen, daß immer eins größere Augen machte als das andere. Endlich befanden sie, daß ihnen dieser Possen von einem Ketzer gespielt worden, für welchen es aber nunmehro hieß: Weit davon ist gut vor den Schuß. Weil sie aber die Entheiligung desjenigen, welches sie vor einen genugsamen Schutz wider den Teufel und alle seine Werke hielten, höchlich ahndeten, fingen sie alsbald an, ihn mit ihrem größesten Anathema der Glocke, des Buchs und der Kerze zu verfluchen; alleine Thomas scherte sich wenig um ihr Fluchen, solange er nicht in ihren Händen war.

Er war seines Handwerks ein Beutler, geboren zu Reigate in der Grafschaft Surrey von gar honetten Eltern. Alleine er war nicht lange aus seinen Lehrjahren, so geriet er unter böse Gesellschaft und wurde so verhärtet in seiner Bosheit, daß keine heilsame Warnung noch

Drohung ihn von seinem lasterhaften Leben abhalten konnte. Also führete er einige Jahre ein höchst leichtfertiges Leben. Und da er zuletzt einen Wächter, welcher sich ihm widersetzte, als er eines Schusters Laden an der Einmündung der Wild Street in die Great Queen Street bestehlen wollte, über den Haufen schoß, wurde er ergriffen und wegen dieser Mordtat verurteilet. Aber seine Ruchlosigkeit, dieweil er unter dem Todesurteil schwebete, war so groß, daß, anstatt sich gegen solche zu bedanken, die so christlich waren und ihn zu einer ernstlichen Vorbereitung zum Sterben ermahneten, er ihnen vielmehr gebot, sie sollten ihm seinen Kopf mit dem Pfaffen-Gewäsche von Himmel und Hölle nicht wüst machen; denn er wäre viel zu mannhaft, daß er solche Fratzen glauben oder sich vor etwas nach diesem Leben fürchten sollte. Erst als er zur Richtstätte kam, welche am Ende von Long Acre in Drury Lane war, und den Strick schon um den Hals hatte, veränderte er den Ton und fing an, mit einer solchen ängstlichen Stimme um Gnade zu bitten, welche auch das allerfühlloseste Gewissen, das jemals der Teufel eingewieget, aufzuwecken vermögend gewesen. Allhier konnte man aus der Tränenflut, die aus seinen Augen floß, klärlich abnehmen, was vor heftige Paroxysmen seine arme Seele ausstehen mußte, indem er mit eigenem Munde bekannte, wie grausam seine gemarterten Geister von der erschrecklichsten Verzweifelung auf die Folter geleget würden. Nun war die Zeit, da das große Register seines bösen

Gewissens, so seithero in einem ungekehrten Winkel seines Gedächtnisses verworfen gelegen, vor ihm aufgeschlagen lag; und der Teufel, welcher ihm anhero das Verkleinerungs-Ende des Perspektivs vorgehalten, seinen leichtsinnigen Lebenswandel zu übersehen, kehrete nun das Vergrößerungsglas zu seinem Auge, daß er den Himmel wegen seiner mannigfaltigen Übertretungen um Vergebung anflehete, als er am Freitag, dem 22. September 1704, im 29. Jahr seines Alters vom Karren hinabgestoßen wurde.

VIII
Anna Hollandia, eine Beutelschneiderin

Dieses war ihr rechter Name, ob sie schon unter den Namen Andrews, Charlton, Edwards, Goddard und Jackson herumging; wie es denn unter den Spitzbuben was Gewöhnliches ist, daß sie die Namen verändern; denn weil sie der Gerechtigkeit öfters in die Hände fallen und einer oder der andern Übeltaten schuldig befunden werden, so ist doch solches, wenn sie wieder vorgeführt werden, das erste Mal, daß man sie ertappet hat, und die erste Übeltat, weshalber sie angeklaget worden. Überdies können die Leute, wenn sie sollten verurteilet werden, nicht sagen, der Sohn oder die Tochter dieses oder jenes Mannes oder Weibes ist mit dem Staupbesen belegt, gebrandmalet oder gar an dem und dem Tage des Monats, in dem und dem Jahr gehänget worden; woraus sowohl denen, so leiden müssen, mehr Unruhe, als auch ihren Eltern mehr Herzeleid zuwachsen würde. In Betrachtung dessen pflegen dergleichen

Leute ihre Namen, wie das Chamäleon die Farben, zu verändern; deren Vergnügen ist, fürnehme Herren und Damen von anderer ehrlicher Leute Renten und Vermögen abzugeben und damit nach eigenem Willen und Belieben umzugehen, weil es nicht mehr Mühe kostet, als solche zu stehlen.

Aber betreffend Anna Hollandia, so bestand ihre gewöhnliche Art des Diebstahls darinnen, daß sie sich bei einer guten Familie vor eine Magd vermietete, und wenn sie ihre Gelegenheit sah, solche bestahl: Also dienete sie einstens bei einem Schneider in York Buildings am Strand, da war ihre Frau gerade auf eine Kindtaufe gegangen, als ihr Herr mit Stiefeln und Sporen vom Lande nach Hause kam; und indem sie hinauf in seine Kammer ging, sein Bette daselbst zu machen, bekam er eine sonderliche Lust, seine Mannheit an seiner Magd zu probieren, und warf sie demnach nieder auf den Rücken; alleine sie tat ihm einen großen Widerstand und wollte seinem Begehren nicht eher zu Willen leben, bis er seine Stiefel ausgezogen hätte; dahero zog sie ihm einen aus, und indem sie im Begriff war, den andern auch abzuziehen, klopfte jemand an der Tür an, da nahm sie eine silberne Kanne vom Fenster hinweg, in welche zwei Quart gingen, und lief die Treppe damit hinunter, vorgebend, sie wollte sich etwas zu trinken mitbringen, denn sie wäre sehr durstig. Weil sie aber nicht wollte wiederkommen, fluchte und schwur, schrie und blökete der geile Ziegenbock nach seiner Magd Anna, daß sie ihm den andern Stiefel, der halb und halb herab war, vollends ausziehen möchte; weil er aber außerordentlich steif war, konnte er das Bein weder hinter noch vor sich bringen: Und also hätte er lange auf seine Anna warten mögen; denn sie war mit der Kanne über alle Berge, welche sie in kurzer Zeit umgeschmolzen und in eine andere Gestalt verwandelt hatte.

Als Anna einsmals auf einem Jahrmarkt auf dem Lande gewesen war und nach London kam, lag sie über Nacht zu Uxbridge, allwo ein paar gute holländische Bettücher über das Bette gedeckt waren, da erwies sie sich so emsig, daß sie fast die ganze Nacht aufsaß und sich aus dem einen ein paar gute Hemden machte; des Morgens kehrte sie das andere Bettuch doppelt gegen den Kopf zu und kam die Treppe herab zu frühstükken. Immittelst schicket die Wirtin ihre Magd hinauf, um zu sehen, ob die Bettücher noch alle beide da wären; diese zog das einzelne Tuch ein wenig herfür, wo es doppelt lag, und kam wieder herab und sagte ihrer Frau heimlich ins Ohr, die Bettücher wären noch alle beide vorhanden. Also bezahlte Anna, was sie verzehret, und brachte mehr in die Stadt als sie mitgenommen. Und gewißlich, sie muß noch mehr solche Fische mitgebracht haben, sonst hätte sie etliche Jahre nicht so leben können, wie sie pflegte.

Als diese armselige Kreatur anfangs in das unumschränkte Feld der Laster auszuschweifen anfing, war sie ein artiges ansehnliches junges Weibsbild von zarter heller Haut, guter Gestalt, durchdringendem Auge, wohlproportioniertem Antlitz und ungemein kleinen Händen. Welche herrliche Gaben der gütigen Natur aber dazu dieneten, daß sie solche mehr unglückselig als glückselig machten: Dieweil sich unterschiedliche lüderliche Burschen, gleich so vielen Raben um ein stinkendes Aas, um sie herum versammelten, sie unter des Cupido Panier zu bringen und ihre unzüchtigen Absichten zu erhalten; dahero sie bald nach und nach zu allen Arten der Üppigkeit hingerissen wurde: Denn so ein Weibsbild die Grenzen der Ehrbarkeit einmal überschreitet, stehet es selten stille, bis es auf dem höchsten Gipfel der Schamlosigkeit angelanget.

Nichtsdestoweniger hatte die das Glück, einen guten Ehmann davonzutragen; denn weil sich Mr. French, ein Kammacher, der vormals auf Snow Hill wohnte, in einem Kaffeehaus, wo sie so lange diente, bis sie ihren Herrn bestehlen konnte, in sie vergaffte, war seine Neigung zu ihr (weil er nichts davon wußte, daß sie schon geschwängert) so groß, daß er sie ehlichte und besser mit dieser Heirat, ungeachtet sie nichts hatte, zufrieden war, als manche mit ihren reichen Weibern zu sein pflegen. Allein es wurde dem guten Kammmacher seine Freude bald zu Wasser, als seine Braut binnen 6 Wochen, nachdem sie Hymen zusammengefüget, mit einem ganz kleinen Mägdlein in die Wochen kam; dieses Gebären gebar eine solche große Mißhelligkeit zwischen ihnen, daß schwerlich etwas in der Küche oder sonst im

Hause war, das sie nicht kontinuierlich einander an den Kopf warfen. Worauf ihr Mann einem seiner vertrauten Freunde, auf den er sich verlassen konnte, durch einen gerichtlichen Ausspruch all sein Vermögen verschrieb, welcher es auch in Besitz nahm und sie beide von Haus und Hof jagte, ganz nach Wunsch des Mr. French, welcher kurz hernach seine Zuflucht nach Irland nahm und daselbst starb.

Nachdem sich nun Anna Hollandia also aus einer Hauswirtin in eine Landstreicherin verwandelt sah, ließ sie sich angelegen sein, ihren Unterhalt unter dem allerleichtfertigsten Gesindel zu suchen: Denn wiewohl sie noch jung war, so verstand sie doch die geheime Diebssprache ziemlich gut, konnte an sich locken wie ein Vogelsteller; fluchen wie ein Landsknecht; lügen, als wenns gedruckt wäre; stehlen wie ein Nachtrabe; sich verstellen ärger als ein Tausendkünstler; saufen und Tabak schmauchen wie ein Musketier; huren wie eine unersättliche Messalina und alles ihr Tun so unverschämt verteidigen, als ob sie hundert Jahr bei dem Machiavelli in die Schule gegangen.

Eine Weile nach diesem Unstern verehlichte sie sich mit James Wilson, einem berühmten Straßenräuber, der in seiner Profession überaus erfahren war, denn er ging niemals ohne falsche Bärte, Masken, Anstriche und andere Vermummungen, die natürliche Physiognomie seines Angesichtes damit zu verstellen. Er wußte, wie er seinen Kameraden die Losung geben sollte, ihren Raub anzufallen; er verstand, wie er sie unterweisen sollte, ihre Stiefel kotig zu machen, als ob sie viele Meilen geritten wären, da sie doch nicht weit von ihren Schlupfwinkeln entfernt waren; und wie sie die Gurte und Zügel derjenigen, die sie plünderten, zerschneiden und solche Personen gebunden in einem Walde oder andern verborgenen Orten sollten liegenlassen. Weil ihn aber diese schändlichen Handlungen in kurzer Zeit zu Maidstone in Kent an den Galgen brachten, wurde Anna zur einer hänfenen Witwe und wiederum genötiget, sich selbsten zu ernähren.

Nach diesem Verlust eines guten Ehemanns, da Anna Hollandia sauber gekleidet ging, kam sie mit einem gewissen Tristram Savage, der wegen Verbreitung einer Schmähschrift lange zu Newgate gefangen gelegen, daselbst in Bekanntschaft. Mit diesem ging sie vor allen Dingen zum Dr. Trotter in Moorfields, sich ihr Horoskop stellen zu lassen. Als sie bei dem Beschwörer vorgelassen wurden, der sie beide weiblichen Geschlechts zu sein vermeinte, weil sich Savage auch in Weiberkleidern sehen ließ, und Anna ihre Worte und Angelegenheit vorgebracht, zeichnete er alsbald ein Schema von den 12 Häusern und füllete solches mit allerhand nichtssagenden Symbolen der Himmelsgegenden, Planeten und Aspekte aus, und trug auch die Zeit und den Ort ihrer Geburt ein, vorgebend, daß, weil sich die Sonne im Gipfel des 10. Hauses befände und Saturn innerhalb desselben, aber 6 Grad vom Gipfel, solches eine Krankheit bedeutete, die sie bald werde auszustehen haben; weil aber hinwiederum Merkur im 11. Hause, gerade zu Beginn des Schützen, neben Aldebaran und nur 6 Grad von dem Saturn in einem gevierten Schein mit dem Mond und Mars wäre, zeigete solches an, daß sie bald wiederum davon genesen werde. Ferner, weil der Krebs mit der Sonne, Saturn und Merkur in einem zodiakalischen gedritten Schein stünde, würde sie in kurzer Zeit einen braven Ehemann bekommen, und stünde zu erwarten, daß derselbe ein sehr reicher, nahrhafter und glücklicher Mann sein werde. Nachdem er also seinen astrologischen Lügensack ausgeschüttet, sagte Tristram Savage zum Dr. Trotter: Könnet Ihr mir sagen, Herr! was ich gedenke? Der Sterndeuter antwortete mit gravitätischer Miene: Es ist nicht meine Profession, der Leute ihre Gedanken zu erraten. Wohlan denn, sagte Savage, ich will Euch solche zeigen! Hiermit zog er ein Pistol aus der Tasche heraus und schwur, indem er solches dem Doktor an die Brust setzte, daß er des Todes sein müßte, wofern er nur den allergeringsten Schrei täte; welches den armen Schwarzkünstler so erschreckte, daß er wie Espenlaub zitterte und gerne auf alles einging, was sie von ihm verlangeten. Indem nun also Anna beschäftiget war, ihm Hals und Füße zu binden, stand Savage mit einem Federmesser in der einen Hand und seinem Popanz, wie sie das Gewehr nennen, in der andern über ihm und schwur einmal über das andere, daß, wofern er sich nur regen würde, so wollte er ihm entweder sein

Federmesser durch den Blasbalg stoßen oder ein paar Kugeln durch die Gedärme jagen. Damit sie sich aber vor des Schwarzkünstlers Plauder-Büchse desto besser in Sicherheit setzen möchten, legten sie ihm einen Knebel in den Mund und riffelten alsdann seine Taschen, worinnen sie eine vergüldete Sack-Uhr, 20 Guineas und eine silberne Tabaksdose fanden, welches sie alles mitnahmen und ihm überdies noch zween schöne Ringe vom Finger abzogen. Nachdem diese guten Kunden hinweg waren, fing der Zauberer an zu tumultuieren, so arg er konnte, damit jemand kommen und ihn aus dem Bock spannen möchte: Worauf er sich auf dem Boden herumwälzete wie ein Meer-Schwein bei einem großen Sturm im Wasser und mit solcher Gewalt an die Bretter stieß, daß die Diener gänzlich dafür hielten, es wäre ein Scharmützel zwischen ihrem Herrn und dem Teufel. Allein da sie die Treppe hinankamen und ihn also gebunden und geknebelt antrafen, erstaunten sie kein klein wenig; und indem sie ihn alsbald ausspanneten, erzählete er ihnen, wie es ihm ergangen wäre. Worauf sie der Anna Hollandia und dem andern Täter scharf nachstelleten, aber alles vergeblich; denn sie hatten sich aus dem Staube gemacht, und alle Gestirne des Himmels konnten nicht sagen, wo sie anzutreffen.

Ungeachtet diese Anna Hollandia einmal zuvor Gnade erlanget, dennoch ließ sie sich solche keine Warnung sein, sondern setzte, sobald sie ihre Freiheit wieder hatte, ihre alte Lebensart fort, welche sie im Jahr 1705 zu Tyburn an den Galgen brachte; woselbst sie, anstatt den Himmel um Gnade und Barmherzigkeit anzuflehen, sich über die harten Herzen der Richter und die Strengigkeit der Gesetze empörte, verfluchte auch den Henker und vergaß gänzlich, diejenige Tat zu bereuen, welche sie unter die Hände der Scharfrichter gebracht hatte, dahero ihre unbußfertige Seele vermutlich hernachmals einem weit strengern Richter in die unbarmherzigen Hände geraten sein wird.

IX
Stephen Bunce, ein Dieb

Dieser unglückselige Übeltäter war schon in seiner Kindheit zur Dieberei und allen Leichtfertigkeiten geneigt; denn weil er sehr oft mit einem von seines Nachbars Kindern spielte, dessen Vater ein Kohlenhändler war, pflegte er seine Taschen mit dieser schwarzen Ware heimlich ganz vollzufüllen und solche bei einer alten Äpfel-Frau vor Äpfel zu verhandeln; weil er aber mit der Zeit dieser bettelhaften Mauserei überdrüssig wurde, wollte er einsmals so viel Äpfel voraus haben und solche bei dem nächsten Handel zugleich mit ersetzen, gedachte aber in seinem Herzen, wenn er solche hätte, das letztemal mit ihr gehandelt zu haben; dieses merkte die alte Frau und wollte ihm nicht kreditieren. Stephen war recht zornig bei sich selbst, daß sie seine Ehrlichkeit in Zweifel zog, und beschloß, ihr eins davor zu versetzen. Also brachte er ihr an einem kalten frostigen Morgen ein gut Bündel Kohlen, dessen Konkavität oder Höhlung er in der Mitten mit Schießpulver ausgefüllet und jedes Ende mit schwarzem Wachs zugeklebet hatte, und bekam von der Frau so viel von ihrer Ware, als sie dachte, daß die Kohlen wert waren. Sie steckte alsbald ein Häufchen davon unter ihren Kessel, welcher kochte; und weil es rauhes und unfreundliches Wetter war, setzte sie sich mit dem Rock über die Kohlen, fast bis an ihren Nabel; als nun endlich das in Kohlen verborgene Schießpulver Feuer fing, puff! sprang der Kessel in die Luft, und Äpfel und Wasser flogen ihr um den Kopf herum, da denn das alte Weib unter Feuer und Rauch erschrecklich Feuer und Mord schrie, welches alsbald eine große Menge Volks zusammenbrachte, ihr in ihrem Unfall beizuspringen. Doch hatte sie es noch einem gütigen Gestirne zuzuschreiben, daß sie bei dieser drohenden Gefahr noch so mit einem blauen Auge und einem durch das Hemde gebrannten großen Loche davonkam, nebst der Mühe, ihre Äpfel wiederum zusammenzulesen.

Nachdem Stephen Bunce zu einem männlichen Alter gereichte, unternahm er sodann größere Schelm-Stücke: Denn da er sich eines Tages sehr galant herausgeputzt hatte, ging er in ein Kaffeehaus, woselbsten eine alte Matrone auf dem Tische, woran dieser Beutelschneider saß, eine silberne Tabaksdose liegen hatte, also daß Deckel und Boden von einander abgesondert waren; da brachte er, ein Schälchen Tee trinkend, die Zeitungen alle durcheinander, warf ein Stück hier-, das andere dorthin, bezahlte seinen Tee und ging mit dem Deckel von der Tabaksdose heimlich hinweg, auf welchen er alsbald seinen Namen und Zeichen stechen ließ; alsdenn kam er zurück in das Kaffeehaus, machte ein höfliches Kompliment und sagte: Meine Herren! habe ich nicht den Boden von meiner Tabaksdose liegen lassen? Indem er also unter den Zeitungen herumwühlete, fand er solchen und sagte, indem er den Deckel daraufschlug: Oh! hier ist er; worauf es die Besitzerin vor das Ihrige ausgab. Als aber Stephen auf eine recht unverschämte Weise sein Zeichen darauf herwies und solche recht trotzig vor seine Dose ausgab, setzte solches die ganze Gesellschaft in der Kaffeestube in große Verwunderung, was es mit der andern Dame ihrer Dose vor eine Bewandtnis haben möchte.

Ein andermal wurde Stephen Bunce ohnweit Bromyard in Herefordshire von der Nacht überfallen und auch zugleich vom Geldmangel hart bedränget; da kam ihm der Gedanke in den Kopf, an das Pfarrhaus zu gehen, allwo er anklopfte und die Magd ersuchte, ein Fremder möchte gern die Ehre haben, ein paar Worte mit ihm zu sprechen. Als der Pfarrer herauskam und fragte, was sein Anbringen wäre, vermeldete er ihm, zumal er ein gutes Maulwerk hatte, er wäre ein armer Student, der von Oxford käme und im Begriff stünde, nach Hause zu seinen Verwandten zu reisen; weil er sich nun verspätet hätte, also bäte er gehorsamst, ihm die Gefälligkeit zu erweisen, ihn nur eine einzige Nacht unter sein Dach aufzunehmen. Der Pfarrer, welcher sich durch seine höfliche und bescheidene Aufführung betören ließ und alles glaubte, was er sagte, nahm ihn freundlich auf und nötigte ihn, mit sich und seiner Familie die Abendmahlzeit einzunehmen. Als diese vorüber war und ihm die Magd sein Schlafgemach anweisen sollte, nahm er von allen aufs demütigste Gute Nacht und ersuchte den Pfarrer, er möchte ihm des folgenden Morgens, da Sonntag war, eine Predigt erlauben. Der Pfarrer nahm sein Anerbieten mit Dank an; und als der Morgen kommen war, rüstete der Geistliche seinen jungen Prediger mit seinem Habit und Priesterrock aus: Und weil die Kirche beinahe eine Meile davon lag, lieh er ihm auch sein Pferd, dieweil er nebst seinem Weibe und Kindern den Fußsteig gehen wollte; da diese zur Kirche kamen, scharrte einer mit dem linken, der andere mit dem rechten Fuß und wunderte sich, ihren Herrn Pfarrer an einem Tage, da er sein heiliges Amt verrichten sollte, ohne seinen priesterlichen Schmuck einherkommen zu sehen. Allein er half seinen Pfarrkindern bald aus dem Traum, als er ihnen erzählete, daß ein junger Herr von der Universität Oxford alsbald hier sein und eine vortreffliche Predigt ablegen werde. Nun, die Gebete waren verlesen und das letzte Lied gesungen, aber es kam kein junger Herr Studiosus: Und nachdem sie alle bis zu Mittag vergeblich aufgelauert, sah sich die Versammlung genötiget, ohne Predigt sowohl mit hungriger Seele als hungrigem Bauch nach Hause zu gehen, weil ihr Herr Pfarrer ohne sein Pferd und Priesterrock kommen war, welche Stephen ohne

Zweifel zu einem andern Gebrauch wird verordnet haben, als damit in die Kirche zu reiten und darinnen zu predigen.

Als dieser desperate Galgenvogel ein andermal in Essex, seiner Art nach, patrouillieren ging und sich auf der einen Seite des Heckenzauns befand, wurde er von ferne eines wohlberittenen Herrn gewahr, dahero er sich hinaus auf die Straße machte und sich der Länge nach hin auf die Erde legte, also daß er das eine Ohr ganz genau daraufhielt, bis besagter Herr hinzukam; dieser fragte ihn um die Ursache dieser Positur. Stephen hielt seine Hand in die Höhe, um anzudeuten, der Herr sollte stille sein. Weil aber dieser Herr von einem hitzigen Naturell war, sagte er: Was zum Henker horchet Ihr denn? Hierauf setzte sich Stephen auf seine vier Buchstaben und sagte: Oh! mein wertester Herr! ich habe meine Tage viel von den Sirenen reden hören, mir aber niemals einbilden können, daß es dergleichen in der Natur gäbe, bis itzo; denn wahrhaftig, eben hier an diesem Orte höre ich eine solche entzückende und liebliche Harmonie von allen Arten der Musik, welche fähig genug ist, mich also zu bezaubern, daß, wo es möglich wäre, ich allhier in Ewigkeit sitzen möchte. Diese Erzählung machte den Herrn so neugierig, daß er alsbald vom Pferd stieg, dieser entzückenden Musik auch zuzuhören. Indem er also dem Stephen sein Pferd zu halten gab und sich mit einem Ohr auf die Erde niederlegte, sagte er: Ich kann nichts hören! Meister Bunce gebot ihm, das andere Ohr hinzurecken; weil er nun solchergestalt das Antlitz von ihm hinwegwandte, schwang sich Stephen wie der Wind auf sein Pferd und galoppierte immer auf Rumford zu; sobald er diesen Ort im Gesichte hatte, stieg er ab und ließ das Pferd gehen, indem er dafür hielt, daß, wenn der Besitzer einen Gasthof in dieser Stadt zu besuchen pflegte, es seinen Weg ohnfehlbar dahin nehmen würde, wie es denn auch tat; und indem ihm Stephen auf dem Fuß nachfolgte, hörte er den Hausknecht, der vor der Tür war, sagen: Herr! Herr! hier kömmt des Herrn Bartlets Pferd ohne ihn! Als Stephen durch diese List des Besitzers Namen erschnappet hatte, sagte er zum Gastwirt: Herr Bartlet ließ ihn verbindlich grüßen, und weil er mit einem gewissen Herrn zu Ingerstone im Spiel begriffen wäre, ersuchte er ihn, er möchte ihm 15 Guineas senden und sein Pferd immittelst zum Unterpfand behalten, bis er gegen Abend selbsten kommen würde. Ja, ja, erwiderte der Gastwirt, hundert Guineas, wenn er sie haben will! Also gab er Stephen 15 Guineas, welcher immer damit auf London zueilete, bis ohngefähr 4 oder 5 Stunden hernach Bartlet schnaufend und pustend in seinen großen weiten Stiefeln in den Gasthof kam, und der Gastwirt auf ihn zuging, sagend: O ehrlicher Herr Bartlet! was habt Ihr nötig gehabt, Euer Pferd herzusenden und Euch die Mühe zu machen, in diesem warmen Wetter wegen des Bagatells von 15 Guineas selbsten zu Fuß herzukommen, da ich doch Euch wohl noch zehnmal soviel ohne Pfand schicken wollen, wenn Ihr es verlanget hättet. Herr Bartlet sagte: Hat denn der Kerl mein Pferd hergebracht? Der verfluchte Schelm! er hat in diesem Stücke noch redlich gehandelt; alleine wie ich höre, so habe ich doch vor seine teuflische Sirenen-Musik noch 15 Guineas bezahlen müssen.

Er lag kontinuierlich auf den Billardsälen, Kegelbahnen, Kricketplätzen und an den Örtern, wo ein Hahnenkampf war, dieweil er keinen Winkel unbesucht ließ, worinnen er etwas zu erschnappen vermeinte. Er hatte vielmals die schönste Gelegenheit, von seinen bösen Irrwegen umzukehren, war aber in seiner verteufelten Ruchlosigkeit so verstockt, daß er an allem, was nur tugendhaft schien, einen rechten Abscheu empfand.

Als Stephen einsmals zu Fuß auf die Rauberei ging, setzte er zwischen Paddington und London auf einen Metzger los; weil nun derselbe auch ein beherzter, handfester Kerl war, wollte er durchaus nicht hergeben, was er hatte; dahero alsbald ein heftiges Prügel-Duell zwischen ihnen entstand. Allein, ungeachtet der Metzger seinen Mann sehr wohl spielete, so sah er sich dennoch nach einem hitzigen Scharmützel, worinnen sie beide einander erbärmlich abgebleuet und zerfetzet hatten, genötiget, den kürzeren zu ziehen, und das *Pater peccavi!* zu schreien. Alsdenn durchsuchte ihn der Überwinder vom Kopf bis zun Füßen; da er aber nicht mehr als einen Heller in seinem Schubsack fand, sagte er zum Metzger: Ist dieses alles, was Ihr habt? Er antwortete: Ja, und noch zu viel zum Verlieren. Da sagte Bunce: O teufelhafter Huren-Sohn, wenn du dich so hartnäckig wegen eines einzigen Hellers wehren willst, was zur Schwerenot würdest du getan haben, wenn du noch mehr Geld gehabt hättest? Also schieden sie voneinander in Frieden.

Weil aber dieses Wenige kaum vor die Schwelgerei einer einzigen Nacht zulangte und Stephen bei eines Goldschmieds, Herrn Sandfords, Laden in der Russel Street, im Covent-Garden, vorbeiging, da der alte Mann eine große Menge Geldes auf einem Rechentisch zählete, ging der abgefeimte Vogel geschwind hin zu einem Kleinkrämer und kaufte vor einen Deut Salz; alsdann ging er stracks wieder zurück auf des Goldschmieds Haus zu und warf ihm das Salz alles in die Augen hinein; weil nun solches einen grausamen Schmerz verursachte, tat er nichts als mit den Füßen stampfen und in den Augen reiben: Immittelst streichet Stephen über 50 Pfund in seinen Hut hinein und damit auf und davon.

Es ist ein wahres Sprichwort: Wie gewonnen, so zerronnen; oder, wie es die Engländer sagen: Was über des Teufels Rücken gewonnen ist, pfleget gemeiniglich unter seinem Bauch wiederum verschwendet zu werden. Denn weil Stephen denselben Abend in ein Bordell-Haus in Coulson's Court in Drury Lane ging, geriet er mit einer Kanaille in Gesellschaft, welche ihren großen Beschirmer, gleich einem Koloß, zu Hilfe rief, der seine Taschen um 20 Pfund leichter machte und wie ein Gespenst im

Augenblick verschwand. Dieser Unstern machte, daß er knirschte und feimte, donnerte und hagelte, ja, so entsetzlich fluchte, daß man nicht anders meinte, Himmel und Erden werde darüber zu Trümmern gehen. Als aber alles sein Poltern und Rasen nichts helfen wollte, fing er an, seinen Grimm durch abscheuliche Schmähung des ganzen weiblichen Geschlechts insgemein auszulassen, schwörend, es sei kein Weibsbild auf dem Erdboden, das nicht ein Krokodil mit 10 Jahren, eine Hure mit 15 Jahren, ein Teufel mit 40 Jahren und eine Hexe mit 60 Jahren wäre. Weil er nun das übrige Geld aus Verdruß in zwei bis drei Tagen vollends durch die Gurgel jagte, trieb ihn die Not (welche ohnedem der Wetzstein ist, so auch das dümmste Hirn schleifen kann), auf neue Mittel und Wege zu spintisieren, kraft welcher sein Beutel wiederum gespickt werden möchte. Alsdann ging er hin zu einem von seinen Kameraden, den auch weder Strick noch Seil abschrecken konnte; mit demselben begab er sich abends, da der Laden eben zugemacht wurde, zu Herrn Knowles, einem Tuchhändler in der King Street von Westminster, und indem Stephen hieselbst um drei Ellen Tuch zu einem Paar Beinkleidern, wie er vorgab, handelte, hatte sein Kompagnon die Gelegenheit, den Bolzen aus der eisernen Stange, womit ein Fensterladen zugemacht wurde, hinwegzunehmen, alsdenn gingen sie ohne etwas zu kaufen davon. Und weil der Mann nicht anders vermeinte, als sein Laden wäre fest verschlossen, siehe, da kamen diese Diebe in der toten Nacht, die, weil kein Mond schien, stockfinster war, und zogen die eiserne Stange, in welcher kein Bolzen stak, heraus, daß sie völlige Freiheit hatten, in den Laden zu gehen, aus welchem sie so viel Tuch hinwegtrugen, als am Gelde über 80 Pfund ausmachte.

Als Stephen Bunce erst noch ein Bürschchen von 14 bis 21 Jahren war, gab er im Wirtshaus Zum Roßkopf in der Tothill Street in Westminster einen Hausknecht ab, war aber kaum einen Monat daselbst gewesen, so partierte er einem von seinen Diebsgenossen heimlich eine silberne Kanne zu, in welche 2 Quart hineingingen. Als nun des Abends sein Herr kam, das Geschirr einzuschließen, vermissete er die Kanne; worüber das ganze Haus in Unordnung geriet, wer aber der Mausekopf sei, konnte niemand sagen. Nach einer scharfen Nachfrage wurde endlich einhellig beschlossen, es müßte sie jemand von den Gästen mitgenommen haben; daher geschah der einmütige Ausschlag, daß die Magd und Stephen des folgenden Morgens zum John Partridge gehen sollten, dem Sterndeuter und Schuhflicker in der Salisbury Street beim Strand, welcher wegen seiner Geschicklichkeit in dieser Kunst arg ausgeschrien war. Demnach gingen Stephen und Ursula miteinander zu diesem unsternhaften Sterndeuter ins Haus und steckten ihm einen Shilling in die Hand, da setzte er sich recht förmlich auf einen großen Stuhl nieder, legte einen halben Bogen Schreibpapier vor sich, nahm eine Feder in die Hand und machte unterschiedene Triangel um ein Quadrat, welches er die 12 Häuser nennete, und sagte: Weil Jupiter des Aszendenten oder aufsteigenden Gestirns Herr wäre, bedeute es gutes Glück, daß sie ihre Kanne wiederbekommen würden, wofern sich nicht Mars dem Merkur mit einem übeln Aspekt widersetzte. Weil nun Venus sich auf einem dreieckigen Aspekt oder Triangel-Schein befände, zeige solches an, daß die Person, so die Kanne hätte, entweder gegen Osten oder Westen wohnete; und weil Saturn rückgängig und auf dem Horn des Stiers sei, wäre sie unfehlbar entweder gegen Norden oder Süden unter die Erde vergraben. Alsdenn fragte er, ob denselbigen Tag kein rothaariger Kerl im Hause gewesen? Sie antworteten ihm: Nein! Auch kein schwarzhaariger? fragte er wiederum; sie gaben nochmals nein zur Antwort. War denn auch, sagte er, kein braunhaariger Kerl in einem grauen Kleide da, nicht gar zu lang, und auch nicht gar zu kurz? Da antworteten sie: Ja. Alsdann fragte er: Ob sie ihn kenneten oder nicht? Sie ließen sich vernehmen: Nein, sie kenneten ihn nicht. Hierauf fing er wieder an, weil die Sonne im elften Hause übel gestellet und Merkur mit der Jungfrau in einem Gedritt-Schein sei, so wäre es ohne allen Zweifel ein braunhaariger Kerl, der die Kanne gestohlen. Stephen fragte: Ob es nicht sowohl eine Weibs- als Manns-Person gewesen sein könnte? Dieses hätte den Schwarzkünstler bald ins Stocken gebracht, wenn nicht die Magd angefangen: Nein, das kann nicht sein, weil denselben ganzen Tag keine einzige fremde Weibs-Person ins Haus gekommen ist. Diese der Magd Rede machte ihn wieder beherzt, daß er auch nein sagte: Denn weil Venus in Aufnehmung der Zwillinge schwach und der Mond ihr nachteilig wäre, gäben beide weibliche Planeten deutlich zu verstehen, daß es eine Manns-Person, und zwar eine zwischen 40 und 50 Jahren gewesen. Ich will des Todes sein, sagte die Magd, wenn ich den Schelm nicht gesehen habe, der sie gestohlen: Er war ein krausköpfiger Kerl in einem dunkelgrauen Kleide und um dieses Alter: Er trank in der Rose. Harre Schelm! wenn ich dich wieder sehe, so will ich dich Kannen stehlen lehren, daß du die Schwerenot kriegen sollst. Stephen mußte über der Magd Leichtgläubigkeit ins Fäustchen lachen. Also nahmen sie von dem Sterndeuter Abschied und wollten nach Hause gehen, ihrem Herrn die fröhliche Zeitung zu hinterbringen; aber Stephen schlich unterwegs davon, wie der Fuchs vom Hühnerhaus, und kam sein Lebtage nicht wieder an den alten Ort, sondern machte seine Beute zu Geld.

Dieser Abschaum von allen Schelmen wurde einstens auf Weisung des Gerichtshofs von Old Bailey vor einen Soldaten nach Spanien gesendet; hieselbst ward ihm in einem feindlichen Lande ein so strenges Fasten auferleget, daß der bürgerliche Krieg, den der Wind in seinem leeren Magen machte, ihn sehr nötigte, sich nach Proviant umzusehen. Nachdem also Stephen und sein Kamerad eines Tages, weil sie gar wenig Sold bekamen, so hungrig als zween freßgierige Bootsknechte und so arm als zween lausige Bettelmönche waren, schlenderten sie zu Barcelona den Markt auf und nieder, um zu sehen, ob sich ein Glück vor ihre hungrigen Mägen, so in die 48 Stunden wenig Speise zu sehen bekommen, darbieten möchte. Endlich wurden sie eines Bauer-Mannes gewahr, der auf einem Esel zur Stadt hinausritt; diesem folgeten sie von ferne nach, fast über eine halbe Meile von der Stadt: Denn weil daselbst ein hoher Berg war, stieg der Bauer ab und führte den Esel mit hangendem Zügel hinter sich her: Hierauf schlich sich Stephen Bunce mit seinem Kameraden sachte hinter ihm hinan, zog dem lastbaren Tiere den Zaum geschicklich vom Kopfe herab und steckte solchen gemächlich an seinen eigenen, indem der andere mit der langohrigen Beute davonwischete. Stephen kroch auf allen Vieren den Berg hinan; und da sich der Bauer umkehrte und wieder aufsitzen wollte, wäre er vor Schrecken bald zurück vom Berge heruntergepurzelt, als er einen Menschen statt seines Esels aufgezäumet sah. Aber Stephen, der seine große Bestürzung bemerkte, sagte: Mein lieber Herr, entsetzet Euch nicht über diese seltsame Veränderung, die Ihr an Eurem lastbaren Tiere wahrnehmt: Denn es war wirklich kein Esel, wie Ihr davorhieltet, sondern ein Mensch, wahrhaftes Fleisch und Blut, wie Ihr seid; aber wisset, daß ich das Unglück hatte, eine Sünde wider die Jungfrau Maria zu begehen, welches sie so hoch ahndete, daß sie mich sieben Jahr in die Gestalt eines solchen geöhrten Tieres verwandelte: Da nun eben gleich itzo die Zeit um ist, nehme ich meine eigentliche Gestalt wieder an und erhalte meine Freiheit. Immittelst, lieber Herr, sage ich Euch Dank für Eure Gütigkeit gegen mich; denn solange ich in Eurer Gewalt gewesen, habt Ihr mir niemals schwerere Arbeit aufgeleget, als was ich Esel, Ihr Esel, oder ein anderer Esel zu tragen vermögend ist. Der Bauer erstaunte über das Abenteuer und war nur froh, daß ihm sein Esel nichts Übels nachsagen konnte: Also schieden die zween vernünftigen Esel ohne Vernunft voneinander, und Stephen verfügte sich zu seinem Kameraden, der den rechten Esel schon zu Gelde gemacht hatte, damit sie ihre Zähne endlich wiederum einmal zur Arbeit angewöhneten, ehe sie die Art zu essen gar vergessen möchten. Unterdessen sah sich der arme Bauer genötiget, wieder nach der Stadt zurückzukehren, um einen andern Esel zu kaufen, auf dem er nach Hause reiten könnte; begab sich demnach auf den Markt und erblickte seinen alten Esel, da ging er geschwinde auf ihn zu und wisperte ihm ins Ohr, sagend: Oh, potz tausend, wie ich sehe, habt Ihr schon wiederum eine Sünde wider die Jungfrau Maria begangen. Allein ich will mich schon in acht nehmen, daß ich Euch nicht wieder kaufe.

Er hatte sich zu Plymouth rechtmäßig mit eines Gastwirts Tochter verheiratet, welche in ihrer Jugend lesen, nähen und sticken gelernet. Nachgehends mußte sie die Gäste akkommodieren und die Rechnungen führen, welches Amt dem jungen Mädchen sehr wohl anstand; weil denn immer allerhand wackere Herren in diesem Hause einsprachen, absonderlich lustige trunkene Schiffsleute, welche, wenn sie an Land kamen, zu huren und buben, singen und springen pflegten. Als aber eine kleine Weile nach der Hochzeit Stephen den Kommandanten von dem Kriegsschiff, die ›Swiftsure‹ genannt, auf seines Weibes Insel ertappte, wies er diesem artigen Schatz alsbald den Rücken und kam nach London; und weil er hier der Unzucht im höchsten Grad nachhing, war er selten ohne französische Ware. Nichtsdestoweniger konnte die Schwächung seiner Gesundheit nach diesen unflätigen Wegen seine Neigung keinesweges von dergleichen Leib und Seel verderbendem Geziefer abhalten, ja, wie er bei seiner Verurteilung aussagte, habe er wegen Genießung unzüchtiger Schlepp-Säcke keine Gefahr noch Ungelegenheit gescheuet. Gleichwie nun diese sauberen Kreaturen sein Untergang waren, also beklagte er sich, wiewohl zu spät, über sie und sagte, daß eine Hure die Landstraße zum Teufel wäre; derjenige, so sie mit begierigen Augen ansähe, finge seine Reise zu seinem unvermeidlichen Verderben an; derjenige, so stehenbliebe, mit ihr zu reden, setzte seinen Weg fort; und derjenige, welcher sich mit ihr vermischete, befände sich bei seiner Reise Ende. Er war ein alter Missetäter und ein solch üppiger Geselle in seiner Konversation, daß er nichts anders vorbringen konnte, seine Diskurse angenehm zu machen, als eine manierliche Erzählung von seiner eigenen oder anderer Leute Unreinigkeit, kurz, er konnte nicht eine halbe Stunde reden, daß er nicht das Thema von einer unzüchtigen Metze herholen sollen. Allein das leichtfertige Zoten-Maul wurde ihm endlich gestopfet, da der gute Stephen nebst Jacob Hall und Richard Low zu Tyburn 1707 ein dem heiligen Stephanus gar ungleiches Ende nehmen mußte.

X
Richard Low, ein Dieb

Dieser Mensch fing schon in seiner Minderjährigkeit an zu stehlen, denn als er ohngefähr 11 oder 12 Jahr alt war, kroch er eines Abends heimlich hinter eines Goldschmieds Rechentisch auf der Cheapside: der Goldschmied kömmet aus einer Hinterstube und gehet selbst hinter den Rechentisch, dergestalt, daß der Junge keine Möglichkeit sah, ungesehen davonzukommen; dahero er an zu schreien fing: Guck-guck! Der Goldschmied schrie wieder: Ei! ei! ist dieses der Ort, wo man Blindekuh spielet? Packe dich fort, du junger Bärenhäuter, und spiele auf der Straße! Alleine Richard blieb noch immer im Versteck und schrie nochmals: Guck-guck! Worüber sich der Goldschmied so entrüstete, daß er schrie: Packe dich ins Henkers Namen fort, du Bengel du! Oder ich will dir mit einem spanischen Rohr das Guck-guck zur Tür hinaus geben! Hierauf wischete Richard mit einem Beutel von 50 Pfunden davon, welche der Goldschmied des folgenden Tages vermissete.

Als er aber an Jahren zunahm, nahm er auch an Bosheit zu und legte sich anfangs darauf, daß er sich des

Morgens, Mittags oder Abends in die Häuser schlich und alles mitgehen hieß, was ihm am nächsten zu Händen kam: Denn alles sind Fische, was denjenigen, so man St. Peters-Kinder nennet, ins Netze kömmet. Und gleichwie ihnen ein jedweder Finger statt eines Angelhakens dienet, also können sie Kisten und Kästen, Schachteln und Koffer vortrefflich hinten von den Kutschen hinwegangeln: auch wenn sie des Nachts die Häuser erbrechen, zu welchem Ende sie Feuerzeug, Schwefel, Feuerstein, Stahl, Laternen, Säcke, Stricke, Brecheisen und Bohrer bei sich führen. Jetzo bedienen sie sich einer ganz neuen Art von einem großen Bohrer, mit welchem sie Löcher durch ein hölzernes Fenster oder Laden bohren und alsbald mit einem Messer das Loch so groß schneiden, daß sie ihre Hand hineinstecken und solches aufriegeln können. Also wird ein ehrlicher Mann durch dergleichen schlaue Galgenvögel gar bald um das Seinige gebracht. Diese Diebe sind überaus schnellsichtig, alle Vorteile, eine unrechtmäßige Beute zu erschnappen, in Obacht zu nehmen; und die Straßenräuber haben gemeiniglich auf allen Märkten und Messen und in allen Gasthöfen ihre Spione, welche auf alle Abgehende und Ankommende Achtung geben; diese forschen aus, wieviel Geld sie bei sich führen, wo sie solches lassen und in was vor Händen; wodurch sich diejenigen, so sie ausschicken, dessen bald bemeistern können.

Als Richard Low ein Musketier in Flandern war und ihm nebst seinem Kameraden eines Tages der Magen vor Hunger gar rebellisch werden wollte, begegneten sie in Gent einem Bauern, der Kapaunen, Rebhühner und anderes Geflügel zu Markte führte; da handelten sie ihm die Hälfte davon ab, welche des Richards Kamerad hinwegtrug, derweil jener in seinem Schubsack herumfühlete und alles, was er bei sich hatte, herauszog, um genug Geld zusammenzubringen, welches aber dessenungeachtet vor das gekaufte Federvieh nicht hinlänglich war; dahero befahl er dem Bauern, ihm nachzufolgen, bis er ihn endlich zu einem Kloster brachte, in welchem einige Ordenspriester Beichte höreten. Alsdenn vermeldete er dem Bauern, daß nämlich der Proviant, den er ihm abgekauft, vor dieses Haus gehörte, und daß ein gewisser Pater, der Beichte saß, der Prior wäre, zu welchem er gehen und seiner Hochwürden Bescheid geben wollte, damit ihn derselbe bezahlte. Diesemnach ging er hin zu ihm, und indem er ihm heimlich 6 Stüber in die Hand steckte, zischelte er ihm ins Ohr und sagte: Ehrwürdiger Pater, dieser ehrliche Landmann hier ist mein sonderlich guter Bekannter, welcher hierher gekommen ist, Beichte gehöret zu werden; weil er aber sechs Meilen von hier wohnet und seine Geschäfte ihn noch diesen Abend nach Hause rufen, also bitte so gütig zu sein und ihn sobald wie möglich zu absolvieren. Der gute Pater sah sich kraft der vorausgegebenen Beichtpfennige verpflichtet, ihm zu versprechen, daß, sobald er des vor ihm knienden Beichtsohnes Absolution geendiget, er ihn alsbald abfertigen wollte, rief auch zugleich den Bauern und sagte: Verziehet ein klein wenig, ich will Euch alsbald abfertigen. Indem Richard also zu seinem Kameraden ging und besagter Beichtende seine Beichte dem geistlichen Mönch erzählet hatte, rief letzterer den Bauern zu sich, welcher so gerade stand, als wenn er einen Pfahl im Rücken stecken gehabt, und den Pater recht sehnlich ansah, wann der seine Hand in die Tasche stecken und ihn bezahlen werde. Der Pater sah den Bauern auch ebenso sehnlich an, als er mit so wenig Andacht dastand und doch Beichte gehöret sein wollte; weil er aber die Ursache seiner Einfalt zuschrieb, hieß er ihn niederknien, welches der Bauer nur widerwillig tat, sintemal er es vor eine gar spöttische Zeremonie ansah, daß man sein eigenes Geld knieend empfangen sollte. Indem er aber doch der Weisung mit Murren gehorchet, befiehlt ihm der Pater, das Zeichen des Kreuzes zu machen, worüber dem Bauern das Band der Geduld zerriß; und weil er nicht anders meinte, als dem Pater sei der Verstand erfroren, fing er an zu schelten und lästern, weshalben sich der Pater einbildete, der Bauer sei vom Teufel besessen, ergriff demnach seinen hänfenen Gürtel, warf solchen dem armen Schelm um den Hals, machte das Zeichen des Kreuzes über seinem Kopf und fing an, ihn durch Hersagung einiger andächtiger Gebete zu beschwören, welches den Mann so toll und töricht machte, daß er dem Mönch die Kleider vom Halse riß und sein Geld vor das Hühner-Vieh überlaut forderte. Dieses machte den Pater glaubend, er habe den Teufel

Ein Delinquent auf dem Weg zur Hinrichtung

selbsten vor sich, also, daß er mit schwacher furchtsamer Stimme anfing, alle Heiligen im Kalender um ihren Beistand anzurufen, bis über dem Geschrei und Lärmen die ganze Versammlung der Mönche in Prozession gezogen kam mit Kreuzen und geheiligten Kerzen in Händen und Weihwasser nach allen Seiten herumsprengend, weil sie glaubten, es befände sich eine ganze Legion Teufel in ihrer Kapelle. Weil aber der Bauer immer noch um sein Geld und um sein Hühner-Vieh schrie, untersuchte der Prior die Sache recht und befand, daß ein Spitzbube den armen Tropf hinter das Licht geführet hatte, der keine andere Entschädigung erhielt, als daß die Klostergemeinde den Betrüger mit Glocke, Buch und Kerze dem Satan übergab.

Es wohnete ein Apotheker, Herr Pemmel, in Drury Lane, der hatte das Unglück, daß er ein Weib bekommen, die es mit einem Glaser namens Davis hielt: Weil diesen aber üble Umstände veranlaßten, seine Zuflucht nach Thornbury in Gloucestershire zu nehmen, war seine Madame eines Ersatzmannes höchst benötiget. Gleichwie sie aber von Natur zur Freigebigkeit geneigt und dergleichen Gefälligkeiten jederzeit stattlich belohnete; also währete es nicht lange, so bemühete sich eine sonderlich vertraute gute Freundin, sie mit einem neuen Liebhaber (welches Richard war) zu versorgen. Sobald er das erste Mal mit dieser Frau Apothekerin in Gesellschaft kam, vergaffte sie sich heftig an seiner Person; denn er führte sich so gefällig auf und seine Karessen waren so angenehmlich, daß sich seine Mätresse in dem Genuß eines so artigen und mit allen Geheimnissen der Liebe begabten Menschen vor die Glückseligste in der Welt hielt. Sooft er zu ihr ins Haus kam, welches er denn niemals unterließ, wenn ihr Ehemann verreist war, unterhielt sie ihn mit einer solchen unumschränkten Freimütigkeit, daß sie nicht das geringste vor ihrem Buhler verborgen hielt, das entweder seiner Neigung oder Wißbegier gefallen möchte. Also öffnete sie eines Tages einen Tischkasten, etwas aus demselbigen hervorzulangen, da wurde Richard ein paar Geldsäcke gewahr, nach welchen ihm das Maul schrecklich wässerte: Denn ungeachtet ihm seine Mätresse berichtete, daß, solange ein Penny darinnen wäre, seine Taschen nie ohne Speck sein sollten, wünschete er doch lieber, alsbald völliger Meister darüber zu sein. Es hatte auch nicht lange Anstand, so waren sie in seiner Gewalt: Denn als den Apotheker gewisse Angelegenheiten eine Woche lang aufs Land trieben, lebte Richard immittelst in seinem Haus in Saus und Schmaus. Und nachdem er zween andere brave Kerls seines Gelichters des Abends einmal mit sich auf eine herrliche Mahlzeit zu Gaste brachte, fingen sie um Mitternacht an, ihr Absehen mit Degen und Pistol bekanntzumachen, sagend, daß, wer sich unterstehen würde, nur das allergeringste Wörtchen zu reden, den Augenblick den Tod erleiden müßte. Alsdann schritten sie zum Werk, knebelten und banden erstlich die Gelegenheitsmacherin; und da die Frau Apothekerin sah, wie ihre Freundin bedient wurde, fiel sie auf ihre Knie und bat herzinniglich, sie mit dergleichen unbarmherzigen Karessen zu verschonen. Richard sagte: Nein, nein, Madame, wir wollen Euch nur die Hände binden, damit Ihr diese ernsthafte und stillschweigende Kupplerin hier nicht aufknebeln möget. Nachdem sie sich auch ihrer versichert hatten, gingen sie hinab in die Küche und knebelten die Magd und den Lehrjungen; alsdenn plünderten sie das Haus aus und trugen 250 Pfund hinweg nebst Silbergeschirr von beträchtlichem Wert. Weil es aber Richard vor eine Grobheit hielt, so ganz ohne Abschied davonzuwischen, ging er zu seiner anhero geliebten Mätresse, gab ihr noch einen Judaskuß und sagte: Gehabt Euch wohl, werte Madame, und wenn ich hinweg bin, saget, daß ich mehr getan, als Euer Ehemann jemals, denn ich habe Euch verbunden, nunmehro treu zu sein.

Nach diesem ging Richard Low eines Morgens in die Rose und Krone, welchen Gasthof Mr. Nayland in Clare Court in Drury Lane besaß, da verlangte er eine separate Stube, dieweil einige Gesellschaft gewisser Geschäfte halber zu ihm kommen werde. Man wies ihm eine separate Stube an und brachte ihm doppeltes Trinkgeschirr, nämlich einen Krug zum Einschenken und einen silbernen Becher, daraus zu trinken; und weil er ganz allein war, setzte sich der Wirt zu ihm und schwatzte mit ihm, bis sie es beide satt waren. Endlich mußte Nayland zu anderer Gesellschaft kommen, und weil er hinausgegangen und Richard einiges weiches Wachs bei sich hatte, klebte er den Becher mit dem Boden unter dem Tische an, welcher mit einem um und um etwas herabhangenden Tuch bedecket war, ging in das kleine Gemach und sagte: Ich sehe, meine Gäste wollen nicht kommen, dahero kann ich nicht länger verziehen. Indem er nun zugleich seine Zeche bezahlte und der Wirt hinging, seinen Krug und Becher wegzunehmen, fand er zwar den erstern, aber den andern konnte er weder oben noch unten finden; da zeihete er den Richard, der aber den Becher noch nicht in Händen hatte, öffentlich dieses Diebstahls. Der eine fluchte und schwur, er hätte den Becher, und der andere schwur und fluchte, er hätte solchen nicht; also, daß man vermeinte, sie würden alle beide das Haus in Grund und Boden fluchen. Richard wurde endlich visitieret, und wiewohl nichts bei ihm gefunden wurde, so schwur doch Nayland noch beständig, er müßte den Becher haben oder wenigstens wissen, wo er hingekommen wäre, dahero sollte er ihn bezahlen. Weil aber Richard steif und fest auf seiner Reputation, die doch nicht einen Pfifferling wert war, bestand und durchaus nichts damit zu tun haben noch davon wissen wollte, ließ der Wirt einen Häscher holen und ihn vor den Richter Negus führen, woselbst der Kläger seinen Verlust, wie er sich in der Tat verhielt, vorbrachte, Beklagter aber seine Unschuld beständig beteuerte, so daß die Obrigkeit nicht wußte, wie sie der Gerechtigkeit Genüge leisten sollte. Denn, sagte der Richter: Hier ist ein Becher verlorengangen, und der Angeklagte leugnet nicht, daß er solchen gehabt hat; hernach wurde solcher in seiner Anwesenheit vermisset, er aber durchsuchet und nichts bei ihm gefunden: Überdies hatte er keine Seele um und neben sich, der er solchen hätte zustecken können; wofern Ihr ihm demnach den Diebstahl nicht erweislich machen könnet, so weiß ich nichts anders zu tun, als ihn loszulassen: Der Gastwirt, welcher ein Irländer war, erwiderte: Es ist ganz wahr, Mylord, was Ihr saget, aber bei meiner Seligkeit, ehe er ungehenkt davonkommen soll, will ich eher zwanzigmal schwören, daß er den Becher gestohlen; oder tun, was Euer Gestreng sonst von mir verlanget: Denn ich suche mir herzlich gern einen jeglichen artigen Herrn, wie Ihr seid, verpflichtet zu machen. In Wahrheit, sagte der Richter, Ihr würdet mich schlecht verpflichten, wenn man einen Menschen unrechtmäßigerweise hängen sollte. Weil nun kein klarer Beweis da war, daß Richard Low entweder den Becher selbst hätte oder solchen einem andern zupartieret, überdies in Verwahrung genommen worden, ehe er einen Schritt zum Hause hinaus getan; kam er mit fliegender Fahne davon und sandte alsbald einen andern von seinem Schrot und Korn hin, den Becher abzuholen, indem er in ebendieselbe Stube ging und sich was zu trinken geben ließ, alsdenn bei dieser Gelegenheit den Becher ohne Argwohn unter dem Tisch hervor in seine Hosen praktizierte, seinen Wein bezahlte und den

Becher, welchen man ihm gebracht hatte, ehrlich wiederum zurückstellete.

Im siebenten und achten Jahre war dieser Geselle schon ein solch durchtriebener Bursche, daß er sich von einem Spitzbuben, der sich wie ein Dienstmann angetan hatte, in einem großen Korbe auf den Schultern tragen ließ, und wenn des Abends ein oder der andere Herr neben ihm zu gehen kam, er mit der Hand geschwind herausgriff und einem solchen Herrn den Hut oder die Perücke und bisweilen beides hinwegfischte. Wann sich nun die beraubte Person umsah, die keinen Argwohn auf den Träger hatte, welcher mit der Last auf dem Bukkel weiter seiner Wege ging und sich anstellte, als wäre ihm nichts von der Sache bekannt; fing sie an zu fluchen und schelten und wußte nicht, wie es zugegangen. Als aber Richard für diese unrechtmäßige Übung zu groß wurde, legte er sich mit allem Fleiß aufs Stehlen und Beutelschneiden.

Obwohl dieser Geselle nicht über 25 Jahr alt war, als er nebst Stephen Bunce Anno 1707 zu Tyburn gehangen wurde; so hatte er doch schon lange in seiner Leichtfertigkeit geherrschet; und der glückliche Fortgang, den er in seinen mannigfaltigen Sünden gehabt hatte, ließ ihn nur dieses bereuen, daß er solche nicht eher und öfter ausgeübet.

XI
John Shrimpton, ein Mörder und Straßenräuber

John Shrimpton war von ehrlichen und reputierlichen Eltern zu Penns, ohnweit High Wycombe, in Buckinghamshire wohnhaft, geboren, die so viel auf seine Auferziehung wendeten, daß er ein Handwerk lernen konnte, dahero er im fünfzehnten Jahr seines Alters zu einem Seifensieder in Little Britain zu London in die Lehre getan wurde; weil er aber hier seine Jahre nicht ausstand, mußte man ihn zu einem andern Seifensieder am Ratcliff Highway tun. Und nachdem er hieselbst mit ein paar andern lüderlichen Lehrjungen bekannt wurde, gingen sie eines Morgens frühe miteinander hin, einen vor der Stadt gelegenen Obstgarten zu bestehlen. Da stieg John auf den Baum, indem seine Kameraden Schildwache standen: Mittlerweile kömmet ein Schiffskapitän mit eines andern Offiziers Weibe in den Garten spazieret, und ist so wohl disponiert und aufgeräumt, seiner Madame gerade unter dem Baum, auf welchem John verborgen stak, einen grünen Schlafrock anzulegen: Sie schlug ihm aber, in Betrachtung des starken Taues, der auf dem Grase lag, diese Höflichkeit ab. Hierauf breitete der Galan seinen schönen roten scharlachenen Rock auf das Gras, und indem er seiner Mätresse gibt, was ihr beliebt, und seine Tapferkeit im Venus-Streit herausstreichet, fängt John an, den Baum mit aller Gewalt zu schütteln, da fielen die Äpfel wie ein starker Hagel in solcher Menge auf das mitten im Venus-Spiel begriffene Paar herab, daß es mit großem Schrekken höchst verwirret auseinanderfuhr und, als ob ihnen der Kopf brenne, spornstreichs auf das Haus zulief, ohne daß ihm die Furcht vor diesem plötzlichen Apfel-Regen an den Rock zu gedenken verstattete; welchen Shrimpton, der in aller Eile vom Baum herabstieg, hinwegtrug und vor 6 Pfund verkaufte.

Nachdem John seine Zeit ausgestanden und sich von seiner Hände Arbeit ehrlich zu ernähren keinen Appetit hatte, führte er ein lüderliches Leben und ging in den Krieg; weil er aber im Soldatenleben eben auch keine solche Beförderung, wie er sie verhofft, antraf, kam er wieder nach England und legte sich auf das Straßenrauben, da er denn mehrenteils den größten Schaden zwischen London und Oxford ausübte, dergestalt, daß schwerlich eine Kutsche oder Reiter seinen räuberischen Klauen entgehen konnte. Einsmals kam er unterwegs in dem Walde nahe Wickham zu einem gewissen Anwalt des Middle Temple, da gefiel diesem Herrn des Shrimptons Pferd so über die Maßen wohl, daß er ihm vorerst 30 Guineas davor anbot. Aber Shrimpton, der sein Pferd weit höher schätzte, wollte nicht unter 50 Guineas von ihm nehmen. Worauf der Anwalt seinem auf der Straße aufgelesenen Begleiter vermeldete, er hätte anitzo nicht mehr Geld bei sich, als womit er etwa zu dem Ort, wohin er gedächte, gelangen könnte: Weil er aber gleichwohl eine große Neigung zu dem Pferd trüge, wollte er ihm eine Obligation auf zehn Pfund mehr geben, die er bei dem ersten Zuspruch in London zu bezahlen gehalten sein wollte. Shrimpton schlug seines Kundmanns Anerbieten gänzlich aus, sagend: Mein Herr! mein Pferd ist so viel Gold wert, als schwer es wieget, und wenn Ihr es wissen wollet, so hat es mir schon mehr Geld eingebracht als dem Alexander sein Bucephalus; wannenhero ich es auf keinerlei Weise zu verlassen gesonnen bin; aber in Wahrheit, mein Herr! müsset Ihr nichtsdestoweniger Euere 30 Guineas verlassen, sonst werden wir den Handel mit Degen und Pistol zu entscheiden bewogen werden. Der Anwalt wurde über dieses Kompliment trefflich stutzig. Gleichwie sich aber John Shrimpton in seiner Abforderung überaus resolut erwies, also mußte er sein Geld ohne Empfang des Pferdes, welches er zu seinem Schaden so sehr bewundert, herausrücken.

Als Shrimpton einige Zeit hernach in London war, geriet er zufällig bei einem Glas Wein mit dem gemeinen Henker oder Scharfrichter in Gesellschaft, und nachdem er vernommen, wer er wäre, legte er ihm diese

Frage vor: Was ist denn die Ursache, daß, wenn Ihr Euer Amt verrichtet, Ihr den Knoten gerade unter dem Ohr machet? Meines Erachtens würde es dem Leidenden viel erträglicher fallen, wenn Ihr solchen hinten im Nacken zuknüpftet. Der Henker versetzte: Woferne ein Christ dem andern glaubet, so seid versichert, daß ich mein Lebtage manchem schon die Kehle zugeschnüret, niemals aber mit einem einzigen Mitleiden gepflogen. Jedennoch wenn Ihr das Glück haben solltet, von mir bedienet zu werden, so werde ich, um mich Euch zu verpflichten, so höflich sein und Euch nach der Eurer Einbildung gefälligen Weise aufknüpfen. Weil aber dem Shrimpton mit des Henkers Höflichkeit nicht viel gedient zu sein schien, ließ er sich vernehmen, daß er sich vor seine Gefälligkeit, die insgemein von gar übler Folge sei, zum allerschönsten bedankete.

Herr Littleton, ein Maler in der Silver Street zu London, war mit unterschiedenen von des Shrimptons Freunden bekannt, dahero er öfters mit ihm in Geselligkeit geriet; und als ihn einstens einige Angelegenheiten nach Buckinghamshire nötigten, schlug er bei des Shrimptons Bruder, welcher zu Woburn einen Gasthof hatte, sein Logis auf. Indem nun Herr Littleton aufm Land war, speisete John Shrimpton an einem Sonntage mit dessen Weibe in London: Den folgenden Dienstag darauf speisete er in der Grafschaft mit dem Herrn Littleton selbsten; und Tages hernach, so Mittwoch war, begegnete ihm Littleton in einer Kutsche bei Gerrards

Cross, woselbsten sich noch 3 bis 4 andere Kutschen befanden; da redete ihn Shrimpton nach seiner gewöhnlichen Sprache: Stehe und gib her! zuerst an, sagend: Wohlan Herr! Was Ihr tun wollet, tut bald, denn ich habe heute noch viele und schwere Arbeit zu verrichten. Indem nun Herr Littleton ihm also 35 Shilling gab, ritt er hin zu den Passagieren in den andern Kutschen, von welchen er 150 Pfund erbeutete. Aber drei Tage nach Spielung dieses Possens sandte Shrimpton durch einen Briefträger folgende Zeilen nebst 2 in dieselbigen eingeschlossenen Guineas an den Littleton:

Mein Herr!
Das letzte Mal, da ich Euch zu sehen die Ehre hatte, war zu Gerrards Cross; dieses ist alles, was voritzo melden wollen des Herrn ganz gehorsamster Diener

J. Parker

Zu einer andern Zeit begegnete John Shrimpton, der sich auch Parker nennete, zween Gerichtsvollziehern über Wickham, die einen armen Pachter ins Gefängnis schleppten; da begehrte er zu wissen, was die Schuld wohl austragen möchte? Und als man ihm berichtete, sechs Pfund und noch etwas drüber, ersuchte er sie, mit ihm in das nächste Bierhaus zu gehen, so wollte er sie bezahlen. Sie gingen mit ihm: Da nahm er eine Obligation vom Pachter, den er sehr wohl kannte, und zahlete den Gerichtsvollziehern ihres Gefangenen Schuld und Unkosten aus, worauf sie voneinander schieden. Indem aber Shrimpton den Gerichtsvollziehern unterweges aufpassete, hatte er nicht mehr Barmherzigkeit mit ihnen, als sie vorhero mit dem Pachter hatten, denn er nahm ihnen das Geld, so er ihnen ausgezahlet, alles wieder ab und noch 40 Shilling darüber; alsdann ritt er wieder zurück zu dem Pachter und beschenkte ihn mit einer Guinea, zerriß seine Obligation und suchte, wo ihm dergleichen Abenteuer mehr aufstoßen möchten.

Es währete nicht lange, so begegnete ihm ein armer Müller, der selbsten auf Straßenraub ausgegangen, denn weil er bis über die Ohren in Schulden stak und sich stündlich versehen mußte, in den Kerker geworfen zu werden, so fassete er den Schluß, seinem Glücke, wo es möglich, durch Rauben wieder aufzuhelfen. Indem er nun also herumstreichet und, wie gesagt, den Shrimpton antrifft, hielt er einen eichenen Prügel in die Höhe (denn er hatte kein ander Gewehr) und gebot ihm, stehenzubleiben; meinend, dieses Wort wäre schon genug, jedermann das Geld aus dem Beutel herauszulocken. Shrimpton, die Einfalt des armen Sünders verspürend, feuerte eine Pistole auf ihn los, welches, ungeachtet er mit Fleiß verfehlte, den elenden Räuber in solche Angst versetzte, daß er sich dem Shrimpton auf Gnade und Ungnade unterwarf, welcher zu ihm sagte: Versichert, mein Freund, du bist noch gar ein neugebackener Straßenräuber, sonst würdest du mir erstlich eins hinter die Ohren gegeben haben, ehe du mich so aberwitzig anhalten heißen. Der arme Müller erzählte ihm sein Unglück, worüber Shrimpton einiges Mitleiden empfand und demnach zu ihm sagte: Ich bin selbsten ein Straßen-Held und warte eben jetzo auf dieser Straße auf einen von Euren Nachbarn, welcher, wie ich hoffe, alsbald mit 100 und 20 Pfunden diesen Weg passieren wird; wenn Ihr mir demnach bei der Plünderung desselben hilfreiche Hand bieten wollet, sollet Ihr die Hälfte von der Beute haben. Der Müller nahm dieses gütige Anerbieten mit großem Dank an und versprach, ihm bis auf den letzten Blutstropfen beizustehen. Alsdenn erzählte ihm Shrimpton, es sei nicht lange her, daß er einem seiner Nachbarn 150 Pfund geraubet hätte, und sagte ferner: Guter Freund, derweil ich diesen Weg reite, gehet Ihr jenen Weg, und wenn Ihr denjenigen antreffen solltet, von dem ich Euch gesaget, gebet ihm kühnlich eins hinter die Ohren und nehmet ihm alles, was er hat, hinweg, ohne ihm zu berichten, warum oder weshalb; im Fall aber ich ihn antreffen sollte, will ich ihn mit gleicher Brühe begießen. Diesemnach zerteilten sie sich und gingen auf die Suche, bis sie endlich bei Vereinigung zweier Straßen wiederum zusammenkamen. Indem sich nun Shrimpton wunderte, daß die Person, die er vermutete, nicht käme, befahl er dem Müller, ihm nachzufolgen, sagend: Wir wollen den alten Hosen-Huster schon noch antreffen! Indem er aber seinem neuen Kompagnon, der ihm auf dem Fuß nachfolgte, solchergestalt anfrischete, erhub derselbige seinen Prügel und gab dem Shrimpton einen solchen schmerzlichen Streich damit vor den Horcher, daß er zur Erden fiel; weil er nun alsdenn fähig war, sich seiner zu bemeistern, raubte er ihm über 60 Guineas und hieß ihn in Ruhe wieder an seine Geschäfte gehen, sonst wollte er ihn gehangen haben, davor daß, wie er selbsten bekennet, er ohnlängst seinen Nachbarn beraubet. Also wurde der Beißer gebissen und fiel selbsten in die Grube, die er einem andern zu graben suchte. Alleine er schwur, er wollte nimmermehr keinem Fremden mehr lernen, wie er auf den Landstraßen plündern sollte.

Also folgete dieser notorische Übeltäter seinem übeln Lebenswandel eine gute Weile nach, bis er sich endlich zu Bristol einige Monate aufhielt und des Nachts sehr späte einsmals in einem Bordell am St. Jacobs-Kirchhof dem Saufen nachhing; und weil nun ein Wächter seine Runde ging und ein grausames Fluchen und Lärmen in diesem Hause hörte, nötigte er den Shrimpton, mit sich ins Wachhaus zu marschieren. Indem sie aber durch die Wein-Straße gehen, schießt er den Wächter durch den Leib und schleuderte das Pistol hinweg, daß man es nicht finden sollte. Weil sichs aber begab, daß eben zu der Zeit einige Leute vorübergingen, ergriffen sie Shrimpton; und da der Wächter auf der Stelle sterben mußte, nahmen sie ihn bis des folgenden Morgens in Verwahrung, da sie ihn vor die Obrigkeit führeten, von welcher er nach Newgate in Bristol geschaffet wurde. Und nachdem er endlich zum Verhör gebracht worden, überwies man ihn nicht nur wegen eines vorsätzlichen Mordes, sondern auch wegen eines fünffachen Straßenraubes. Nachdem das Todesurteil über ihm gefället worden, erwies er sich in Vorbereitung auf eine andere Welt sehr sorglos; denn als zween Geistliche zu ihm kamen und ihn ermahneten, sich auf sein Ende gefaßt zu machen, sagte er: Es ist unvonnöten, daß ihr euch meiner Seele halber so dienstfertig erweiset; denn es ist Zeit genug, sich um dieselbe zu bekümmern, wenn ich zu dem Galgen komme. Weil nun die Geistlichen sahen, daß er in seinen Sünden ganz verstockt sei, überließen sie ihn seinem verkehrten Sinn, und als er an den Richtplatz zu St. Michael's Hill gelangete, wurde er ohne Bezeugung des geringsten Zeichens einiger Reue vom Wagen hinabgestoßen am Freitag, dem 4. September 1713. Also starb dieser unverbesserliche Übeltäter, ungeachtet sich unterschiedene vornehme Leute angelegen sein ließen, eine Vorbitte bei der Königin seinetwegen einzulegen.

XII
Duval, ein berüchtigter Straßenräuber

Unter allen Straßenräubern, die innerhalb der Grenzen Großbritanniens jemals hingerichtet worden, ist wohl keiner berüchtigter gewesen als Claude Duval, welcher, wie einige vorgeben, in Smock Alley, außerhalb Bishopsgate, geboren sein soll; in der Tat aber hat er das Licht dieser Welt zum erstenmal in Frankreich, in der Normandie, an einem Ort, Domfront genannt, erblikket. Sein Vater war ein Müller und seine Mutter eines Schneiders Tochter, welche so viel auf seine Auferziehung wandten, daß er anfangs einen Lakaien abgeben konnte. Sie zogen ihn gar eifrig zur katholischen Religion auf, allein er hielt mehr von einer guten Küche als Kirche; mehr von großen Gastereien als vom Kasteien; mehr vom guten Wein als guten Werken und mehr von lüderlichen Metzen als christlichen Gesetzen. Und ob er schon römisch-katholisch starb, so sieht man doch aus allen Umständen, daß er es mit gar keiner Religion gehalten: Denn als er einstens sehr gefährlich krank lag und man nicht anders meinte, er werde darüber ins Gras beißen müssen, brachte ein geistlicher Vater das heilige Sakrament zu ihm, mit Vermelden, er habe von seinem gefährlichen Zustande gehöret und ihm demnach seinen Heiland bringen wollen, um seine Seele vor ihrem Abscheiden dadurch zu stärken. Indem nun Duval hierauf den Vorhang hinwegziehet und siehet, daß ein guter, dicker, fetter Mönch mit der Hostie in der Hand vor ihm stehet, spricht er boshafterweise: Ich glaube, daß es unser Heiland ist, denn er kömmt zu mir, wie er zu Jerusalem eingezogen: *C'est un âne qui le porte:* Er wird von einem Esel getragen.

Seine Eltern waren von keiner sonderlichen Reputation und nicht imstande, dieses ihr einziges Kind länger als bis ins 13. oder 14. Jahr zu unterhalten, da sie ihre notdürftigen Umstände zwangen, ihn sein Glück unter fremden Leuten suchen zu lassen: Er nimmet demnach seinen Weg auf Rouen zu und hat das Glück, einigen zurückgehenden Post-Pferden zu begegnen, davon ihm eines zu reiten angeboten wurde, doch so, daß er versprechen mußte, solche des Abends beschicken zu helfen: Ja, was noch glücklicher vor ihn ausschlug, war, daß er unterschiedliche englische Herren unterwegs antraf, die nach Paris reiseten und so generös waren, die Reisekosten bis dahin vor ihn zu entrichten. Sie gelangeten zu Paris an und stiegen in der Faubourg St. Germain ab, als dem Quartier, worinnen die Englischen gemeiniglich zu logieren pflegen; da bat unser Duval inständig, sie möchten ihm auch ein Plätzchen neben sich verstatten. Nicht lange hernach wurde ihm auf Fürsprache einiger von diesen englischen Herren verstattet, einen Aufwärter abzugeben und zu St. Esprit in der Rue de Bouchiere, einem Hause, so gleichsam das Mittel zwischen einem Wein- und Bier-Haus, Gasthof und Huren-Nest war, ein und die andern geringen Dienste zu verrichten; in welchem Beruf er verharrete, bis König Karl der Zweite wiederum in den vorigen Stand gesetzet wurde, welches eine große Menge von allen Nationen nach England zog, worunter sich denn auch eine gewisse Standesperson befand, so den Duval zu ihrem Lakaien erwählte und wiederum mit hinüber brachte.

Hier machte ihn seine natürliche Neigung zum Laster gar bald im Spielen, Huren und Saufen zum Meister, durch welche üble Lebensart er nachgehends in einen großen Geldmangel geriet; dahero begab er sich auf das Straßenrauben und wurde gleich so berühmt, daß er in einer Proklamation, kraft welcher man unterschiedliche grobe Straßenräuber zum Verhaft bringen sollte, die Ehre, obenan zu stehen, hatte. Seine Raubereien waren mancherlei; und können wir unter andern diese nicht mit Stillschweigen übergehen, da er und seine Schwadron eine Kutsche eingeholet, von der sie Wissenschaft gehabt, daß sie eine Beute von 400 Pfunden bei sich führete. In der Kutsche saß ein Ritter nebst seiner Liebsten und einer Dienstmagd. Als diese gewahr wurden, daß fünf Reiter auf sie zukamen, ließen sie sich alsbald nichts Gutes schwanen; und sie wurden in ihren Gedanken bestärket, da sie dieselben einander immer etwas heimlich ins Ohr sagen und bald hinter sich, bald vor sich reiten sahen. Die Dame, zu bezeugen, daß sie sich nicht fürchte, zog eine Flöte heraus und spielete. Duval, der ihr Absehen gar wohl merkete, kriegte seine Flöte ebenfalls hervor und spielete unvergleichlich darauf, in welcher Positur er bis zu ihrer Kutsche ritt. Mein Herr, sagte er zu dem Ritter in der Kutsche, dero Frau Liebste spielet fürtrefflich, und es ist kein Zweifel, daß sie auch so galant tanzet; wollen Sie geruhen, aus der Kutsche heraus zu spazieren und mich der Ehre teilhaftig zu machen, daß ich eine einzige Courante mit ihr auf dieser Heide tanzen darf? Monsieur, sagte der Ritter in der Kutsche, einem so ansehnlichen Kavalier, wie Sie zu sein scheinen, darf man ein so räsonables Begehren nicht abschlagen. Dieses gesagt, öffnete der Lakai den Schlag an der Kutsche, da stieg der Ritter heraus, und Duval sprang vom Pferde herab, der Dame die Hände zu bieten. Man tanzete, und hier geschah es, daß Duval Wunder verrichtete, dergleichen ihm nachzutun die besten Tanzmeister in London nicht fähig waren; indem er in seinen großen französischen Reitstiefeln solche Kapriolen schnitt, als ob er der perfekteste Luft-Springer gewesen wäre. Nachdem der Tanz vorbei war, führete er die Dame bei der Hand wieder bis zu ihrer Kutsche, und indem der Ritter hineinsteigen wollte, sagte Duval zu ihm: Mein Herr! Sie haben vergessen, die Musikanten zu bezahlen! Nein, ich habe es nicht vergessen, erwiderte der Ritter, und indem er mit seiner Hand hinein in den Kutschen-Sitz griff, zog er einen Sack mit hundert Pfunden heraus und überreichte ihm solchen, welchen Duval mit einer überaus guten Manier annahm und diese höfliche Antwort erteilete: Mein Herr, Sie sind generös und sollen nicht Ursache haben, Ihre Freigebigkeit zu bereuen, dieweil solche die andern 300 Pfund erhalten soll; und indem er ihm Ehrenwort gab, daß, wofern er einigen von seiner Rotte fernerweit begegnete, er allezeit unverhindert passieren sollte, nahm er einen höflichen Abschied.

Es begab sich zu einer andern Zeit, als Duval seinem sauberen Beruf der Rauberei auf Black Heath nachfolgete, daß er einer mit vornehmen Staats-Damen besetzten Kutsche, worunter sich auch ein kleines Kind mit einem silbernen Sauge-Fläschchen befand, begegnete. Er plünderte sie kühnlich aus, nahm ihnen ihr Geld, Sack-Uhren und Ringe, ja sogar dem kleinen Kinde das Sauge-Fläschchen vor dem Mäulchen hinweg; wollte es auch weder auf des Kindes bitterste Tränen noch der Damen inständiges Bitten und Protest, so sie deswegen einlegeten, wiederum zurückgeben, bis ihn endlich einer von seiner Raben-Gesellschaft solches wiederum zu überliefern nötigte.

Einsmals war Duval mit einigen herumziehenden Komödianten zusammen, da invitierte ihn der Vornehmste darunter, der ihn vor einen fremden Kavalier ansah, zur Abendmahlzeit. Duval nahm diese Höflichkeit an, und indem er in des Komödianten Stube mit allerhand Diskursen unterhalten, das Essen aber eine gute Weile nicht gebracht wurde, fing der Komödiant an, um den Duval mittlerweile zu divertieren, einige Stücke aus einer Tragödie, so auf einen skythischen König gemachet, welcher mit seiner Gemahlin durch einen Wald geflohen und nach einem tapferen Widerstand einem Bären in die Klauen geraten, in Gebärden und Worten vorzustellen. Indem er nun also des Königs Person agierte und just die Magd mit einer Schüssel voll Pasteten, die der Komödiant unter anderm zurichten heißen, die Treppe hinaufgehet, kömmet ihm der poetische Raptus in den Kopf, daß er sich vorstellet, als ob er sich wirklich unter des Bären Klauen befände, ersuchte demnach in einem sehr ernstlichen und großsprecherischen Ton seine Königin, sich durch eine schleunige Flucht zu retten:

Oh! meine Königin! flieh vor dem wilden Bären!
Gnug, wenn er mich allein in tausend Stücke reißt.
Salvier nur dich, mein Schatz! ist einzig mein Begehren,
Eh dir die Bestie das Blut an Klauen weist.
Was willst du denn, da du entgehen kannst, hier sterben?
Wo du verweilen wirst, so mußt du gleich verderben.

Die Magd, so sich bei diesen Worten gerade zuoberst an der Treppe befand, erschrak entsetzlich darüber, nicht anders vermeinend, als daß sich ein Bär losgerissen, der in die Stube geraten und ihren Herrn zerreißen wollte, welcher, wie ihr die Furcht einbildete, sie so ernstlich die Flucht zu ergreifen vermahnete, damit nicht die Bestie, wenn sie das halbe Abendbrot an ihm eingenommen, sie statt des andern Ganges auftragen und also ihre Mahlzeit beschließen möchte. Sie tat demnach einen einzigen Sprung die Treppe hinab, daß der Kopf zuunterst und die Beine zuoberst kamen, alle Pasteten aber in hundert kleine Stückchen zerbrachen; und indem sie nun also mit dem Rock über den Kopf, die nackenden Beine und das Hinter-Gesicht die Treppe hinan kehrend, dalag, vermeinte sie nicht anders, der Bär werde sie nun beim entblößten Allerwertesten erschnappen und ihr einen saftigen Kuß auf ihre hintern Pausbacken versetzen; dahero sie erbärmlich um Hilfe schrie. Indem man sie nun (mit ihrem Vorder-Gesicht einer blinden Pastete ähnlicher als einem sehenden Menschen) aufhub und sie fragte, wie ihr dieser Unstern zu Händen gekommen, sagte sie: Oh, um Gottes willen, stehet nicht lange und fraget, sondern Gewehr her! Gewehr her! und laufet geschwind geschwind zu des armen Herrn Errettung hinauf, welchen ein losgerissener ungeheuerer Bär zerreißet und frisset.

Diese des lang-strümpfigen und verzagten Generals Worte: Zun Waffen! zun Waffen! jagten allen eine ziemliche Furcht ein, daß sie ergriffen, was ihnen vor Gewehr zuerst vor die Hand kam, womit sie die Treppe hinanliefen und auf eine sehr furiose Weise zur Tür hinein auf den Komödianten und Duval losstürmeten, welche nicht wußten, ob die Kerl rasend wären oder was ihnen sonst fehlete, bis sie alle in einem Atem ausriefen: Wo ist der Bär? wo ist der Bär? von dem die Magd sagte, daß er einen Menschen zerrisse? Sobald sie den Komödianten zu Worte kommen ließen, versicherte er sie, daß es bloß ein Irrtum der Magd gewesen sein würde, die ihn vielleicht eine solche Passage aus einem Schauspiel deklamieren hören und aus Furcht auf die Gedanken geraten, es verhielte sich in der Tat also. Dieses Abenteuer verursachte ein schreckliches Gelächter im Hause; allein der Komödiant hatte am wenigsten Ursache, lustig zu sein: Denn derweil das Getümmel und Gewimmel all der Bauernlümmel mit Keulen und Prügeln in der Oberstube währete, so dem armen Bären, der nicht da war, die Haut abziehen wollten, bediente sich Duval dieser Gelegenheit und nahm 30 Pfund aus des Komödianten Koffer, so in einem Beutel darinnen lagen, heraus, schwang sich auf sein Pferd und ritt damit auf und davon.

Als Duval einsmals einem Kavalier namens Roper, Königs Karl des Zweiten Jägermeister, der im Forst von Windsor jagte, begegnete und Gelegenheit hatte, seine Gesellschaft in einem einsamen Dickicht oder Gebüsche zu genießen, gebot er ihm, er sollte sein Geld hergeben, oder er wollte ihm eine Kugel durch den Kopf jagen. Der Kavalier, sein Leben zu erhalten, gab dem Duval einen Beutel mit 50 Guineas, welcher ihm sodann Hände und Füße und sein Pferd an ihn anband und davonritt. Die ganze Ergötzlichkeit der Jagd war vorüber, ehe er von den Förstern wieder angetroffen wurde, welche von ohngefähr zu ihm kamen und ihn seiner Bande entledigten; worauf er alsbald nach Windsor eilete, woselbst ihm in der Stadt Sir Stephen Fox begegnete und ihn fragte, ob er diesen Tag guten Zeitvertreib gehabt hätte? Da antwortete er ihm voller Zorn: Ja, mein Herr, es hat mir ein verfluchter Schelm Zeitvertreib genug gemachet, aber es ist mir die Lust teuer zu stehen kommen; denn er knebelte und band mich und nahm mir 50 Guineas statt einer Bezahlung vor die Mühe, so er meinetwegen auf sich genommen.

Allein der Lärm, den obgedachte Proklamation machte, und die Belohnungen, so denjenigen versprochen wurden, die einige von den darinnen Benamten zum Verhaft bringen könnten, verursachten, daß sich Duval nach Frankreich retirierte. Zu Paris machte er ein großes Wesen von sich und schreckliche Rodomontaden von dem glücklichen Sukzeß seiner Waffen und Liebesaffären in England, sich hochmütig rühmend, es wäre ihm noch keine Person von beiderlei Geschlecht vorgekommen, so ihm zu widerstehen vermögend gewesen. Er hatte sich aber nicht lange in Frankreich befunden, so bekam er einen Anstoß von seiner alten

Krankheit, ich meine die Schwindsucht im Beutel, welche verursachte, daß er alle Kräfte seines Verstandes dran strecken mußte. Und weil er von einem gelehrten Jesuiten, so des Königs von Frankreich Beichtvater war, gehöret, daß nämlich sich derselbe durch seine Staatsklugheit sehr hoch ans Brett gebracht, danebst aber von der Wurzel alles Übels, dem leidigen Geiz, besessen sei und dahero sein Dichten und Trachten auf nichts anderes, als mehrern Reichtum zu bekommen, gerichtet hätte, kam dem Duval in Kopf, einen kühnen Streich zu wagen, daß er etwas von dem Gelde, welches er dergestalt zu seinem Abgott machte, davontragen möchte. In Betrachtung dessen zog er einen Studenten-Habit an und passete eine Gelegenheit ab, diesem armen Reichen und geistlosen Geistlichen aufzuwarten. Es währete auch nicht lange, so ereignete sich eine bequeme Gelegenheit; denn da er ihn allein auf dem Platz vor der Faubourg herumspazieren sah, nahete er ihm folgendermaßen: Eure Hoch-Ehrwürden vergeben gütigst! Ich bin ein armer Student, der manche fremde Länder durchreiset, Erfahrenheit und Wissenschaften zu erlangen, so dem ganzen Frankreich zum Besten gereichen möchten, woferne Eure Hoch-Ehrwürden mich mit dero Protektion zu überschatten hochgeneigt geruhen wollten. Worinnen bestehet dasjenige, erwiderte der so Angesprochene mit großer Zufriedenheit, welches dem ganzen Frankreich zum Besten gereichen soll? wenn der Herr meinem Vaterlande Nutzen schaffen kann, so versichere, daß es an keinen gehörigen Subsidien ermangeln lassen werde. Hierdurch wurde Duval noch kühner und sagte: Ich habe meinen meisten Fleiß auf die Alchimie oder die Verwandelung der Metalle geleget und habe zu Rom und Venedig von großen Gelehrten und in dieser Wissenschaft erfahrnen Männern so viel gelernet, daß ich unterschiedliche Metalle, vermittelst eines philosophischen Pulvers, so ich behend zuzurichten weiß, in Gold verwandeln kann.

Dem Pater Jesuiten lachte hierüber vor Freuden das Herz im Leibe, so daß er sich vernehmen ließ: Eine solche Sache würde dem Vaterland wirklich zuträglich und insonderheit dem Könige sehr angenehm fallen, der ohnedies bei itzigen Läuften einer solchen Erfindung höchst benötiget wäre; doch müßte er vorhero Experimente und Proben sehen, ehe er ihm völligen Glauben beimessen oder seine Person rekommandieren könnte, welcher es nach erbrachten Beweisen an Beförderung nicht fehlen sollte. Diesemnach führte er Duval in sein Haus und versah ihn mit Geld, auf daß er sich solche Materialien anschaffen und zubereiten könnte, dergleichen er, seinem Vorgeben nach, zu dieser kostbaren Operation benötiget wäre; band ihm zugleich auch teuer ein, ja keine Seele das geringste von diesem Geheimnis merken zu lassen, bis man es vor gut befände, solches bekannt zu machen. Duval versprach seiner Hoch-Ehrwürden, in allem gehorsam zu sein. Und nachdem er seine Werkzeuge in Bereitschaft hatte und einige schlechte Metalle,

Zuchtrute und Staupblock

welche der Jesuit ihn hinein in den Schmelztiegel tun sah, zerschmelzen lassen, rührete er solche mit einem hohlen Stecken um, in welchem er einige pure Gold-Körner verborgen hatte, wie Blei in einem Pinsel zu sein pfleget; indem er nun das flammende Metall umrührete, sank das Gold unvermerkt hinein und zerschmolz gleichfalls: Also daß, wenn die exzessive Hitze das Blei, Zinn und Kupfer nebst dem zum Schein hineingeworfenen Pulver verzehret oder evaporieret hatte, das pure Gold in der Quantität einer bis anderthalb Unze zurückblieb. Nachdem nun der Pater diese Probe ablegen lassen und befand, daß es wirklich pures Gold sei, ließ er sich durch den Geiz dergestalt verblenden, daß er nach einigen anderen Experimenten, die gleiche Wirkung hervorbrachten, dem Duval in allem, was er nur sagte oder tat, völligen Glauben beimaß. Und weil ihm der Betrüger weismachete, er wollte ihn unterrichten, diese Kunst selbsten zu praktizieren, damit der Ruhm eines solchen Entwurfs auf ihn selbsten, als den Erfinder, fallen möchte, betörte ihn diese Hoffnung dergestalt, daß er ihm so viel Geld vorstreckte, als er nur verlangte; ja, er hielt ihn so lieb und wert, daß er ihm seinen Schatz und viele Kleinodien zeigte, so ihm die Hofgunst zuwegegebracht und welche er alle mit ihm zu teilen versprach: Denn nachdem er das Gold oftmals auf obbesagte Weise hervorgebracht hatte, und er ihm anlag, das Geheimnis zu entdecken, woferne er bei längerm Verzug nicht mit Gewalt zur Ausbreitung der

Sache gezwungen sein wollte, ersah Duval seine Gelegenheit, sich heimlich in seine Kammer zu stehlen, wo er gemeiniglich nach der Mittagsmahlzeit zu schlafen pflegte, und weil er ihn gerade schnarchend und mit offenem Mund antraf, legte er ihm einen Knebel ins Maul, band ihn, nahm seine Schlüssel, sackte so viel von seinem Schatz auf, als er ohne Argwohn fortbringen konnte, und sagte ihm auf ewig gute Nacht.

Nun kam Duval geradeswegs zurück nach England und wollte, nachdem er in Frankreich Kupfer und Blei in Gold verwandelt, hieselbst sein Gold in Silber, und sein Silber in Kupfer verwandeln; alleine die Kunst wurde ihm bald geleget, denn etliche wenige Monate nach seiner Zurückkunft, ehe er viel sonderliche Taten getan, geriet er der Obrigkeit in die Hände, indem er sich in einem Wirtshaus in der Chandos Street vollgesoffen, also zum Verhaft gebracht und nach Newgate geführet, vorgestellt, verhört, überwiesen, verurteilet und am Freitag, dem 21. Januar 1670, im 27. Jahr seines Alters zu Tyburn hingerichtet wurde.

Es besuchten ihn sehr viele Weibsbilder im Gefängnis, worunter sich einige von nicht geringer Abkunft befanden, die vor sein Leben eine Interzession einlegten und ihm bis zum Galgen mit geschwollenen Augen und betränten Wangen unter ihren Masken das Geleite gaben. Nachdem er die Erhöhung auf den Galgen eine Weile genossen hatte, wurde er abgeschnitten und von wohlbekleideten Personen in eine Trauerkutsche geleget und also bis zu dem Tanger-Gasthof in St. Giles geführet, wo er dieselbe ganze Nacht mit allem Pomp liegenblieb: Das Gemach war mit schwarzem Tuch behangen, die Bahre mit Schildereien oder Wappen bedekket, neben welcher 8 Wachskerzen brannten und viele brave ansehnliche Mannspersonen in langen Trauermänteln umherstanden: Alles war mausestill, und niemand unterstand sich, aus Furcht, diesen schlafenden Löwen zu verunruhigen, ein einziges Wörtchen zu reden. Und diese Zeremonien würden noch viel länger gewähret haben, wenn nicht einer von den Richtern hingesendet und diese Trauerversammlung zerstören lassen. Als man ihn auskleidete und auf das Prunkbett bringen wollte, steckte einer von seinen Freunden die Hand in einen Schubsack und fand die folgende Rede darinnen, welche mit einer überaus saubern Hand geschrieben war und die er an die Zuschauer, so ihn hängen sehen, zu halten gesonnen gewesen.

Duvals Rede

Ich würde sehr unerkenntlich handeln (welches unter Personen von Rang ein größeres Laster ist als dasjenige, weswegen ich anitzo sterbe), woferne gegen euch, ihr schönen englischen Damen! ich ein verpflichtendes Gemüt nicht bezeugen wollte. Ich hätte mir nimmermehr eingebildet, daß eine Person meines Standes, Geburt,

Auferziehung und Beschaffenheit so viele liebreizende Annehmlichkeiten besessen, die so mächtig gewesen, euch alle zu meinem Vorteil so heftig zu fesseln, daß ihr mich weder in meiner Drangsal noch in meinem Gefängnis verlasset, da daß ihr mir bis zu diesem Ort meines schändlichen Todes Gesellschaft geleistet; woferne ich solches nicht aus der Erfahrung und mit den Merkmalen von eurer unverfälschten Liebe bezeugen könnte. Ja, ich weiß, ich werde eure Gedanken erraten, wenn ich sage, daß ihr vergnügt sein würdet mit mir, und zwar eben an dieser Stelle allhier zu sterben, wofern ihr nur versichert sein könntet, euren geliebten Duval in der andern Welt ungestört genießen zu können. Wie mächtig und wie großmütig habt ihr meine wenigen Dienste zu belohnen gewürdiget! Sollte ich demnach nicht die allgemeine Bestürzung unter euch, als man mich zum Verhaft brachte; eure fleißigen, oftmaligen und liebreichen Visiten, die ihr bei mir in Newgate abgestattet; euer Heulen und Weinen, Seufzen und Wehklagen, als ich verurteilt wurde; euere eifrigen Vorbitten und nachdrücklichen Interzessionen wegen meiner Loslassung und eure jammervolle Begleitung zu meiner Trauer-Bühne mit einem ewig-grünenden Andenken verehren? Wenn ich Herkules gewesen wäre und in einer einzigen Nacht 50 Söhne zeugen können, so hättet ihr mir keine herrlichem Ehren-Säulen aufrichten, noch größern Respekt, als ihr getan habt, erweisen können. Es hat unterschiedliche englische Herren seit der letztern

Entwendung des Zepters das Verhängnis betroffen, daß sie wegen der Bemühung, ihrem verstoßenen rechtmäßigen König wiederum auf seinen Thron zu verhelfen, hier an dieser Stätte haben sterben müssen: sie mußten aber alle, weil sie Engländer waren, unbeweinet, unbeklaget und ohne daß man vor sie bäte, sterben. Wieviel größer ist demnach meine Verpflichtung, weil ihr mich mehr als eure eigenen Landsleute, mehr als eure eigenen werten Ehemänner liebet! Nichtsdestoweniger, Mesdames! kränket es mich keineswegs, daß eure Vorbitten wegen meines Lebens fruchtlos abgegangen: Denn itzo werde ich mit wenigen Schmerzen, mit einem gesunden Leib, und, wie ich hoffe, auch mit einer wohlbereiteten Seele sterben. Mein Beichtvater hat mir die Bosheit meiner Wege unter Augen gestellet und eine wahre Bekehrung in mir erwecket, dessen diese Tränen, diese meine ungeheuchelten Tränen Zeugen sind. Hättet ihr mir mein Leben erhalten, würde ich solches gänzlich zu eueren Diensten haben aufopfern müssen, welches dennoch sehr kurz gewesen wäre: Denn woferne ihr würdet gesund gewesen sein, hätte ich gar bald an der Schwindsucht, wo nicht gar an den Franzosen sterben müssen.

Er wurde mit vielen Fackeln, unter einem zahlreichen Gefolge von Leidtragenden, worunter die meisten von dem schönen Geschlechte waren, beigesetzt und lieget am Mittelgang auf dem Kirchhof von Covent Garden unter einem weißen Marmorstein, worauf des Duvals Wappen künstlich eingegraben und unter demselben folgendes Epitaph stehet:

Hier liegt Duval:
Mein Leser!
Bist du eine Manns-Person,
gib Achtung auf deinen Beutel;
Bist du eine Weibs-Person,
gib Achtung auf dein Herze!
Er hat beiden viel Unheil angestiftet.
Denn er konnte machen,
daß alle Männer stehen
und alle Weiber fallen mußten.
Der zweite Eroberer aus normannischem Stamme:
Die Helden mußten sich
vor seinen Waffen biegen;
Die Damen aber sich
vor seiner Schönheit schmiegen.
Er war
des alten Tyburns Ehre
und
des ganzen Englandes illustrer Dieb;
Duval, der Damen Freud und Scherzen;
Duval, der Damen Leid und Schmerzen,
liegt hier lebendig tot
verscharrt.

XIII
Die sogenannte Deutsche Prinzessin, eine Betrügerin, Hure und Spitzbübin

Diese Weibsperson, welcher an Bosheit und Leichtfertigkeit keine weder aus der vergangenen noch gegenwärtigen Zeit zu vergleichen, war die Tochter eines Chorleiters bei der Hauptkirche zu Canterbury, woselbsten sie am 11. Januar 1642 geboren wurde; wiewohl sie jederzeit vorgab, daß sie ihren Ursprung Köln in Deutschland zu danken hätte, woselbsten sie den meisten Teil ihres Lebens zugebracht, und daß ihr Vater, namens Henry van Wolway, ein Doktor des Rechts und Herr von Holmstein gewesen. Von ihrer Auferziehung können wir nicht viel sagen, als daß sie eine große Liebhaberin des Lesens, insonderheit verliebter Bücher und solcher war, die von dem Irrsal eines gewissen Ritters handelten. Sie war wohlbelesen in ›Parismus‹ und ›Parismenos‹, ›Don Bellianis von Griechenland‹ und allen andern Büchern, so von der Liebe und Heldengeschichten abgefasset. Sie nahm hernach den ›Amadis‹ vor die Hand, und weil sie von einer schönen Fürstin, der Oriana, las, bildete sie sich vielmals ein, sie wäre auch eine solche Prinzessin oder wenigstens eine dergleichen vornehme Staats-Puppe. Nach diesem las sie die ›Kassandra‹, ›Kleopatra‹ und alle Romane, die zu haben sind, von deren Aventüren sie vielmals gar genauen Bericht zu erstatten wußte. Und weil sie wegen des öftern und vielfältigen Lesens dafürhielt, als sei alles wahr, was sie läse, verliebte sie sich gar sehr in die Taten und Handlungen dieser großen und renommierten Helden, daß sie sich selbsten vor nicht weniger als eine heroische Dame hielt oder daß sie wenigstens mit der Zeit eines durchlauchtigen Titels werde gewürdiget werden.

Die Niedrigkeit ihres Standes stimmete mit ihrem hohen Geist keinesweges überein; aber ungeachtet sie sich mit keinem geringem Glücke als einem Ritter oder anderm vornehmen Staatsmann flattierte, so schlug ihr doch ihre Hoffnung um ein merkliches fehl, indem sie von einem Schuster, Mr. Stedman, in einer Nacht zur Frau gemacht wurde, der sie ehelichte und zwei Kinder mit ihr zeugete, die bald wieder starben. Nachdem aber ihr Mann nicht imstande war, sie ihren hochfliegenden Gedanken gemäß zu verpflegen, wurde sie gar bald rappelköpfig und faßte den Entschluß, ihr Glück woanders zu suchen: Also entlief sie von ihrem Mann und heiratete Herrn Day, einen Chirurgus zu Dover. Alsdann klagte man sie an, daß sie zween Männer hätte; sie spielte aber die Sache so verschlagen, daß sie losgelassen wurde, und dieses machte sie so vermessen, daß sie sich mit Herrn John Carleton in die dritte Heirat einließ, welches die erste Gelegenheit war, daß sie in London öffentlich bekannt wurde: Denn weil ihre vorige Heirat ihres letzten Ehmanns Vater von einem, der sie kannte, verraten ward, ließ er sie zum Verhaft bringen und sie in das Torhaus zu Westminster führen, von wannen sie nach einer Gefangenschaft von 6 Wochen nach Newgate gebracht wurde, da man sie denn in Old Bailey verhörete; und weil man sie nicht genugsam überwiesen befand, sprach man sie von der Bigamie oder doppelten Ehe noch einmal frei.

Es ist nicht mit Stillschweigen zu übergehen, daß sie vor dieser letzten Heirat mit einem Kaufmanns-Schiff nach Holland fuhr, von wannen sie nach der so oft von ihr gepriesenen Stadt Köln reisete; und weil sie eine ansehnliche Summe Geldes besaß, schlug sie ihr Logis bei einem Gastwirt auf und lebete in größerm Glanz, als sie jemals getan: Und gleichwie Standespersonen und vornehme Frauenzimmer in England zur Sommerszeit nach Epsom oder Tunbridge ins Bad zu reisen pflegen, also hat man hier im Brauch, Spa, einen in diesen Gegenden gar wohl bekannten Ort, zu besuchen. Hieselbst war ihr das Glück so günstig, daß sich ein alter Edelmann in sie verliebte, der um Lüttich, etliche Meilen von Köln, gutes Vermögen und Güter hatte. Und sie wußte sich so vortrefflich in diese Affäre zu schicken, worinnen ihr ihre Frau Wirtin treulich beistand, daß er ihr unterschiedliche schöne Kleinodien von keinem geringen Wert nebst einer güldenen Kette und Medaille verehrete, welche ihm vor ein und die andern unter dem General Tilly wider den König von Schweden geleistete Dienste spendieret worden. Der betörte Liebhaber gedachte, es hätte ihn ein Hase geleckt, und drang mit ganzer Gewalt auf schleunige Vollziehung der Heirat. Nachdem ihm nun solches des folgenden Tages versprochen worden, ließ er seine Liebste die zur Hochzeit gehörigen Sachen einkaufen. Mary Carleton, sehend, daß es nun hohe Zeit sei, sich aus dem Staube zu machen, offenbarte ihr Vorhaben ihrer Wirtin, die von des alten Hauptmanns Geschenken einen ansehnlichen Teil bekommen hatte. Allein unsere Madame war gesonnen, ihr keinen Pfifferling davon zu lassen; in Betrachtung dessen überredete sie die Wirtin, ihr eine Gelegenheit auszurichten, mit welcher sie, nicht nach Köln, sondern an einen andern Ort kommen möchte, wo sie ihr aberwitziger Liebhaber nicht vermuten noch suchen könnte. Die Wirtin war willig, ihr behilflich zu sein, ging demnach aus und ließ sie zu Hause; aber die Carleton gedachte: Hier ist nicht lange zu warten: Denn sobald die Wirtin hinweg war, brach sie eine Kiste auf, worinnen sie nicht nur dasjenige, so ihr von dem Hauptmann verehret worden, fand, sondern noch eine ansehnliche Summe Geldes darüber, welches sie alles herausnahm und mit ihren Sachen einpackte, alsdenn wie eine Katze vom Taubenschlag auf und davon schlich. Und weil sie sich schon heimlich mit einer Passage nach Utrecht versehen hatte, reisete sie mit dahin und hielt sich eine Weile daselbsten auf; von da begab sie sich nach Amsterdam, allwo sie die güldene Kette, die Medaille und einige Kleinodien verkaufte, von wannen sie nach Rotterdam ging; und weil sie also nach Brielle kam, hatte sie Gelegenheit, wieder mit über nach England zu schiffen.

Nachdem sie Anno 1663 gegen das Ende des März des Morgens sehr frühe zu Billingsgate angelanget, war das erste Haus, so sie offen fand, der Gasthof Bei der Börse in Putney, welchen damals einer namens King besaß, woselbsten sie zuerst den Titel der Deutschen Prinzessin erhielt durch Vermittelung des Weinschenken, welcher die Heirat zwischen ihr und John Carleton, seines Weibes Bruder, stiftete, weshalb sie obbesagtermaßen gerichtlich verhöret und kraft eines an ihren Schwiegervater abgelassenen Briefes, mehr Männer zu haben, beschuldiget wurde. Der Brief hatte folgenden Inhalt:

Mein Herr!
Ich bin Sie zwar unbekannt; aber da ich vernehme, wasmaßen Dero Herr Sohn, Herr John Carleton, ein Weibsbild geheiratet, so vorgibt, daß sie von großem Vermögen und hoher Geburt sei, so habe ich vor gut angesehen, Ihnen von demjenigen, was mir wissend ist, bei Zeiten Nachricht zu erteilen: Denn ich habe mir vor gewiß sagen lassen, als ob sie eine Erz-Betrügerin und Spitzbübin wäre, welche in unserer Grafschaft Kent

unterschiedene Männer zur Ehe genommen, hernach aber mit allem, was sie gehabt, auf und davon gegangen. Wenn es diejenige Person ist, so ich meine, redet sie unterschiedliche Sprachen fertig und ohne Anstoß, hat schwarze Augen, Haare, die mehr blond als bräunlich sind, und hohe Brüste. So viel hat Ihnen zur Nachricht melden wollen

Dero

Unbekannter, aber gehorsamster

Diener

Als sie wiederum aus Newgate kam, ließ sie sich mehrenteils bei den Komödianten finden und machte Bekanntschaft mit ihnen, welche, in Hoffnung, guten Markt mit ihr zu halten, sie zu einer Opern-Prinzessin machten. Bishero hatte sie ihre Person auf dem großen Welt-Theater öffentlich gespielet, nun wollte sie ihre Aventüren auf dem kleinen wiederholen; heimlich will ich nicht sagen, denn es war zu allen Zeiten mehr als zu offenbar, am meisten aber, da sie sich dem Volk auf dem Schau-Platze so frei unter Augen stellte und sogar ihre eigene Komödie unter dem herrlichen Titel der Deutschen Prinzessin repräsentierte; deren Epilog oder Schlußrede von ihr selbsten ausgesprochen wurde und in folgendem Inhalt bestand:

So hab ich eine Prob höchst-rühmlich abgelegt;
Doch dürft man über mich ein scharfes Urteil fällen,

Weil man von meinem Tun vielleicht die Meinung hegt,
Als könnte ich mit Fug Lug und Betrug vorstellen.
Allein, ich setz den Fall, daß diesem also sei,
Wer kann sich unter euch frei vom Betrügen nennen?
Und schwüret ihr auch gleich ohn alle Scham und Scheu,
So würde man daraus nur vielmehr dies erkennen,
Daß man bei euch weit mehr als mich zu tadeln findt,
Ob ihr mich schon so frech und höhnisch aufgezogen;
Die ganze Welt betrügt, und wir, die drinnen sind,
Betrügen nachgerad, und werden selbst betrogen.
Sieht man denn dieses wohl nicht vor weit besser an,
Sich einen Namen noch hier bei der Welt erwerben,
(Auf was vor Art man ihn auch nur erlangen kann,)
Als nach des Pöbels Brauch ganz ohne Nachklang sterben.

Gleichwie sie aber einen unruhigen Geist hatte, dem die ganze Stadt London zu klein war, also sagte sie dieser Profession bald wiederum Adieu. Ehe sie aber den Schau-Platz verließ, hatte sie eine große Menge junger Galane, die von ihrem Ruhm gehöret und ihre Person gesehen hatten, nach sich gezogen, welche nunmehro begierig waren, eine genauere Bekanntschaft mit ihr aufzurichten; und sie, die eine ungemeine Liebhaberin des freien Umgangs und der Galanterie war, versagte leichtlich keinem den Zutritt und wußte sie alle mit einer überaus artigen Gleichgültigkeit zu traktieren. Unter ihren diversen Anbetern befanden sich zwei junge Lecker, die mehr Geld im Sack als Witz im Kopf besaßen, welche sich sterblich in sie verliebet und in Betrachtung dessen ihre Gesellschaft suchten; sie seufzeten aber heimlich nach etwas mehrers als dem bloßen Umgang, denn sie begehrten eine völlige Allianz mit ihrem Leibe zu schließen. Sie merkte aus ihren verliebten Klagen gar wohl, wo sie der Schuh drückte, und wußte sie demnach meisterlich bei der Nase herumzuführen, bis sie ihnen über 300 Pfund abgezwacket hatte; und weil sie alsdann befand, daß deren Beutel ziemlich einzuschrumpfen anfing, gab sie ihnen beiden den Korb, als Leuten, die der Liebe einer solchen Prinzessin nicht würdig wären.

Nicht lange nach diesem hatte sie einen andern Liebhaber, der ein ältlicher Herr von ohngefähr 50 Jahren war, und ungeachtet ihm ihre spitzbübischen Streiche nicht unbekannt waren, so hatte er sich doch dergestalt in sie vernarret, daß er die 400 Pfund, so er jährlich Einkommens hatte, von Herzen gern auf sie gewendet, wenn sie nur beständig bei ihm aushalten wollen. Und nachdem er ihr endlich etliche Ringe und Galanterien verehrete, erhielt er das Jawort von ihr. Als sie wie Mann und Weib miteinander lebeten, gab er ihr die erste Nacht, da er bei ihr schlief, ein Kleinod über 50 Pfund wert. Indem er aber eines Abends so sehr trunken nach Hause kam, daß sie ihn zu Bette bringen mußte, und sie aus seinem Schnarchen abnahm, daß er in einem tiefen Schlaf läge, examinierte sie seine Taschen und durchsuchte seine Briefschaften, worunter sie einen Wechsel an einen Goldschmied in der Lombard Street auf 100 Pfund fand; diesen nahm sie an sich: Alsdann ergriff sie die Schlüssel zu seinen Kassetten und plünderte solche aus, worinnen sie 20 alte Goldstücke, ein güldenes Petschaft, eine alte Sack-Uhr und einige Stücke Silbergeschirr fand; dieses und alle Sachen von einigem Wert nahm sie und fuhr in einer Kutsche, ohne von ihrem vollen Tropfen Abschied zu nehmen, in aller Eilfertigkeit hin zu dem Goldschmied, wo sie ohne Mißtrauen die 100 Pfund ausgezahlt bekam und alsdenn ihren Wechselbrief aushändigte.

Nachdem diese abgefeimte Betrügerin ihren alten Liebhaber also über den Tölpel gestoßen und eine kommode Stube bezogen hatte, ging sie vor eine Jungfer, die einen Brautschatz von tausend Pfunden besäße, den sie von einem Vetter bekommen, ohne was ihr ein reicher Vater noch zuwenden könnte, welcher sie zu einer ihr nicht anstehenden Gattenwahl habe zwingen wollen, weshalb sie sich vom Lande nach London gewendet. Dieses war die Historie, so sie erdichtete; und um derselben einen desto bessern Schein zu geben, ließ sie öfters falsche Briefe an sich bringen, als ob solche vom Lande von einer nahen Anverwandten kämen, welche ihr beständig Nachricht erteilte, wie die Affären zwischen ihrem Vater und Liebhaber liefen. Diese Briefe ließ sie erbrochen in ihrer Kammer herumliegen, daß sie ihre Wirtin lesen konnte; und weil dieselbe einen nahen Vetter von großem Vermögen hatte, machte sie ihm und ihrer Hausgenossin Gelegenheit, miteinander bekannt zu werden, um eine Heirat unter ihnen zu stiften. Der Anschlag ging auch nach Wunsch vonstatten, und ihr neuer Liebster präsentierte ihr eine Taschenuhr, die sie nach einer bescheidentlichen Verweigerung annahm. Nachdem sie nun anfingen, frei miteinander umzugehen und eines Tages miteinander im Diskurs begriffen waren, klopfet ein Briefträger an und bringet einen Brief: Die Magd, so auch eine listige Schlange und von ihr schon abgerichtet war, nahm solchen an und überbrachte ihn ihrer Jungfer, welche ihn alsobald erbrach und durchlas; sie war aber noch nicht damit zu Ende, als sie sich ganz bestürzt und erschrocken anstellete und schrie: Ach! ich bin verloren, ach! nun ists um mich geschehen; ja, sie schien alle Augenblicke in eine Ohnmacht zu fallen, daß ihre Magd sie nicht genug mit Ungarischem Wasser und Schlag-Balsam bestreichen konnte. Ihr Liebster suchte sie mit den besten und schönsten Worten, die er nur erdenken konnte, zu trösten und bat, sie möchte ihm doch die Ursache ihres gegenwärtigen Unsterns zu eröffnen belieben. Mein Herr, sagte sie, nachdem Ihnen meine meisten Angelegenheiten bereits bekannt sind, will ich hieraus keine Heimlichkeit machen; wenn Sie demnach diesen Brief durchzulesen geruhen wollen, werden Sie die Ursache meines gegenwärtigen Schmerzes daraus ersehen. Hiermit nahm er den Brief in die Hand und fand ihn folgendermaßen gestellet:

Werteste Jungfer Muhme:
Ich habe zwar die Feder angesetzt, des Vorsatzes, an Sie zu schreiben; allein ich bin fast unschlüssig, ob ich fortfahren oder solche wieder aus der Hand legen soll. Doch weil etwas darinnen ist, so zu Ihrem Vorteil gereichet, also bitte, Sie wolle sich dasselbe zu Nutzen machen und wegen der andern unangenehmen Nachricht zu Ihrem Trost dienen lassen. Nachdem ich Ihr Gemüt überhaupt also vorbereitet, kann ich Ihr nicht verbergen, daß nämlich Ihr werter Herr Bruder, mein geliebtester Herr Vetter, selig verschieden ist. Ich weiß gar wohl, wie herzlich Sie ihn geliebet, und derohalben wird Sie dessen Verlust desto empfindlicher rühren. Allein Sie soll zugleich wissen, daß Sie durch sein Absterben die einzige Erbin nach Ihrem Herrn Vater ist, der jährlich über 200 Pfund Einkünfte hat. Dieses lasse Sie sich auch angenehm sein. Aber was ich Ihr ferner berichten muß, ist die allerschlimmste Post, daß nämlich Ihr verhaßter Liebhaber, absonderlich nach Ihres Herrn Bruders Hintritt, so ungestüm bei Ihrem Herrn Vater um Sie angehalten, daß derselbe nunmehro fest beschlossen, Sie an ihn zu verheiraten. Und nachdem Ihr Herr Bruder, der auf Ihrer Seite war und den Herrn Vater von einem gewaltsamen Zwang jederzeit klüglich abzuraten wußte, hinweg ist, hat man zu besorgen, der Herr Vater werde sich an Ihre Verweigerung nicht kehren, insonderheit da er sagte, daß, weil sie nunmehro seine einzige Erbin sei und das meiste von ihm zu erwarten habe, ihm auch

zu Gehorsam verpflichtet wäre. In Betrachtung dessen schicket er sich nebst Ihrem Liebsten auf eine Reise nach London zu, woselbsten sie binnen wenig Tagen sein werden: Und weil dieselben wissen, wo Sie anzutreffen, wird Ihr vermutlich eine schlechte Freude in die Achsel fahren; Sie müßte denn aus Gehorsam gegen Ihres Herrn Vaters Befehle die widrige Neigung zu Ihrem Liebhaber ablegen können. Ich will Ihr hierinnen nichts vorschreiben, sondern habe mich bloß verbunden zu sein erachtet, Ihr die Veränderung ihres Zustandes bekanntzumachen, damit Sie Vorkehrungen treffen möge, die Gott zu Ihrem Besten wolle ausschlagen lassen! Als welches Ihr von Herzen wünschet und gönnet

Dero getreue Muhme,
R. F.

Nachdem der junge Liebhaber diesen Brief durchgelesen, mußte er gestehen, daß sie Ursache, betrübet zu sein, habe; und weil er besorgte, ihr Liebhaber auf dem Lande dürfte ihm dieses niedliche Bißchen von dem Maul hinwegfischen, befand man auf reife Beratschlagung vor gut, ihr Logis zu verändern; und weil man nirgends besser hinwußte, bot er ihr seine Behausung an. Des folgenden Tages begab sie sich mit ihrer Magd, die schon um alles wußte und ihr beizustehen gewohnet war, dahin. Als sie in das Schlafgemach kamen, wo sie sich zur Ruhe begeben sollten, befanden sie vor dienlich, nicht zu Bette zu gehen, damit sie, sobald die Türen geöffnet würden, zur Flucht bereit sein möchten: Also legte sich eine um die andere mitsamt den Kleidern etliche Stunden nieder; als es aber gegen den Morgen ging, schritten sie zum Werk, erbrachen einen Kasten, worinnen sie einen Sack mit 100 Pfunden und einige ganze Kleider fanden, und sahen sich alsdann nach der Türe um; da saß nun Monsieur Dummhut wie der Hase im Pfeffer, ohne Geld und ohne Liebste, die nunmehro in ihrem Herzen gedachte: Weit davon ist gut vorm Schuß.

Weil nun diese saubere Prinzessin überall so glücklich davonkam, wurde sie immer kühner und suchte alle Menschen, sie mochten Freund oder Feind, reich oder arm sein, zu betrügen: Es war alles ein Fisch, was ihr ins Netz kam, es mochte ein Lachs oder ein Gründling sein, denn sie wollte lieber einen kleinen Gewinst nehmen als gar keinen: Eine silberne Kanne oder ein Becher galten ihr gleich viel; ja, ehe sie gar müßig ginge, ließ sie sich die Mühe nicht reuen, ein paar Bettücher oder Überzüge mitgehen zu heißen.

Sie veränderte ihr Logis kontinuierlich, und eine Weile nach der letzten Entreprise, als sie in einem sehr reputierlichen Hause wohnte, ließ sie sich eines Tages gegen ihre Frau Wirtin vernehmen, daß da doch ein Edelmann, so ihr Anverwandter sei, weil er in der Stadt unbekannt gewesen, von ohngefähr in ein lüderliches Wirtshaus geraten, worinnen er plötzlich krank worden und bald hernach verschieden wäre. Weil nun einige von seiner Familie es nebst ihr vor sehr unanständig hielten, ihn von dannen beerdigen zu lassen, gleichwohl aber keinen füglicheren Ort wüßten, also ersuchten sie die Frau Wirtin um Erlaubnis, ihnen mit Rat und Tat an die Hand zu gehen, es sollte ihr die Ungelegenheit, so ihr Haus davon hätte, reichlich ersetzet werden. Als die Wirtin von einigem Profit hörete, willigte sie bald ein, daß der Leichnam denselbigen Abend in einem überaus saubern Sarg auf einer Kutsche in ihr Haus gebracht und in ein Gemach, eine Treppe hoch, so auf die Gasse hinausging und einen Erker hatte, gesetzet wurde. Und weil der Sarg nur mit einem ordinären schwarzen Tuch bedecket war, schien unsere betrügerische Demoiselle gar übel damit zufrieden zu sein. Die Wirtin vermeldete ihr, daß sie vor 20 Shilling eins von Sammet bekommen könne, worüber sie sich gar vergnügt bezeigte und die Wirtin bat, sie möchte ein solches holen lassen und das Gemach mit ihrem besten Hausrat auszieren; denn auf den dritten Tag sollte das Begängnis gehalten werden. Die Wirtin lebte ihr in allem zu Willen, ließ das samtene Leichentuch holen, setzte auf ein Seitentischchen 2 silberne Leuchter, eine silberne Flasche, 2 verguldete Becher und unterschiedliche andere Silbergeschirre. Aber die Nacht vor dem angesetzten Begräbnistag langete die Betrügerin nebst ihrer Magd alles Silbergeschirr samt dem samtenen Tuch und allem Hausrat, der sich fortbringen ließ und etwas wert war, ihren Kameraden zum Fenster hinaus, ließen den Sarg mit dem vermeinten Leichnam in guter Ruhe stehen und stiegen vermittelst einer Leiter, die ihnen ihr Kamerad gebracht hatte, zum Erker hinaus. Als des folgenden Tages die Wirtin die Tür aufmachte und sah, daß alles bis auf den Sarg hinweg war, rief sie ihre Leute und öffnete den Sarg, worinnen sie nichts als tote Stückchen Ziegelsteine und ein bißchen dürres Heu fanden; daß also, indem die Deutsche Prinzessin wird frohlocket haben: Juchhei! lustig! lebt in Freuden!, die arme Wirtin und der Leichenbitter klagen und ein Lamento anstimmen mußten. Dieses Abenteuer machte den Advokaten und dem Schneider was zu schaffen, denn der Leichenbitter verklagte die arme Wirtin, und der Schneider verlangte Satisfaktion wegen seines samtenen Tuches, welches ihm unlängst 40 Pfund gekostet hatte.

Zu einer andern Zeit wollte sich die Deutsche Prinzessin einen Trauer-Habit anschaffen, wozu sie einen Schleier, Schürze, Haube und anderen Trauer-Zierat benötigte; schickte demnach ihre Magd hin auf die Neue Börse im Strand in einen Laden, woselbsten sie den Tag zuvor einiges Geld ausgegeben hatte, und ließ den Kaufmann ersuchen, ihr alle solche Gattungen alsbald zu übersenden, weil ihr Vater gestorben wäre und sie daher Trauer anlegen müßte. Die Kaufmannsfrau suchte gleich drei bis vier Sorten von dergleichen Waren hervor und übersandte ihr solche durch die Magd, damit sie sich einige davon auslesen und das übrige wiederum zurücksenden möchte. Sie fand sich aber betrogen, denn als die Ware überbracht wurde, stellte sich die Dame so unaufgeräumt, daß sie vorgab, sie hätte anitzo nicht Zeit, solche anzusehen, ließ aber den Besitzer durch ein paar Zeilen wissen, daß sie sich zu Mittag werde kleiden lassen, und wenn sie sich ausgesuchet, was ihr gefiele, wollte sie das übrige nebst dem Geld vor das Auserlesene zurücksenden. Diese Antwort war vor diesmal zulänglich, aber nicht ausreichend vor ein andermal: Denn als die Handelsfrau unter der Börse des andern Tages hinschickte und anfragen ließ, was der Madame angestanden, erhielt sie die Antwort, dieselbe wäre ausgefahren und käme diese Nacht nicht nach Hause; sie tat es auch und wollte sich weder des andern Tages noch die folgenden alle wieder einstellen. Also verlor die Handelsfrau ihre Ware und Kundin auf einmal.

Nun gehet unsere Betrügerin im Trauer-Habit à la mode und logieret in Fuller's Rents, woselbsten sie einen jungen Prokurator von Gray's Inn zu sich holen ließ, zu dem sie sagte, sie wäre eine Erbin ihres ohnlängst verstorbenen Vaters, hätte aber einen lüderlichen Mann, bei dem sie nicht bleiben könnte, und ihr Vater habe ihr all sein Vermögen unter der Bedingung vermachet, daß ihr Mann nichts davon genießen sollte, dieser aber drohete und stellete ihr nach; dahero sei ihre vornehmste Sorge, ihre Sache so anzustellen, daß sie ihr Mann unangefochten lassen müßte, und zu diesem Ende wäre sie des Rats eines Rechtsgelehrten benötiget. Dieses war ihr Vorwand; denn indem sie von ihrer angemaßten Rechts-Sache redete, kam jählings von unten eine Weibs-Person hinaufgelaufen und schrie mit zusammengeschlagenen Händen: Ach Madame! O mein Herr! wir sind verloren; denn mein Herr kömmet. Ach, was fang ich doch an? sagte die Betrügerin. Warum? sagte der Advokat. Ich meine, des Herrn wegen, erwiderte sie, was vor eine Entschuldigung soll ich wegen seines Hierseins Vorbringen? Was der Herr ist und was er hier machet, darf ich ihm nicht sagen, denn das würde den ganzen Handel verderben; danebst ist er sehr eifersüchtig und er hat mich leichtlich in Verdacht; derohalben, allerliebster Herr, sagte sie, verstecke er sich in diesen Schrank, bis ich ihn mit Manier wieder fortgeschaffet habe. Der Advokat erschrak; und weil er nicht wußte, wozu er sich alsbald entschließen sollte, tat er, was sie verlangte: Also verschloß sie ihn in den Schrank, zog die Vorhänge vor das Bette, und ging auf die Tür zu, ihren erdichteten Ehemann zu empfangen, welcher nicht so bald hineintrat, als er ausrief: So, so, Madame von Betzenfeld! ich höre, Sie haben einen Kompagnon hier, wo ist er? Lasset mich den Kujon sehen, daß ich ihn meinem gerechten Zorn aufopfern möge. Oh, du Kanaille! ist dieses deine angemaßte einsame Sittsamkeit? Hiermit sprengte er die Tür auf, wohin sie mit dem Finger wies, und erblickte den jungen Advokaten ganz erbleicht und zitternd; bei dem ersten Anblick wischte er mit dem Degen heraus, aber die Frau flog dazwischen, und ein Kumpan, den er bei sich hatte, griff ihm in den Degen, sich bemühend, ihn zu begütigen; je mehr er aber bemühet war, desto rasender schien jener zu werden. Da sich nun der Advokat also eingetrieben sah, fing er an, das Wort vor sich zu reden, und erzählte die Wahrheit von der ganzen Historie, und was seine Verrichtung allhier gewesen. Allein seine Verteidigung half vor diesem ungerechten Forum so viel als nichts: Der Mann wollte vor seine Beleidigung nichts als Blut oder sonst eine hinlängliche Ersetzung annehmen, welche endlich sein Freund vorschlug, daß es nämlich eine Summe Geld von 500 Pfunden sein sollte. Dieses war ein ziemlicher Batzen und erschreckte den Advokaten kein klein wenig; weil er aber die mancherlei Inkonvenienzen, worein er einmal geraten, erwog, brachte er es endlich so weit, daß er alsobald 100 Pfund erlegen sollte, welche er seinen Diener holen ließ und alsdann seiner Gefangenschaft entlediget wurde.

Ein wenig hernach stahl sie zum wenigsten ein halbes Dutzend silberne Kannen in Covent Garden, der Milford Lane, in Lothbury, Newmarket, West Smithfield und unterschiedlichen andern Orten. Und wegen einer von diesen Aventüren wurde sie zuletzt eingezogen, beschuldiget, schuldig befunden, verurteilet, wieder pardonieret und mit nach Jamaika gesendet, woselbsten sie nicht über zwei Jahr gewesen, so kam sie wiederum nach England; und weil sie sich vor eine reiche Erbin ausgab, heiratete sie ein reicher Apotheker zu Westminster, dem sie über 300 Pfund raubete und hernach verschwand. Hierauf bezog sie ein Logis zu Charing Cross und invitierte daselbsten ihre Wirtin nebst einem in ebendemselbigen Hause logierenden Uhrmacher mit sich in eine Komödie ins Herzogliche Theater in Dorset Garden. Mittlerweile, da diese in der Komödie sind, spielet ihre Magd zu Hause auch eine, erbricht eine Kammer, worinnen die Wirtin zu schlafen pflegte, und eine Kiste, nimmet über 200 Pfund bares Geld in Gold und Silber und über 30 kostbare Uhren heraus, daß der Wert in allem sich über 600 Pfund belief, welches sie ihrer gnädigen Frau, der Deutschen Prinzessin, überbrachte, welche, nach vollendeter Komödie, ihre Wirtin und den Uhrmacher mit sich in ein Wein-Haus Zum Grünen Drachen in der Fleet Street führte und sich daselbsten unsichtbar machete.

Aber nicht lange danach wurde diese Erz-Betrügerin und Prinzessin unter allen Spitzbuben nach Newgate gesendet und vor dem Gerichtshof in Old Bailey verhöret, weil sie ein Stück Silbergeschirr von einem in der Chancery Lane gestohlen hatte und der Tat schuldig befunden wurde. Nur wußte sie nur eine einzige Ausflucht, die zu Newgate gar was Altes war, daß sie nämlich schweren Leibes wäre. Derohalben wurde nach einigen geschwornen Kinder-Müttern gesendet, die nach einstündiger Untersuchung diesen Ausspruch taten, daß sie sich nicht hohen Leibes befände. Hierauf wurde alsbald nach dem Gesetze das Todesurteil über sie gefället und sie zurück nach Newgate geführet, daß sie sich nach der andern Welt geschickt machen sollte. Nun fing sie an, traurig zu werden und erwies sich nicht mehr so lustig, wie des Tages vor ihrer Verurteilung, da einige Weibsbilder im Gerichtssaal mit ihr diskurrierten und sich vernehmen ließen, sie wunderten sich, daß eine Person von so raren Qualitäten und Gaben, wie sie sei, dergleichen schändliche und unanständige Dinge vorgenommen, daß sie alles mitgehen heißen, was ihr nur zu Händen kommen. Denen gab sie zur Antwort: Mesdames, eure Fehler bestehen im Fallen und meine im Gleiten; ihr sündiget wider das sechste, und ich wider das siebente Gebot; wollet ihr so liebreich sein und mir meine Schulden vergeben, so will ich euch die eurigen auch willig vergeben. Nachdem nun die Zeit ihres Abscheidens herbeinahete, befahl der Stockmeister zu Newgate, ihr die Fesseln abzunehmen; und als er ihr ihres Mannes Bildnis auf den Ärmel geheftet, welches sie also nach Tyburn trug, führete man sie aus ihrem Behältnis auf den öffentlichen Saal, daß man ihr den Strick umbinden möchte; welches geschah: Alsdenn wurde sie auf einen Karren gesetzet, auf welchem sie sich die Zeit mit zwei katholischen Büchern vertrieb: Denn sie starb auf den römischen Glauben; und die Bücher hießen: ›Der Himmels-Schlüssel‹ und das andere ›Geistreiches Hand-Büchlein zur täglichen Andacht‹, welche sie, als sie zum Galgen kam, einem ihrer guten Freunde, Mr. Crouch, der mit ihr auf dem Karren fuhr, überreichte. Unterwegs, als sie in St. Giles waren, hielt der Karren stille, da trank sie ein Glas Kanarien-Sekt, so sie bei sich hatte; und bald nach ihrer Ankunft zu Tyburn steckete sie ihres Mannes Bildnis in den Busen; und nachdem der Geistliche sein Amt verrichtet, wurde die stets hoch sein wollende elende Prinzessin am Galgen hoch genug erhöhet; welches geschah an einem Mittwoch, dem 22. Januar 1673, im dreißigsten Jahr ihres Alters. Nachdem sie eine Stunde gehangen hatte, wurde sie abgeschnitten; und weil ihre Freunde alle gebührenden Unkosten vor ihren Leichnam und Kleider entrichtet, legten sie denselben in eine Kutsche, worinnen sie ihn bis an den ohnweit gelegenen Ort, wo ihr Sarg stand, führeten, und nachdem sie ihn hineingeleget hatten, wurde sie des folgenden Tages auf dem Kirchhof zu St. Martini zur Erden bestattet.

XIV
Thomas Gerard, ein Haus-Erbrecher

Unter den 242 Übeltätern, welche zu Tyburn und anderswo, inner- und außerhalb Londons, seit dem Bürgermeister-Amt des Sir Thomas Abney bis zu des Sir Richard Hoare seinem hingerichtet worden, gab dieser Thomas Gerard, in Betrachtung der kurzen Zeit, die er in seiner Leichtfertigkeit triumphieret hatte, keinem an Bosheit etwas nach. Er war in dem Kirchspiel zu St. Giles von guten und ehrlichen Eltern geboren, welche den Gasthof Zum Roten Löwen in Holborn innehatten.

Nachdem diese, so viel ihnen möglich, auf seine Auferziehung gewendet, taten sie ihn, als er ohngefähr 16 Jahr alt war, zu einem Geflügelhändler in Clare Market, bei dem er seine Zeit gar nicht ausstand, sondern sich zu lüderlicher Gesellschaft hielt, also daß er ein ganz müßiges und üppiges Leben führete, worüber er in mancherlei Schulden und Ungelegenheiten geriet, welche zu ersetzen er das Diebs-Handwerk ergriff und solchem eine geraume Zeit nachfolgete, wodurch er unterschiedliche Male zu Newgate einlogieret und auch vorhero schon einmal verurteilet wurde, ehe er noch die Tat, weswegen er endlich den Tod leiden mußte, begangen.

Niemals ist ein Schiff ohne Segel, ohne Anker und Ruder heftiger von den Wellen herumgetrieben worden, als seine Gedanken, sooft er sich außer dem Kerker befand, von der Begierde zu stehlen, rauben und plündern: Dahero er in kurzem in aller Schurkerei zum Meister wurde. Als er einsmals zu London einen großen Diebstahl begangen hatte und in Furchten stand, ergriffen zu werden, stahl er ein Pferd, so über 30 Pfund wert war, und ritt damit immer auf Lincolnshire zu; und indem er daselbst eine Meile von Grantham in einem Wirtshause lag und einen überaus großen Pokal, der aus einer neuen Sorte vermischten Metalls gemacht war und einer gewissen Gästerunde überreichet wurde, in Obacht nahm, vermeinte er, solcher sei wirklich von Silber und seiner Größe wegen beinahe 60 Pfund wert. Und weil er beim Zubettgehen bemerkte, daß man diesen Pokal in ein Schränkchen in der Stube, wo er lag, verschloß, brach er solches mitten in der Nacht auf und machte sich mit dem vermeintlichen Silbergeschirr, sein Pferd zurücklassend, heimlich auf und davon bis nach Newark-upon-Trent. Als er aber daselbsten verständiget ward, daß solches kein Silber sei, warf er den Plunder in den Fluß und verfluchte sich selbsten in den Grund der Hölle hinein, daß er ein solcher Fantast gewesen und um einer solchen Lumperei willen, die nicht 20 Shilling

Einzelzelle in Pentonville

wert war, ein so stattliches Pferd im Stiche gelassen. Sich demnach an den Leuten zu rächen, die vermittelst seiner Raffgier so viel gewonnen hatten, begab er sich ohngefähr einen Monat hernach abends spät zu dem Hause und legte Feuer an, daß es, ehe zwo Stunden vergingen, in Schutt und Asche lag, und durch diese verruchte Tat eine ganze Familie auf einmal ruinieret wurde.

Wiewohl Thomas Gerard sich hauptsächlich angelegen sein ließ, den Leuten in die Häuser einzubrechen, so malete er doch auch zuweilen falsche Schuldscheine, Wechselbriefe, Steuerquittungen und dergleichen einer jeglichen, noch so verschnörkelten Handschrift nach. Durch diese verwegenen Praktiken hatte er einsmals so viel Geld zusammengebracht, daß er dem Herrn Thornicraft, einem Goldschmied im Strand, ein Depositum von 50 Pfunden in Verwahrung geben konnte. Alsdenn ging er mit noch einem seines Gelichters hin in den Gasthof Zum Doppelten Schlüssel an der Ecke der Henrietta Street in Covent Garden und ließ Mr. Blake, einen Innen-Ausstatter, zu sich holen, mit dem er einen Handel auf so viele Waren traf, als obbemeldte Summe austrug; hernach fragte er ihn, ob er wegen des Geldes einen Wechselbrief an Herrn Thornicraft annehmen wollte? Der Ausstatter, welcher wußte, daß der Goldschmied ein ehrlicher Mann war, akzeptierte solches und gehet mit Gerards Freund hin in die Werkstatt, woselbsten der Wechsel auch gebilliget wurde. Indem sie aber wieder zurück in den Gasthof umkehren, gibt der Halunke, der mit dem armen Handelsmann gewesen war, seinem abgefeimten Kameraden heimlich einen falschen Wechsel, welcher anfänget, den Preis der Waren, worum sie gehandelt, zum Schein zu überschlagen, vorgebend, er hätte zuviel darauf geboten; inzwischen gehet der andere mit dem rechten Wechselbriefe hin zum Goldschmied und hebet das Geld. Gerard und der Innen-Ausstatter wurden endlich noch einig, da ließ man ein paar Träger holen und die Waren hinwegtragen, vor welche er ihm seinen falschen Wechselbrief einhändigte; als nun dieser bei dem Herrn Thornicraft anlangete, welcher schon über eine Stunde vor seiner Wiederkunft dem Kerl, so das erste Mal bei ihm gewesen, die 50 Pfund gezahlet hatte, befand er zu seinem Schaden, daß die Mittel und Wege, ehrliche Leute zu betrügen, unendlich zu sein pflegen.

Ein gewisser Welt-Mann in Leicester Fields hatte einen Papagei, dem er mehr Fluchen und Schelten als etwas Gutes lehrete; da begab sichs, daß Thomas Gerard sich um die Essenszeit zu Mittag in die Stube hineinschlich, woselbsten der Papagei in einem Käfig hing; indem er nun im Begriff ist, unterschiedliche Stücke Silbergeschirr von einem Kredenz-Tischchen hinwegzunehmen, hat der buntscheckige Schwätzer ein Auge auf ihn und fänget schrecklich an zu schreien: Du Spitzbube! du Spitzbube! daß dich der ...! lauf zu! zu! ein Dieb! ein Dieb! ein Spitzbube! Dieser Lärm machte den Dienern Beine, daß sie herbeiliefen, um zu sehen, weswegen der Papagei so fluche und schelte; da ertappten sie den saubern Vogel Gerard über seinem schönen Stück Arbeit und fanden ein halbes Dutzend silberne Löffel und auch so viele Gabeln von diesem Metall bei ihm; vor welche unerlaubte Griffe er in die Hand gebrandmalet wurde.

Er war der Trunkenheit sehr ergeben und besoff sich alle Tage so bestialisch, daß viele davorhielten, sein Vater müsse ihn trunkenerweise gezeuget haben; und ich glaube, daß seine Mutter voll gewesen, wie sie ihn zur Welt geboren. Wenn ihm der delikate Rebensaft in das Oberstübchen gestiegen war, so galt es ihm gleichviel, was vor gefährliche Entreprisen er sich unterfing und was vor Sachen ihm in die diebischen Klauen gerieten. Ja, er war nicht nüchtern, als er das letzte Mal in Gesellschaft mit einem andern in ein Haus einbrach und dasselbe bestahl, wie aus folgender Beschuldigung zu ersehen:

Thomas Gerard und Tobias Tanner werden beide angeklagt, daß sie des William Gardiners Wohnhaus zur Nachtzeit erbrochen und 8 Dutzend Paar Kastor-Strümpfe, so 10 Pfund wert, und 8 Pfund Zwirn, 20 Shilling wert, nebst andern kostbaren Sachen daraus hinweggestohlen haben, so geschehen vergangenen 10. August. Es erhellet, daß Kläger am besagten Datum um Mitternacht von der Wache aufgewecket worden, weil dieselbige sein Haus erbrochen und seine Güter gestohlen gefunden. Dieses den Gefangenen aufzubürden, saget John Audrey, eine mit darunter gegriffene

Person, aus, daß er selbsten nebenst den Gefangenen und noch einem, der noch nicht zum Verhaft gebracht ist, des Nachts um 12 Uhr durch die Mauer unter einem Fenster in des Klägers Laden eingebrochen und die Waren hinweggenommen, welche sie Matthew Bunch vor 3 Pfund 6 Shilling verkaufet und solches Geld in gleiche Teile unter sich geteilet hätten. Auf diese Bezeugung hin bekannte Gerard die Tat; weil aber der Beweis wider Tanner nicht stark genug war, wurde er losgelassen.

Aus diesem und andern Exempeln sind die guten Wirkungen der jüngsten Parlaments-Akte wider die Diebe in den seit der Zeit vielfältig gehaltenen Gerichtssitzungen augenscheinlich abzunehmen. Es hat dieselbe so viel zur Unterdrückung der meisten von der Diebs-Rotte beigetragen, daß die Vornehmsten darunter durch Aussage ihrer eigenen Komplizen verdientermaßen abgetan worden. Als sich dieser gottlose Mensch unter dem Kriminal-Gericht zu Newgate befand, wurde durch Vermittlung einiger von seinen Nachbarn und Gefreundten, welche seinetwegen nach Windsor reiseten, ein Aufschub vor ihn erwirket, welchen er anfangs unter dem Vorwand erhielt, damit er zum Vorteil unterschiedener von Ihrer Majestät Untertanen, die von Dieben unsäglich Schaden gelitten, noch viele dergleichen unrechtmäßige Praktiken aufdecken könnte. Nachdem aber die Zeit verflossen, worinnen er dieses Versprechen ins Werk setzen sollen, davon er nicht das geringste geleistet, wurde er vor sein voriges Gericht gefordert und nachgehends am Mittwoch, dem 24. August 1711, im 24. Jahr seines Alters zu Tyburn wohlverdienterweise hingerichtet.

Hierbei ist noch dies anzumerken: Sobald die Nachricht erscholl, der Karren, worauf er zu dem Galgen geführet wurde, ginge gleich vor seines Vaters Haustür vorbei, drang seiner Mutter diese Post von ihres Sohnes Unstern dergestalt durch die Seele, daß sie augenblicklich von Sinnen kam.

XV
Harman Strodtman, ein Mörder und Räuber

Folgende Nachricht ist dem Übeltäter am Tag bevor derselbe zu Tyburn hingerichtet wurde, welches am Mittwoch, dem 18. Juni 1701, geschah, aus seinem eigenen Munde nachgeschrieben worden:

Im Jahr 1683 oder ein wenig zuvor bin ich zu Reval in Livland geboren worden und hatte die Glückseligkeit, von einer guten Familie abzustammen; indem meine Eltern ein ziemliches Ansehen bei der Welt hatten und auch benebst fromme und gottselige Leute waren, welche meiner Auferziehung wegen große Sorgen vor mich trugen. Um das Jahr 1694 tat mich mein Vater nach Lübeck auf die Schule, woselbsten ich bis Michaelis 1698 verblieb. Von dannen begab ich mich nach Hamburg und verharrete allda, bis ich meine Reise nach England antreten konnte. Den 18. März folgenden Jahres gelangete ich zu London an und wurde nebst Peter Wolter, welcher mit mir nach England kam, zu Herrn

Stein und Herrn Dorien, zween Kaufleuten und Kompagnons in London, in die Lehre getan. Weil nun Peter Wolter und ich Reise-Gesellen gewesen und nunmehro auch Lehr-Gesellen waren, lebten wir einige Zeit sehr vertraulich und liebreich miteinander, bis um den letztvergangenen August, da seine Schwester Herrn Dorien, einen von unseren Prinzipalen, zur Ehe bekam. Alsdenn wurde er so hochmütig und herrschsüchtig, daß er mir sehr übel und auf eine ganz unerträgliche Weise mitspielte. Wir wurden zu unterschiedenen Malen miteinander uneins, und er prügelte mich zweimal gut ab: Einmal in Gegenwart der Hausmagd in der Küche und zu einer andern Zeit in der Schreibstube. Überdies beklagte er sich auch noch bei den Lehrherrn über mich, brachte ihnen allerhand Unwahrheiten vor und machte mich also bei denselbigen verhaßt; dahero sie mich sehr eingeschränkt hielten und diejenige Freiheit nicht mehr genießen ließen, die mein Lehr-Geselle und ich vorher selbsten hatten, daß wir bisweilen Ergötzlichkeiten halber ausgehen durften. In Betrachtung dessen fassete ich einen unaussöhnlichen Haß wider ihn, und der Teufel gab mir in das Herz, mich an ihm zu rächen, es möchte auch kosten, was es wollte.

Erstlich hatte ich im Sinne, solches durch Gift zu bewerkstelligen, und vermischete zu diesem Ende einiges Quecksilber mit einem gewissen weißen Pulver, welches er allewege in einem Glase in seiner Kammer hatte und gewohnt war, sehr oft davon eine Dosis wider den Skorbut zu nehmen. Weil es aber damals Winterszeit und ohngefähr Dezember oder Anfang Januar war, befand ich, daß er mit dem Gebrauch seines Pulvers nachgelassen; und hätte ich also lange warten müssen, bis ich von meinem Gift die Wirkungen sehen können, welches nicht eher geschehen wäre, bis die Zeit, da er das Pulver zu gebrauchen pflegte, wiederum herbeigekommen: Dannenhero gedachte ich, ihm auf eine andere Weise vom Brote zu helfen, und suchte Gelegenheit, ihn zu erstechen. Und als mich mein Herr am Karfreitag früh gewisser Angelegenheiten halber wegschickte, bekam ich daher Anlaß, nach Greenwich zu gehen; weil ich aber von dannen erst folgenden Donnerstag zurückkam, waren meine Herren deswegen so ungehalten auf mich, daß sie mir den Abschied gaben. Hierauf begab ich mich hinweg und schlug mein Logis in Moorfields auf. Und zween Tage hernach suchte ich mir ein ander Quartier im Bierhaus Zur Sonne in der Queen Street in London. Nun hatte ich einen Schlüssel zur Vordertür an meines Herrn Hause, welchen ich mir schon lange vor Weihnachten machen lassen, damit ich solchen zu meinem Privatgebrauch haben und ohne Wissen meiner Herren, sooft es mir beliebte, ein- und auskommen möchte. Endlich aber lehrete mich der Teufel einen anderen Gebrauch dieses Schlüssels: Denn ich kam vermittelst desselben an einem Sonnabend des Abends, ohngefähr ein Viertel nach acht Uhr, in meines Herrn Behausung, ging zwei Treppen hinauf, verfügte mich in ein leeres Gemach, so an Peter Wolters Schlafkammer anstieß, schloß mich da hinein und wurde in einer Weile hernach vom Schlaf überfallen. Nachdem ich um 12 Uhr wieder erwachte und verspürete, daß alles im ganzen Haus ruhig war, ging ich eine Treppe hinab in eine Stube, allwo ein Feuerzeug stand, und sobald ich ein Licht angeschlagen, verfügte ich mich hinein in die Schreibstube und nahm unterschiedene Obligationen und Wechselbriefe heraus, nebst einigem Geld dazu. Alsdann ging ich wiederum zwei Treppen hinauf und nahm so ein Stück Holz, womit man Tabak zu schlagen pfleget, welches ich in meiner Kammer fand, an mich. Sobald ich die Treppe hinauf war, sprang ich in des Peter Wolters Kammer hinein, und da ich zur Seite seines Bettes gelangete, zog ich den Vorhang hinweg und gab ihm mit meinem Tabaks-Schlegel vier bis fünf gewaltige Streiche vor den Kopf: Also geschah es, daß ich diesen armen Menschen aufs grausamste ermordete, den ich, weil ich zwei zu diesem bösen Ende scharf geladene und aufgezogene Pistolen mit mir genommen hatte, totzuschießen entschlossen war, wenn dieses fehlgeschlagen.

Als ich verspürete, daß Peter Wolter ganz tot sei, war ich her und durchsuchte seine Hosen und Schubkasten und nahm einen Wechsel von 20 Pfunden nebst einigem baren Gelde aus seinem Schubsacke heraus; welches Geld, nebst dem, so ich aus der Schreibstube genommen hatte, sich auf 8 bis 9 Pfund belief. Alsdann packte ich einige von seinen leinenen und wöllenen Kleidern in ein Bündel zusammen, ging eine Treppe damit hinunter und warf solche daselbsten zu einem Fenster hinüber in das nächste Haus, worinnen niemand wohnete. Hierauf ging ich die Treppe wieder hinan, und nachdem ich mein Licht entzweigeschnitten und beide Stücke angezündet hatte, setzte ich eins davon in den Tischkasten und das andere auf einen Stuhl zunächst bei den Vorhängen des Bettes mit dem Vorsatz, das Haus solchergestalt in Brand zu stecken, damit durch diese entsetzliche Tat die andern zweie vom Diebstahl und Mord, die ich durch Anreizung des Teufels so grausam ausgeübet, verborgen bleiben möchten. Alsdenn stieg ich durch ein Fenster aus dem Hause hinüber in dasjenige, wohin ich mein Bündel geworfen hatte; und indem ich allda bis um 5 Uhr des Morgens verweilte, begab ich mich mit meinem Bündel und was ich sonsten gestohlen hatte nach meinem Logis in der Queen Street, woselbsten ich reine Kleider anlegte und alsdann in die Schwedische Kirche in Trinity Lane ging.

Des folgenden Tages, so der andere Montag nach Ostern war, verfügte ich mich zu einem Goldschmied, den ich in der Lombard Street kannte, allwo ich meinen Herrn, den Stein, nebst noch einem andern antraf. Mein Herr fragte mich, ob ich willig mit zu ihm in seine Behausung gehen oder durch zween Häscher dahin geführet sein wollte? Dem antwortete ich, ich wollte gutwillig mitgehen. Nachdem man nun ein und die andere Frage wegen des in seinem Hause verübten Bubenstückes an mich gerichtet, ich aber alles unverschämt leugnete, suchte man mich aus und fand in meinem Schubsack einen Wechsel von 20 Pfunden, den ich aus des Ermordeten seinem genommen. Indem mich mein Herr alsdann fragte, wo ich mich aufhielte, und ich vorgab, zu Moorfields, verfügte er sich mit mir dahin; und als wir daselbst als meinem vorigen Logis anlangeten, vermeldeten ihm die Leute im Hause, daß ich nicht mehr allda wohnete. Als mein Herr sah, daß ich ihn nicht wollte wissen lassen, wo ich mich aufhielte oder wo ich die gestohlenen Sachen hingetan, versprach er mir, es sollte mir kein Leid geschehen, woferne ich alles freiwillig bekennen würde: Denn er wollte dahin bedacht sein, mich alsobald über das Meer zu senden. Hierauf schenkete ich ihm reinen Wein ein und erzählte ihm, indem wir also miteinander fortspaziereten, die ganze Beschaffenheit gutwillig, wo ich mich aufhielte und wo die gestohlenen Güter wären. Hierauf nahm er alsbald eine Kutsche und führete mich erstlich zu meinem Logis in der Queen Street, woselbsten er die Wechsel, Kleider, Geld und alles, was ich gestohlen hatte, wiederfand und mich hierauf zu Sir Humphrey Edwin führete, der auf seine Untersuchung und mein eigenes Geständnis, daß ich diese Übeltaten alle verübet, mich, und zwar mit allem Recht, nach Newgate bringen ließ. Wie ich mich daselbst während meiner Gefangenschaft bezeiget, muß ich andern zu beurteilen und zu erzählen überlassen.

Ich habe der Welt diese wahrhafte und unparteiische Nachricht von mir und meinen sündlichen Taten selbsten freiwillig geben wollen, auf daß alle Menschen, jung und alt, ein Beispiel an mir nehmen mögen; der ich mich zuvor nimmermehr träumen lassen, daß ich fähig sein sollte, dergleichen schändliche und erschreckliche Übeltaten auszuüben. Nun bin ich im Begriff, diese Welt auf ewig zu verlassen, ehe ich noch lange genug darinnen gelebet habe, dieweil ich erst 18 Jahr alt bin, und ehe jemand anders oder ich selbsten sich solches gedacht; aber durch die Gnade Gottes, so mir die Augen geöffnet und mich erleuchtet hat, bin ich zu der Erkenntnis und dem Verständnis eines Bessern gebracht worden. Lasset, sage ich, alle Menschen ein vor allemal durch meinen gefährlichen Fall gewarnet sein, daß sie auf allen ihren Wegen große Behutsamkeit anwenden, damit sie auf den Fallstricken des Satans nicht straucheln, wie ich getan habe, und vielleicht die göttliche Gnade und Beistand zu ihrer Bekehrung in keinem solchen Maße, wie ich sie empfangen, erhalten dürften; wofür ich meinen allmächtigen Schöpfer und grundgütigen Erlöser in alle Ewigkeit loben, preisen und anbeten will.

XVI
Nicholas Wells, ein Mörder und Räuber zu Fuß

Dieser merkwürdige Übeltäter, Nicholas Wells, war zu Penshurst in der Grafschaft Kent geboren, wohnete aber nachgehends mit seiner Großmutter zu East Grinstead; diese hielt ihm ein Pferd, mit welchem er von dannen nach London reisete und Waren kaufte und verkaufte, wodurch er zwei jüngere Schwestern zu ernähren pflegte. Er war seines Handwerks ein Fleischer und heiratete ein Weib in der Barnabas Street, mit welcher er statt eines Brautschatzes 120 Pfund bekam. Solange dieses Geld währete, welches nicht lange war, blieb er beständig bei seinem Weibe; nachdem er aber solches durch sein lüderliches Leben verschwendet hatte, lebten sie alsdenn wie verehlichte Standespersonen, sahen die Woche einmal einander, wenn es noch geschah, und vielleicht zufälligerweise; schliefen des Monats einmal beisammen und aßen des Jahrs einmal miteinander. Weil er nun durch seine Torheit in Armut und große Schulden geraten, mußte er, sein Leben zu erhalten, Holz nach Southwark zum Verkauf fahren; und als er eines Tages 3 Fuder Reisigholz zu eines gewissen Herrn Haus nach Lambeth brachte, hatte dieses Herrn Weib mit ihrer unvergleichlichen Schönheit einen solchen Einfluß auf sein unzüchtiges Gemüt, daß, indem er nicht weit von der Türe, wo die Frau stand, sein Wasser abschlug, sie ihn zu sich selbsten folgende Worte sagen hörte: Wenn mich diese schöne Dame einmal bei sich schlafen ließe, so schwör ich hoch und teuer, daß ich ihr meinen Wagen mitsamt den Pferden schenken wollte. Die Frau, welche auch keine der keuschesten war, rief ihn hinein in ihre Stube und verlangte zu wissen, was er gesaget, als er sein Wasser abgeschlagen, oder, woferne er nicht damit heraus wollte, so werde sie es ihrem Diener eröffnen und ihn weidlich abschmieren lassen. Unser neuer Fuhrmann schämte sich ein wenig, daß er die besagten Worte in ihrer Gegenwart wiederholen sollte; weil er aber befürchtete, es dürfte ihm übel mitgespielet werden, falls er den Befehlen der Dame kein Genügen leisten wollte, sagte er ihr sein sauberes Gelübde fein trocken und derb heraus. Die Dame, ihn bei seinen Worten haltend, führte ihn in ihr Schlafgemach, woselbsten er das Vergnügen, vor welches er seinen Wagen und Pferde verpfändet, zwar erhielt; als er aber in dieser Kurzweile keinen Unterschied zwischen ihr und seinem Weibe bemerkte, schwur er, sie wären einander alle gleich. In diesem Ton schlenderte er eine gute Weile vor der Haustüre herum: Denn heim zu seinem Herrn durfte er ohne Wagen und Pferde nicht kommen. Als aber endlich der Frau ihr Ehmann darüber nach Hause zur Mittagsmahlzeit kam und den Kerl schwören hörte, sie wären einander alle gleich, fragte er ihn: Was sind einander alle gleich? Die Reiser, versetzte der Fuhrmann. Der Herr fragte wiederum: Wieso denn? Worauf Nicholas also antwortete: Mein Herr, Sie vergeben mir! ich habe drei Ladungen Reisigholz, welche Sie mir abgekauft, hierher gebracht; weil nun Ihre Gattin nicht damit zufrieden war, daß die letztern Reiser nicht so groß sind als die erstern, hat sie ihren Dienern befohlen, meinen Wagen und Pferde in ihren Hof, wo Sie die Kutschen stehen haben, zu verschließen, und spricht, sie wolle solche behalten. O pfui, pfui, Madame! sagte der Herr zu seinem Weibe, das müsset Ihr nicht tun, der Wagen und die Pferde sind des armen Kerls nicht, sondern gehören seinem Herrn zu, dahero müsset Ihr mit diesem reden, wenn er Euch nicht recht bewahret hat. Die Frau lieferte hierauf alsbald den Wagen und die Pferde aus, steckte auch noch dazu dem Fuhrmann heimlich eine Guinea vor seine artige Ausrede in die Hand. Als aber Nicholas des folgenden Tages Kohlen zu eben dieser Madame Haus brachte, hinterließ er ihr sodann seinen Wagen und Pferde mitsamt der Ladung: Denn weil er eine Gelegenheit fand, in eine Hinterstube zu schleichen, wo ein Schrank offenstand, nahm er eine kostbare Taschenuhr, unterschiedliche Demantringe und 250 Guineas heraus und brachte solches alles glücklich hinweg, ohne jemalige Wiederkehr zu seinem Herrn.

Nicht lange nach diesem Schelmenstück begegnete er dem schönen Feilding, der über die Putney Heath ritt; diesem versetzte Nicholas, als er an ihn herankam, einen Streich, daß er vom Pferde herabstürzete, und indem er den Schlag verdoppelte, welcher ihn noch mehr betäubte als der erste, band er ihm Hände und Füße und plünderte ihm seine Taschen aus, worinnen er über 20 Guineas fand, welches ihn zu sagen veranlassete: O mächtiges Gold! Du bist gut vor die Herzens-Angst des Nachts, vor triefende Augen des Morgens und vor die Winde im Magen zu Mittag: In Wahrheit, du bist ein bewährtes Mittel vor alle Krankheiten, zu allen Zeiten, in allen Fällen und für alle Leibesbeschaffenheiten oder Temperamente! Indem aber Nicholas also über die fürtrefflichen Eigenschaften des Goldes philosophierte, kam der schöne Feilding ein wenig wieder zu sich selbsten und sagte: Du frecher Patron! Weißt du denn, an wem du diese Vermessenheit ausgeübet hast? Nein, das weiß ich nicht, erwiderte Nicholas, ich frag auch danach nichts, denn es ist besser, Ihr schreiet, als daß ich Hunger leide. Der Beraubete gegenredete nochmals: Ich bin der General Feilding, dem du diese Leichtfertigkeit teuer genug bezahlen sollst, wenn ich dich unter meine Klauen bekomme. Bist du, erwiderte Nicholas, der schöne Feilding? Ich habe von dir Narren längstens gehöret und glaube, du bist einer von denjenigen verliebten Fantasten, die man niemals ohne Verse und Lobreden auf ihre Mätressen antrifft und oft so starke Seufzer fahrenlassen, daß ihnen der Hosenknopf davon abspringet. Du bist ein Hund, den der blinde Cupido führet, und gebrauchest deine Arme so lüderlich, als ob sie dir zu nichts als zum Embrassieren gegeben wären. Deine Finger sind deine Redner; denn du führest vielmals handgreifliche Diskurse und vertanzest die Zeit mit einer, so du vor eine Hure verehrest, der du den Handschuh aufhebest und ihr ein Schnupftuch stiehlest unter dem Vorwand, solches zu ihrem Andenken zu behalten: Kurz, frei heraus gesagt, du bist aus einem Menschen in einen Narren verwandelt worden, deine Einbildung gründet sich auf den Spiegel der vergänglichen Wollust und bahnt sich selbst den Weg zu deinem eigenen Verderben. Hiermit überließ er den schönen Feilding seinem Verhängnis und nahm seinen Weg, so gut er konnte, nach Rosemary Lane, woselbsten er seinem Wirt und Wirtin mit seiner Beute eine große Freude verursachte, denn er traktierte sie, wie billig, im Überfluß, und sie ihn hinwiederum, dergestalt, daß niemals ein Dienstmann des Bösen in einem solchen Hause vor seine Schlechtigkeit stattlicher bewirtet worden.

Obwohl Nicholas Wells zwar ein verwegener Kerl war, der seinen Hals in dergleichen gefährlichen Entreprisen dransetzete, so besaß er doch keine rechtschaffene wahre Courage: Denn er kam sehr mit dem Naturell derjenigen überein, welche die Leute, so nicht fechten wollen, tapfer herausfordern, sobald aber sich ein beherzter Mann blicken lässet, das Hasenpanier ergreifen. Er ließ bei vielen Gelegenheiten sich anmerken, daß er so behutsam dranging, sich mit einem recht handfesten Kerl einzulassen, als ein kluger Mensch zu tun pfleget, der mit ihm anzubinden gedenket. Er war blutgierig, wo er den Vorteil hatte, jemandem verbrecherischerweise beizukommen, wie aus einer Begebenheit abzunehmen, die er wegen einer Weibsperson, Elizabeth Harman, sonst Elizabeth Toogood genannt, auf sich nahm, welche der Beutelschneiderei halber verurteilet wurde, weil sie einem Schlosser, Samuel Winfield, der neben der St. George's Church in Southwark wohnete, die Tasche ausgeleeret. Diese hatte eine solche unaussöhnliche Bosheit in sich, ehe sie gehangen wurde, daß sie sagte, sie wollte alsdenn gerne sterben, wenn sie nur erst das Blut ihres Verfolgers vergossen sähe. Indem sie nun ihre teuflische Neigung dem Nicholas Wells zu verstehen gibt, spricht er zu ihr: Elizabeth! nicht als ob ich mir etwas daraus machte, zwei Mordtaten zu begehen, sondern ich pflege nur nicht gerne zu arbeiten, bevor ich verhandelt habe: Was wollt Ihr mir erstlich geben? Und wem soll ich vom Brot helfen? Doch ich frage nichts danach, wer es ist, wenn Ihr mich nur befriediget. Alsdenn berichtete ihm diese leichtfertige Vettel, wo ihr Feind und Ankläger wohnete, und gab ihm drei Guineas, daß er ihn ermorden sollte; da nahm er seinen letzten Abschied in der Kapelle zu Newgate von ihr und ging noch selbigen Tages zu des Mr. Winfields Haus, unter dem Vorwand, ein Schloß zu bestellen, damit er den Mann, den er töten wollte, zu Gesicht bekäme. Des Abends gab er Achtung, als dieser hinwegging, und lauerte ihm auf, bis er wieder nach Hause kam, welches um Mitternacht geschah, und indem er an seine Tür anklopfet, schleichet der Meuchelmörder hinter ihm her und durchrennet ihn mit einem Stoßdegen, daß er auf der Stelle tot blieb. Der Täter kam auch nicht eher heraus, bis er diesen barbarischen Mord unter dem Galgen selbst bekannte.

Solange er diesem ruchlosen Lebenswandel nachhing, war er zugleich allen Arten der Unkeuschheit ergeben. Er kam sehr selten zu seinem Ehweibe, das er im geringsten nicht achtete; denn er pflegte öfters zu sagen, er ließe sich die Plage der Treue nicht quälen; ja, wie wenig Zuneigung er vor sein Weib hatte, kann aus dem folgenden Kontrakt zwischen ihm und William Maw, der nachgehends zu Tyburn gehangen wurde, klärlich abgenommen werden:

Wir Endesunterschriebene, William Maw, ein Tischler zu London, und Nicholas Wells aus Penshurst in der Grafschaft Kent, ein Fleischer, erklären hiermit, sintemal ein jeglicher unter uns beiden mit einem unnützen Hausrat belästiget ist, der erstere mit einer Dohle und der andere mit einem Weibe: Daß wir demnach zu beider Bequemlichkeit, aus unserm puren freien Willen, vor gut befunden haben, die Dohle vor das Weib und das

Weib vor die Dohle zu vertauschen, also und solchergestalt, daß wir uns einer gegen den andern alles Rechts, Eigentums und Anspruchs, so wir an besagtem Weib und Dohle haben, begeben, auch keiner dem andern fernere Beschwerlichkeit auferlegen und Ausflüchte hierinnen zu machen gedenken. Zum Zeugnis des einmütigen Konsenses und Zufriedenheit bei diesem Wechsel und Vergleich, haben wir uns beide eigenhändig unterschrieben und unsere gewöhnlichen Petschafte aufgedrückt. So geschehen zu Deptford, den 10. Mai 1710.

Besiegelt: William Maw
Besiegelt: Nicholas Wells

Diesemnach hielt sich das Weib zu dem Käufer, und ihr Mann folgete, ohne diesen getroffenen Tausch zu bereuen, seinem lüderlichen Wesen noch immer nach, bis er endlich wegen Beraubung eines Fleischers, James Wilmot, dem er ohnweit Epsom 30 Guineas, einiges Silber und eine silberne Taschenuhr genommen hatte, in das Marshalsea-Gefängnis in Southwark zum Verhaft gebracht und zu Kingston an der Themse im 28. Jahr seines Alters am Sonnabend, dem 28. März 1712, gehangen wurde. An welchem Tage auch zugleich ein Advokat namens Samuel Noble wegen des an John Sayer, einem Edelmann, verübten grausamen Mordes, die gebührende Strafe erleiden mußte.

XVII
John Withrington, ein Straßenräuber

Dieser John Withrington war der jüngste unter fünf Brüdern, welche alle auf dem Lande gehangen wurden bis auf ihn, der seinen Lohn zu Hyde Park Corner bekam. Er ward zu Dorsetshire von gar ehrlichen Eltern geboren und nach Shaftesbury in ebenderselben Grafschaft zu einem Gerber in die Lehre getan. Weil er aber von einem hochhinauswollenden Gemüte war und einen Ekel vor aller sauern Handarbeit hatte, entlief er seinem Meister, ehe er 3 Jahre von seiner Zeit ausgestanden, und ließ sich unter des Grafen von Oxford Regiment vor einen Reiter unterhalten. Nach Unterdrückung des Herzogs von Monmouth' Rebellion im Westen kamen die Truppen, worunter sich derselbige befand, nach London, woselbsten er bald Gelegenheit nahm, der Welt zu zeigen, daß es ihm an Mut und Tapferkeit nicht fehlete: Denn weil es sich begab, daß er zwei Schlägereien bekam, die erstere mit einem berühmten Fechter, die andere mit einem, der zwar ein großes Vermögen, danebst aber vor keinen Heller Courage besaß, erwies er bei dem einen so viel Bravour und Kaltblütigkeit, als er bei dem andern Kenntnis der Ehre und gute Auferziehung an den Tag legte. Gleichwie nun nichts ist, so einen Menschen bei vielen berühmter machet als ein Duell, insonderheit wenn es mit einem von Distinktion geschiehet und sowohl mit geziemender Bescheidenheit als standhafter Courage ausgeführet wird, also brachten ihm diese zwei Renkontres zuwege, daß Withrington binnen einem halben Jahr eine allgemeine Bekanntschaft unter den größten Raufbolden des Regimentes bekam und allenthalben nicht nur unter den Mannspersonen ästimieret, sondern auch von allen berüchtigtsten Huren in der Stadt ebenso geneigt aufgenommen wurde.

Es befand sich aber derselbe nicht ein Jahr unter der militärischen Disziplin, so wurde er, weil er seinen Hauptmann herausgefordert, vom Regiment verstoßen und fing an, einen allgemeinen Huren-Beschirmer und großen Spieler abzugeben. Weil er nun glücklich war, brachte er in kurzer Zeit eine ansehnliche Summe Geldes vor sich. Ungeachtet aber all dieses guten Glückes im Spiel zerrann seine Barschaft bald wieder, wie er sie gewonnen, bis er endlich erwog, ob er das Glück forcieren könnte, und fing mit großer Applikation an, einen Falschspieler, oder deutlicher zu reden, einen Spitzbuben abzugeben. Dieses Kunststückchen ging das erste Jahr vortrefflich vonstatten und brachte ihm ein gutes Auskommen zuwege, aber hernach geriet es allmählich in die Dekadenz: Denn wiewohl er sich niemals auf frischer Tat ertappen lassen, so zwiebelte er doch viele Spieler, daß ihnen die Augen übergingen: dahero unterschiedliche, so unter seinen Klauen gewesen, eine üble Meinung von ihm zu schöpfen begannen: Und es währete nicht lange, so war John Withrington in solchem üblen Ruf, daß alle, die ihn kannten, sich äußerst in acht nahmen, damit sie nicht weiter bei ihm in die Klopfe geraten möchten. Nun war kein Mittel mehr übrig für ihn, wodurch er seinen leeren Beutel hätte spicken können, als das Straßenrauben. Und als er zu diesem Ende wohlberitten war und nach Art solcher Schnapphähne auf den Straßen herumschweifete, traf er einen reichen Pachter an, dem er 40 Pfund hinwegnahm, welches den Pachter zu sagen veranlassete: Scheuet Ihr Euch nicht, einen öffentlichen Straßenraub zu begehen? Straßenraub zu begehen? replizierte Withrington, lasset es einen sein; rauben doch noch wohl heutzutage andere: Der Schneider stiehlet vor seines Kundmanns Augen; der Weber stiehlet, wenn er ein Stück Zeug durch Anfügung der Überbleibsel und Abgänge verlängert; der Wundarzt stiehlt durch Verzögerung der Kuren; der Apotheker stiehlt mit einem *Quid pro quo*, wenn er Mäusedreck vor Pfeffer, faules Holz vor Süßholz und verdorbene Ware vor köstliche und frische (ohne Rücksicht auf Alter, Temperament und Zustand des Patienten) verkaufet; der Kaufmann stiehlet, wenn er sein Geld in die Wechsel-Bank von England gibt; der Notar stiehlet mit seinem *et cetera* ganze Liegenschaften; der Gerichtsschreiber stiehlet, wenn er die Seele eines armen Mannes vor das Geld, so er von einem Strafwürdigen eines falschen Eides halber nimmet, verkaufet; der Würzkrämer stiehlet, wenn er falsches Gewicht gebrauchet oder Baumrinde vor Zimmet-Rinde weggibt; der Weinschenk stiehlet, wenn er den edlen Rebensaft notzüchtiget; der Metzger stiehlet, wenn er das Fleisch aufbläset und Dreck vor Speck in die Blutwürste füllet; der Gastwirt stiehlet, wenn er zu kleines Maß einführet; der Koch stiehlet, wenn er sein Gebratenes drei- bis viermal aufwärmet; der Bäcker stiehlet, wenn er mit dem Brot ohne Ursache aufschläget, und der Schuster stiehlet, wenn er das Leder so weit als sein Gewissen ausrekket, ausstrecket und ausdehnet. Weilen man demnach auch in andern Professionen mit Lügen und Betrügen umzugehen pfleget, also könnet Ihr mir es nicht verargen, wenn ich Euch dieses Bagatell abborge, welches ich Euch ehrlich bezahlen will, wann wir einander wieder begegnen. Immittelst fahret wohl!

Gleichwie es aber bei unrechtmäßig gewonnenem Gelde heißet: Wie du kömmst, so gehest du; also währete diese Beute auch nicht lange, und Withrington mußte sich nach einer andern umtun. Begegnete demnach dem Herrn Edward Clark, der Herzogin von Mazarin Kammerjunker, auf der Straße zwischen Chudleigh und Ashburton in Devonshire, und grüßete ihn mit seinen gewöhnlichen haarsträubenden Worten: Hund! stehe, und gib her! Als ihm aber Monsieur

Clark einigen Widerstand tat, also, daß sie Feuer aufeinander gaben, fiel bei dem Renkontre dem Withrington die Maske vom Angesicht, da denn sein Gegner seine Person erkannte und sich vernehmen ließ: John! weil wir vormals gute Bekannte gewesen sind, hoffe ich, Ihr werdet mich nicht berauben. Withringtons Gegenrede war: Es hilft nichts davor, ich muß es tun: Denn gleichwie Euch Euer Geld nicht so sauer zu verdienen wird, als mir das Meinige, der ich mein Leben deswegen dran wagen muß, da Ihr hingegen jährlich so viel habt nebst gutem Essen und Trinken, wovor Ihr nichts zu tun brauchet als bloß Bericht abstatten, was dieser oder jener Dame Zahn machet; ob diese Milch hat und wie dem Arzt der andern ihr Wasser gefallen; wie dieser Madame Gemahl und der andern ihr Hund die letzte Nacht geschlafen hat; was dieses Kind, jene Meerkatze, dieselbe Säugamme, dort jener Papagei machet und andere dergleichen Lumpereien mehr. Hiermit nahm er dem Monsieur Clark 8 Guineas und ließ ihn laufen.

Ehe ein halbes Jahr verging, waren seine Raubereien durch ganz England so bekannt, daß man an den meisten Orten von wenig sonsten als von ihm reden hörte. Indem er aber dieser übeln Lebensart noch nachhing, verliebte er sich in eine reiche Witwe, welche den Gasthof Zum Schwan in der Wein-Straße in der Stadt Bristol besaß; diese Mariage zu beschleunigen, hatte er eine alte Gelegenheitsmacherin, seiner Liebsten vertraute Freundin, bestochen, welche eine Zunge hatte, die eine Heilige bezaubern, Felsen bewegen, Diamanten zerschmelzen und die grausamste Jungfrau im ganzen Lande so kirre machen können als eine junge Witwe, der durch die Tändeleien eines alten Mannes das Fleisch und Blut aufgewecket worden. Durch diese mit Weiberfleisch handelnde Trödlerin wurde die Sache so weit gebracht, daß Withrington unfehlbar Herr über das Haus worden, woferne ihn nicht ohngefähr ein gewisser Herr daselbst gesehen, welcher seiner Liebsten zu wissen tat, daß ihr Bräutigam ein Straßenräuber wäre. Hierdurch wurde ihre Liebe alsbald in einen Haß verwandelt, und die alte Wettermacherin, seine Kupplerin, konnte die Sache keinesweges zustandebringen: Obschon in Betrachtung der Rezepte wider die Rückgrat-Krankheit, vor das Auswachsen der kleinen Kinder, in Betrachtung der wohlriechenden Dinge und Salben vor das Angesicht und den Leib, in Betrachtung kräftiger Bäder, in Betrachtung der Wiederbringung der verlornen Jungfernschaft und wie die Kunststückchen aus der Rocken-Philosophie alle heißen, ihresgleichen nicht zu finden war. Diese krebsgängige Liebes-Aventüre veranlassete Withrington öfters, zu einem seiner vertrauten Brüder, welcher ihn fragte, warum er seine Mätresse während der Zeit seiner Freite nicht beraubet hätte?, zu sagen. Ihr dürft Euch nicht verwundern, warum ich, der ich ein Schelm in der Haut war, mich als einen ehrlichen Menschen aufgeführet, als ich sie leichtlich um all das Ihrige bringen können. Ich vermeinte, durch Ehlichung der alten Runkunkel Herr über alles miteinander zu werden, welche nach dem Lauf der Natur in kurzem ihren Zähnen, die schon über dreißig Jahr voranmarschieret, wird nachfolgen müssen.

Indem nun Withrington solchergestalt wiederum nur vor sich alleine zu sorgen hatte, begegnete ihm nebst noch einem von seiner Brüderschaft Mr. Thompson, ein Schneider, an einem zum Plündern sehr bequemen Ort in Hertfordshire; da setzten sie auf ihn los und nahmen ihm 30 Pfund in Silber hinweg; alsdenn zogen sie ihn vom Pferd herab und geboten ihm, an einer Stelle zu stehen, dieweil sie ihm alsbald noch mehr Gesellschaft bringen wollten. Indem sie aber hinweg sind und sich nach einer andern Beute umsehen, schwinget sich der Schneider auf sein Pferd und ritt spornstreichs auf und davon. Weil aber die Straßenräuber seine Flucht auf einem etwas hügligen Gelände gewahr wurden, holeten sie ihn bald wiederum zurück; und als sie ihn um die Ursache seiner der gegebenen Order zuwiderlaufenden Entwischung frageten, ließ er sich vernehmen, er habe befürchtet, sie möchten ihn töten. Inzwischen gerieten sie auf die Gedanken, er werde vielleicht mehr Geld bei sich haben, durchsuchten ihn demnach vom Kopf bis zun Füßen, er mochte unterdessen beteuern wie er wollte, daß er keinen Heller mehr bei sich gehabt, als was sie ihm allbereit entwendet hätten. Als sie aber endlich 40 Guineas in das Futter seiner Weste eingenähet fanden, sagte John Withrington: Ja, wir leben wohl

Am Schandpfahl

in einer gottlosen und leichtfertigen Welt, da kein Christ dem andern etwas glauben darf. Und indem er also dem Schneider das Gold hinwegnahm, schoß er sein Pferd über den Haufen, damit er sich das Wegreiten oder Nachreiten mußte vergehen lassen.

Zu einer andern Zeit begegnete Withrington einem gewissen Herrn nebst seinem Weibe auf der Straße zwischen St. Albans und Dunstable und bat dieselben sehr demütig um eine Ritter-Zehrung; als sie aber sein Verlangen nicht alsbald erfüllen wollten, schoß er das Pferd, auf welchem sie alle beide ritten, über den Haufen, hoch beteuernd, daß, weil jener ihm sein Geld abgeschlagen, er ihm sein Weib nehmen wollte. Also führete er sie mit Gewalt in einen anliegenden Wald hinein und schändete sie; alsdenn stellte er sie ihrem Mann wieder zu, dem er 11 bis 12 Guineas hinwegnahm und zugleich sagte: Dieses ist nur vor meine Mühe, denn ich bin nicht schuldig, diese saure Arbeit umsonst vor Euch zu verrichten.

Nach diesem kühnen Geld- und Ehren-Raub begegnete der vermessene Bösewicht einem Edelmann auf der Hounslow Heath, dem er nach einem kurzen Wortwechsel mit ihm und zween Lakaien ein Felleisen, worinnen 280 Guineas, 60 Pfund und ein Päckchen kostbarer Kleider und Wäsche war, hinwegnahm: Dahero wurden Steckbriefe nach ihm ausgesendet, die ihn zu Malmesbury in Wiltshire zum Verhaft brachten, von wannen er nach London geführet; und nachdem er eine Weile zu Newgate gefangen gelegen, dieser Tat halber zum Tode verurteilet wurde. Derweil er sich unter der Verdammnis befand, ließ er sich seiner fatalen Umstände wegen im geringsten keine grauen Haare wachsen: Ja, was noch merkwürdiger ist, befahl er, als er den Holborn Hill hinanfuhr, man sollte mit dem Wagen anhalten; alsdann sprach er zu dem abgeordneten Amtmann, so die Übeltäter zur Hinrichtungsstätte begleitet: Mein Herr, wenn wir noch ein wenig hinkommen, so gelangen wir zu dem Gasthof Zu den Drei Bechern, da bin ich noch etwas weniges schuldig, befürchte demnach, man wird mich, wenn wir vor der Tür vorbeifahren, arretieren lassen: Derohalben werde ich dem Herrn Amtmann verbunden leben, wenn er so gut sein und mich die Cobblers' Lane hinabführen und die Drury Lane an den Ort, wo ich hinsoll, wieder heraufbringen lassen will. Als ihm nun der abgeordnete Beamte hierauf vermeldete, daß, wofern ihm ein solcher Unstern aufstoßen sollte, er vor ihn gutsagen wollte, fuhr John, der sich nicht versehen, einen so getreuen Freund zur Zeit der Not anzutreffen, sehr vergnügt folgends nach Tyburn zu, woselbsten er an einem Mittwoch, so der erste April im Jahre 1691 war, am Galgen ersticken mußte.

XVIII
Thomas Wilmot, ein Mörder und Straßenräuber

Dieser unglückselige Mensch, Thomas Wilmot, war der älteste Sohn des John Wilmot, eines Edelmanns in der Grafschaft Suffolk, woselbsten er zu Ipswich, einem berühmten Seehafen, geboren wurde. Als sein Vater starb, hinterließ er ihm ein Vermögen von 600 Pfund *per annum*, welches er durch Herzen und Scherzen mit lüderlichen Metzen gar bald wußte zu verscherzen; wiewohl er in seinen Liebes-Aventüren, gleich so manchen Maulhelden, sehr unglücklich war: Denn ob er gleich sein väterliches Erbteil an rechte allgemeine Huren gewendet hatte, daß er zuletzt großen Mangel leiden mußte, so war doch keine solche leichte Schwester vorhanden, so ihm seine Treuherzigkeit mit Liebe und Gütigkeit zu vergelten gesuchet.

Ehe wir fortfahren, seine reifern Jahre zu beobachten, wollen wir erstlich ein klein wenig stillestehen und anmerken, daß, als er mit Hilfe der Hebamme durch die enge Passage der natürlichen Geburt hervor in diese Welt gekrochen kam, er wider die gewöhnliche Beschaffenheit anderer Kinder ziemlich langes Haar auf seinem Kopf hatte; und als ihn eine von den Weibchen an die Brust legte und sich keiner Gefahr versah, vermeinten die andern, sie werde auch von Geburtswehen überfallen und spitzten sich schon von neuem auf eine weitere Kindtaufe: Denn sie schrie auf eine recht jämmerliche Weise und würde ihn von ihren Armen hinweggeworfen haben, wenn er nicht, gleich einem jungen Wolf, mit den Zähnen so fest an ihrer Warze gehangen und verursachet, daß ein blutiger Bach zwischen den zitternden und brennenden Schneegebirgen herabgeflossen; welches gleichsam vorher verkündigte, was vor ein blutiges Stück Arbeit er dermalen in der Welt machen werde. Sie wurde endlich mit großer Mühe und durch Vermittelung der Ammen von ihm befreiet. Da wunderten sich alle, wie sie sahen, daß dieser junge Frischling schon so lange und scharfe Fang-Zähne im Maule hatte. Wannenhero ein großes Geschnatter und Getatter in diesem hochlöblichen Weiber-Kollegium entstand. Eine jedwede ließ sich angelegen sein, je nachdem sie ihre Einbildung und Rocken-Philosophie leitete, zu erraten, was doch diese ungewöhnlichen Omina oder Vorboten prophezeien und anzeigen möchten: Die Prognose der meisten lief endlich dahinaus, daß er ein grausames und tyrannisches Gemüt bekommen werde. Und dieses wurde mehr als zu wahr gemacht, als er hernachmals eine ganze Familie, wie aus seiner folgenden Lebensbeschreibung erhellen soll, auf eine höchstbarbarische und jämmerliche Weise ermordete.

Er konnte die französische, deutsche, spanische und italienische Sprache ziemlich reden und schreiben. Nachdem er aber, als ein Neuling in Cupidos Schule, so häufiges Lehrgeld gegeben, daß er sich dadurch in das äußerste Verderben gestürzet, sah er keinen anständigen Weg mehr vor sich als denjenigen, so von den Landstraßen nach dem Galgen zu gehet. In diesen kühnen Entreprisen war seine Vermessenheit so groß, daß er bisweilen ganz alleine zwei bis drei Passagiere auf einmal anfallen durfte. Einsmals begegnete ihm ein gewisser Herr zwischen Chelmsford und Colchester, den begrüßete er mit seinem verhaßten Kompliment, stehe, und gib Geld her! Die auf der Landstraße attackierte Person bestand gänzlich darauf, sie hätte kein Geld bei sich, aber Thomas, dieser Versicherung nicht glaubend, durchsuchte ihm die Hosen; und weil er nichts, so des Nehmens wert gewesen, darinnen fand, nahm er ihm seinen Rock, welcher sehr wohl erhalten war; und indem er seines Weges also fortreitet, höret er etwas in den Taschen klingen, griff demnach hinein und suchete, da fand er eine stählerne Tabaksdose, worinnen 18 Guineas und eine Krone war.

Zu einer andern Zeit lag er inkognito in einem Dikkicht zwischen Darking in Surrey und Petworth in Sussex verborgen, da kamen drei Weibsbilder auf der

Straße einhergeritten, auf die er ohnversehens losging und ihnen ihr Geld abforderte, welches er auch, und zwar über 8 Pfund, erhielt. Weil aber eine darunter einen Demantring anstecken hatte, den sie nicht wohl vom Finger herabkriegen konnte, war seine Grausamkeit so groß, daß er ihr dieses Glied mit einem Messer abschnitt; schwur auch zugleich, daß, gleichwie er durch allzu übermäßige Liebe und Treuherzigkeit gegen ihr Geschlecht dahin gebracht worden, daß er sich vom Rauben erhalten müßte; also sei er fest entschlossen, keiner einzigen Weibs-Person in allen seinen Raubereien die geringste Barmherzigkeit zu erweisen.

Man fand schwerlich eine Landkutsche im ganzen westlichen England, die vor diesem Schnapphahn sicher passieren können, bis er in diesen Teilen so bekannt wurde, daß er sich genötiget sah, gegen Norden zu fliehen, woselbsten er unterschiedene Straßenräuber in seine Gesellschaft aufnahm, welche ihn zu ihrem Obristen erwählten und sich folgende Gebote zu beobachten verpflichten mußten:

I. Ich, Endesunterfertigter, schwöre bei dem Haupt und der Seele unsers Hauptmanns, daß ich allen seinen Befehlen gehorsam sein will.

II. Daß ich meinen Kompagnons in allen ihren Vorhaben und Unternehmungen getreu sein will.

III. Daß ich bei solchen Zusammenkünften, die der Hauptmann hier oder an andern Orten bestimmen wird, mich allezeit will gegenwärtig finden lassen, es müßte mir denn selbiger das Gegenteil erlaubet haben.

IV. Daß ich zu allen Stunden, bei Tag und Nacht, auf Berufung oder Anzeigung, mich bereitwillig finden lassen werde.

V. Daß ich meine Kameraden niemals in irgendeiner Gefahr verlassen, sondern bis auf den letzten Blutstropfen bei ihnen aus halten will.

VI. Daß ich niemals vor einer gleichen Anzahl meiner Gegner fliehen, sondern lieber tapfer fechten und tot auf der Walstatt bleiben will.

VII. Daß wir einer dem andern, er mag gefangen, krank oder in einer andern Notlage sein, hilfreiche und beförderliche Hand bieten wollen.

VIII. Daß ich niemals einen von meiner Kameraden Körpern, wenn ich solchen davonbringen kann, verwundet oder tot hinter mir lassen und in der Feinde Hände zu geraten verstatten will.

IX. Daß, wenn ich gefangen werden sollte, ich nichts bekennen, vielweniger den Aufenthalt und die Läger meiner Bundes-Genossen, wenn es mich auch mein Leben kostete, entdecken oder verraten will.

Und woferne ich diesen Eid breche oder das geringste Stück davon nicht beachte, so sollen mich auch die größesten Plagen, ja, die grausamsten Strafen in dieser und jener Welt überfallen und betreffen.

Nachdem also Thomas Wilmot einen rechten Abscheu an allen Arten der Tugend und Ehrbarkeit hatte, suchte er in Ausübung der greulichsten Bubenstücke gleichsam seinen Stolz. Und als er eines Tages der Lincolner Landkutsche begegnete, worinnen keine andere als des Herrn Blood, welcher die Krone aus dem Tower gestohlen, sein Weib saß, so er gar wohl kannte, erkühnete er sich, auf sie loszugehen und ihr Geld zu begehren. Sie ersuchte ihn, höflich zu sein, da er doch wohl viel zu generös wäre, als daß er einem schwachen Weibsbild etwas zuleide tun sollte; alleine er versetzte: Gleichwie die Falschheit jener zweibeinigen Tierchen, so Zöpfe tragen, die Ursache meines Unglückes und der einzige widrige Wind gewesen, wodurch meine Glückseligkeit Schiffbruch erlitten, Ihr aber eine von diesem meineidigen Geschlechte seid; also habt Ihr Euch keiner Gefälligkeit von mir zu versehen. Derohalben gebt nur geschwinde her, was Ihr habt, oder, Madame Blood! Ihr werdet in der Tat Blut lassen müssen. Madame Blood, aus allen Umständen sehend, daß entweder der Beute. oder der Leib bluten müßte, erwählte das erstere und bot ihm eine halbe Krone dar, welche er aber abschlug, sagend: Ihr garstige Betze! So wenig Euer Mann mit einer halben Krone zufrieden war, als er den König beraubete, ebensowenig will ich mich von Euch mit einer solchen halben Krone abweisen und abspeisen lassen! Also visitierte er sie und fand 15 Guineas nebst einem silbernen Fingerhut bei ihr, womit er auf und davon ritt, neue Aventüren aufzusuchen.

Kurz nach dieser Amts-Verrichtung begegnete er auf der Straße zwischen Abingdon und Oxford dem berühmten Diebs-, Huren- und Kuppler-Advokaten Molloy, dem er ohne Konsultation drei Pfund und noch darüber hinwegnahm und sein Pferd dazu unter dem Leibe niederschoß, damit er ihm nicht vielleicht nachsetzen möchte.

Als er einsmals einen großen Straßenraub auf der Newmarket Heath begangen hatte und deswegen auf dem Fuß verfolget wurde, ritt er, die Kaptur zu vermeiden, nach Chester, woselbsten er die Beute von seinem letzten Triumph verzehrete und sich bald wieder in einem nackenden Zustand befand, zumal nicht nur seine besten Kleider, sondern auch sein Pferd hinweg war. Indem er nun wirklich in großer Armut im Lande herumzog, näherte er sich eines Abends einem feinen alten Haus in Shropshire, von wannen seine Ohren von ferne mit Musik und lustigem Gesange begrüßet wurden, welches ihm Hoffnung auf gute Bewirtung machte. Er ging demnach getrost darauf zu, und als er vor die Tür gelanget, fragete er, ob der Herr des Hauses vorhanden wäre? Weil nun dieser, der nicht weit von ihm war, solches hörte und ihn fragte, was sein Begehr wäre, ließ er sich vernehmen, er sei ein Fremdling in dieser Gegend und von allen Freunden und Gelde entblößet, wollte ihn demnach höchlich gebeten haben, ihm eine Nacht-Herberge in seinem Logement zu verstatten. Der Hausherr antwortete ihm sehr höflich und sagte: Es wäre ihm leid, daß er ihm nicht willfahren könnte: Denn weil er das jährige Andenken seines Hochzeitstages beginge, hätte er unterschiedliche gute Freunde bei sich, davon die meisten wohl über Nacht bei ihm bleiben dürften. Thomas ließ sich diese abschlägige Antwort keineswegges abschrecken, sondern fing immer inständiger zu bitten an. Der Hausherr, sehend, daß er ein schlimmer Patron sei, vermeldete ihm, er habe zwar ein lediges Gemach, worinnen aber niemand liegen wollte; solches stünde zu seinen Diensten, er befürchtete indes, falls er solches annähme, es dürfte ihm vielleicht ein Unglück begegnen, sintemal dasselbe zur Nachtzeit von einem Gespenst besuchet werde, seitdem sich seines Großvaters Barbier aus Liebe zu einem spröden Kammermädchen die Kehle darinnen abgeschnitten: Der Poltergeist erschiene zu gewöhnlichen Zeiten mit einem Schermesser in der einen und mit einem Becken und Licht in der andern Hand, mit einer gräßlichen Stimme schreiend: Wollt ihr geschoren sein? Und einige, mit denen wir es gewaget, sie ohne ihr Wissen hinein zu legen, hat er, wenn sie sich von ihm nicht haben wollen scheren lassen, zum Bette hinausgeschmissen und schrecklich beschädiget. Thomas Wilmot hörte dieser Erzählung überaus aufmerksam zu, weil er aber hierinnen allezeit ein ungläubiger Thomas gewesen und des festen Dafürhaltens, daß die Erzählungen von Erscheinungen nichts als lauter pure Betrügereien und Fantasien feiger verzagter Memmen oder melancholischer und hintersinniger Leute wären, ließ er sich mit großen Versicherungen gegen den Herrn verlauten, daß, wenn er es ihm vergönnete, er sein Anerbieten akzeptieren wollte; denn ungeachtet seiner schrecklichen Erzählung fürchtete er sich nicht davor, sondern habe eine Kunst gelernet, wodurch er dergleichen arme verunruhigte Geister zur Ruhe bringen könnte, daß sie sich wiederum zu den Schatten der unterirdischen Höllen verfügen und die Leute auf der Welt ungeplagt lassen müßten. Der Hausherr schien darauf einzugehen und invitierte ihn mit hinein, ließ ihn auch, nachdem er ein wenig mit ihm geredet und gefraget, von wannen er käme und wo er hingedächte, hinein in die Stube kommen und sich mit den andern Gästen lustig machen. Über der Abendmahlzeit erzählte er ihnen, zu welchem Ende er sich allda eingefunden und was er sich unterfangen wollte. Sie wunderten sich alle über des Kerls Verwegenheit, einige suchten ihn davon, als einer höchst vermessenen und gefährlichen Sache, abzuhalten; andere hingegen lachten ins Fäustchen hinein, wenn sie erwogen, was sie des folgenden Morgens über den Bericht von diesem Abenteuer vor Kurzweil haben wollten. Alleine sie fanden, wie es dazu kam, schlechte Ursache zu lachen: Denn als die Abendmahlzeit zu Ende war, verfügten sie sich alle in einen großen altväterischen Saal und wandten sich Karten- und Brettspielen zu. Wie Thomas sah, daß es so zuging, kam ihm ein lustiger Einfall in den Kopf; er entfernte sich und ersuchte einen von den Dienern, ihm, weil er sehr müde von der Reise, sein bestimmtes Logement anzuweisen. Der Hausknecht gab ihm ein Licht, und ungeachtet er sonst kein feiger Kerl war, wagte er sich doch nicht weiter als bis die Treppe hinauf, allwo er ihm eine angenehme Ruhe wünschte und ein wenig stehenblieb, um zu hören, ob etwas passierte, bald aber seines Weges ging. Thomas schloß die Tür zu und erwartete den erschrecklichen Poltergeist; es wollte sich aber keiner einstellen und ihm Gesellschaft leisten. Damit es demnach im Hauswesen nicht an ihm fehlen möchte, entschloß er sich, solchen vorstellig zu machen. Hiermit rieb er sein Angesicht über und über mit dem weißen Kalk von der Mauer, um das Gespenst desto besser vorstellen zu können; hernach band er mit einem seiner Kniebänder einen Knoten in ein Bettuch, daß er es gleich einem Grab- oder Leichentuch über seinen Kopf bringen konnte; alsdann zog er es über sein Hemde und ließ seine Kleider in aller Ehrbarkeit auf dem Bette liegen, damit er nach gespielter Komödie alsbald wieder hineinfahren könne. Ein Schermesser hatte er in der Tasche, und um dem Scheusal ein desto erschrecklicheres Ansehen zu geben, schnitt er sich in den Finger und machte es voll Blut: Weil es ihm aber an einem Becken fehlte, beschloß er endlich, der zinnerne Kammer-Topf möchte bei Licht und in der Furcht desselben Stelle vertreten. In dieser Positur verharrete er, bis er aus dem Getümmel und Geklinge des Geldes verspürte, daß ihnen der Wein in die Köpfe gestiegen wäre;

alsdenn schlich er sachte die Treppe hinunter und trat in eben derselben Positur, nach welcher ihm das Gespenst beschrieben worden war, zur Tür hinein. Er fand sie so beschäftiget über dem Spielen, daß er fast bis zu ihren Rücken gelanget war, als einer von den aufwartenden Dienern in die Höhe sah und vor Schrecken etliche Schritte zurückprallete und ausrief: O! der Geist, der Geist! Worauf er, spornstreichs zur Tür hinauslaufend, der Länge nach über die Schwelle hinwegfiel. Wilmot, der eingefleischte Teufel, seinen Nacht-Scherbel und blutiges Schermesser zeigend, verfolgte ihn und schrie mit gräßlicher Stimme: Wollt ihr geschoren sein? Hiermit fuhren sie alle auf, ihr Geld auf dem Tische alles im Stich lassend, und purzelten vor Eile immer einer über den andern hinweg, als ob der Teufel den hintersten hinwegholen wollen; und glückselig war derjenige, welcher auf einen andern treten konnte, damit er nur vor ihm hinabkommen mochte. Das Schreckbild verfolgte sie gleichfalls mit vorigen fürchterlichen Worten, bis es den Saal und alle anliegenden Gemächer so leer gemacht, daß keine Seele mehr darinnen zu sehen war. Einige hatten sich in den Keller verkrochen, andere in Ställe, und andere in die Hintergebäude. An diesen Orten stellten die furchtsamen Gedanken manchem solche entsetzlichen Dinge vor, als ob sie sich in einem verzauberten Kastell befunden hätten, bis der Tag anbrach und die Schreckbilder der nächtlichen Fantasien verbannete. Thomas kehrte hernach zu der verlassenen

Beute zurück, fütterte seine Schubsäcke vortrefflich aus, schlich sich so mählich, als er konnte, zu Bette und löschete das Licht aus. Als den folgenden Morgen Thomas die Treppe herabkam, stattete er einen entsetzlichen Bericht ab, wie bei der ersten Verweigerung, sich von dem Gespenst scheren zu lassen, ihm solches die Kehle abschneiden wollen, er habe sich aber so tapfer gewehret und seine Hände vorgeschlagen, daß es ihm nur ein wenig den Finger verletzet habe; und nachdem es solches getan gehabt, wie sie sähen, sei es von ihm hinweg und seines Bedünkens die Treppe hinunter gegangen, bald aber in eben derselbigen Positur wiederum zurückgekommen, da es denn mit etwas, so es in den Händen gehabt, ein Getöse wie mit Ketten gemachet. Daß dich dieser und jener! sagte einer darunter, eine verfluchte Kröte von einem Gespenst! Unser Geld vom Tische hinwegzustehlen! Ich habe öfters gehöret, daß dergleichen Geister andern verborgene Schätze entdecket, niemals aber, daß sie gestohlen hätten. Es kann sein, sagte der Hauswirt lächelnd, daß irgendein oder der andere von euern Vätern ihm in seinem Leben etwas vor das Bartputzen schuldig geblieben, welches er bei dieser Gelegenheit von euch einfordern wollen. Hierüber fingen sie alle an zu lachen, und nachdem Thomas ein gutes Frühstück mit ihnen eingenommen, nahm er seinen Abschied und verfügte sich, nach angeschafftem Handwerksgerät, alsbald wieder auf die Landstraßen.

Weil er aber kurz nach diesem Abenteuer eine große Rauberei an einem Edelmann beging, welcher ihm aufs schärfste nachstellete, floh er nach Schweizerland, woselbsten er zur Nachtzeit in ein Haus einbrach, den Hauswirt, sein Weib, drei Kinder und eine Magd ermordete; um welcher entsetzlichen Mordtat willen er daselbst zwei Personen mit seinen eigenen Augen unschuldig hinrichten sah: War auch über dieser unmenschlichen Tragödie im geringsten in seinem Gewissen nicht verunruhiget, sondern kam wieder über nach England und setzte seine verruchte Lebensart noch immer fort, indem er den Herzog von Buckingham in Northamptonshire beraubte und ihm über 200 Guineas hinwegnahm. Weswegen er in kurzer Zeit darauf ergriffen, verurteilet und zu Northampton am Sonnabend, dem 30. April 1670, im 38. Jahr seines Alters gehangen wurde.

XIX
John Bird, ein Mörder und Straßenräuber

Dieser leichtfertige Vogel war von gar ehrlichen Eltern geboren zu Stamford in Lincolnshire; von welchen er, nachdem sie ihn zur Schule gehalten, bis er lesen, schreiben und rechnen gelernet, zu einem Vetter, der ein Bäkker war und zu Godmanchester, so an Huntingdon anstößet, in Huntingdonshire wohnete, in die Lehre getan wurde. Er entlief aber von seinem Meister, ehe er noch drei Jahr bei ihm ausgestanden, und kam nach London, wo er in das erste Regiment der Garde-Infanterie eintrat, und befand sich bei der Belagerung von Maastricht unter dem Kommando des Herzogs von Monmouth, der damals in den Niederlanden General über die englischen Truppen war.

Weil nun hier, wie es bei gemeinen Soldaten herzugehen pfleget, welche pro Tag 5 Penny bekommen und die Menschen davor totschlagen, bei unserm John Bird der Schmalhans Koch war, ging er, nach gemeiner Art zu reden, von seinem Regiment durch. Und da er zu Amsterdam aus einem Magazin ein Stück seidenes Zeug stehlen wollte, wurde er über der Tat ergriffen und vor einen hochlöblichen Stadtrichter geführet: Welcher Kläger und Beklagten verhörte und den John zum Zuchthaus verdammete, woselbsten er Brasilienholz raspeln und andere blutsaure Arbeit verrichten mußte. Weil er nun der Arbeit nicht gewohnt war, wollte ihm das Raspeln gar nicht schmecken, und wurde wie ein Schatten darüber; es half ihm aber dieses nichts: Denn sein Zuchtmeister legte es ihm vor eine halsstarrige Faulheit aus und zwang ihn zu der Zisterne als einer noch härteren Strafe; allda wurde er mit einer Kette am Fuß hinab auf den Grund gelassen, wenn er trocken war, und hernach wurden unterschiedene Eimer Wasser hineingeschüttet, welche er, sein Leben zu erhalten, hurtig auspumpen mußte: Denn weil die Zisterne um ein gut Teil höher als sein Kopf war, hätte er, wenn das Wasser überhandgenommen, ohne alles Erbarmen und Nachsehen seiner grausamen Kerkermeister ohnfehlbar ersaufen müssen.

Wie die Zeit seiner Bestrafung vorbei war, kam er wieder herüber nach England, allwo er den Schluß fassete, sein Heil auf den Landstraßen zu suchen. Indem er nun also bei St. Edmundsbury in Suffolk ein Pferd stahl und im übrigen zu dergleichen Entreprisen ausgerüstet war, sintemal er ein Dutzend gute Pistolen und einen blanken Degen an der Seite hatte, war er in drei bis vier Raubereien überaus glücklich. Als er aber endlich auf der Straße zwischen Gravesend und Chatham einem Lotsen von Dover namens Joseph Pinnis begegnete, welcher 10 bis 12 Pfund bekommen hatte, um ein deutsches Schiff nach London zu bringen; gebot er ihm, anzuhalten und Geld herzugeben. Der Lotse, welcher in einer Seeschlacht beide Hände verloren, sich solchergestalt attackieret sehend, sprach: Ihr sehet, mein Herr, daß ich keine Hände habe und demnach nicht fähig bin, mein Geld selber aus dem Schubsack herauszulangen; wollt Ihr aber so gut sein und Euch bemühen, solches selbsten hervorzusuchen, stehet es zu Euren Diensten. Diesemnach war John Bird so höflich, daß er sich seines eigenen Nutzens halber so viel Mühe machte. Indem er aber seine Hand in den Schubsack hineinstekkete, fing sich dieser Vogel in einem artigen Sprenkel: Denn der Lotse schlug seine Arme hurtig um des Vogels Hals herum, gab seinem Pferd die Sporen und hob solchergestalt den Straßenräuber aus dem Sattel; hiermit sprang er vom Pferd herunter auf seinen Gegner los, ließ ihn, als sonst ein starker und beherzter Kerl, nicht aufkommen und bleuete ihn erbärmlich mit seinen hölzernen Fäusten ab. Mittlerweile ritten einige andere Reisende vorbei, und als sie nach der Ursache dieses kuriosen Duells fragten, sagte Pinnis: Ich habe das Meinige getan, versucht ihr auch mit euern spanischen Röhren, ob ihr mit diesem Straßenräuber zurechtkommen könnet, denn ich kann kaum mehr Atem holen. Als sie aus des Lotsen ferneren Erzählungen verstanden, daß es wirklich ein Straßenräuber wäre, ergriffen sie alsbald den sauberen Vogel und führeten ihn vor den Friedensrichter, welcher ihn nach Maidstone ins Gefängnis sendete, woselbsten er verblieb, bis Versammlung gehalten und ihm das Leben abgesprochen wurde.

Weil er aber das Glück hatte, Gnade zu erlangen und nachgehends seine Freiheit erhielt, zog er den Scharmützel, worinnen er von einem Menschen ohne Hände überwunden worden, in so reife Erwägung, daß er den gänzlichen Vorsatz fassete, hinfüro ehrlich zu leben. Weil er aber weder Handwerk noch sonsten etwas gelernet, versetzte ihn der Mangel des Verdienstes bald wieder in große Dürftigkeit; er versuchte demnach aufs neue, was vor Glück er als ein Räuber zu Fuß haben möchte, und begegnete eines Abends einem walisischen Viehtreiber ohngefähr eine Meile von Acton, diesem gebot er zu stehen und herzugeben. Weil es aber auch ein beherzter handfester Kerl war, verachtete er diesen Befehl und fing mit einem guten derben Knüttel, den er in seiner Hand hatte, an, tapfer auf seinen Gegner loszuschlagen. Diesen verdroß des groben Viehtreibers Widerstand, er sprang zur Seite, sagend: Weil mich einstens ein Schelm ohne Hände fangen konnte, so darf ich mir einen, der alle beide Hände hat, nicht zu Häupten wachsen lassen, sonst möchte ich noch einmal überwältiget werden. Hiermit schoß er ihn durch den Kopf, durchsuchte seine Taschen und fand 18 Penny darinnen, welches ihn zu sagen veranlassete: Es verlohnt sich wohl der Mühe, daß man um so viel Geldes willen einen Menschen ermordet! Und so ging er wieder an sein Geschäft, als wenn er kein Wasser getrübet hätte.

Zu einer andern Zeit begegnete er dem Poor Robin auf der Straße, als er nach Waltham Abbey reisen wollte; da gebot er ihm, anzuhalten und, was er hätte, herzugeben. Der arme Robin zitterte und bebete über diesem Kompliment und schützete seine große Armut vor; aber der Galgenvogel John Bird ließ sich vernehmen, daß solches die gemeine Ausflucht aller kargen Knicker bei dergleichen Umständen sei, der man keinen Glauben beizumessen habe. Der arme Robin vermeldete ihm ferner zum Beweis seiner wirklichen Dürftigkeit, daß er der Autor von denjenigen jährlichen Werkchen wäre, die man des armen Robins Kalender nennete, worinnen er eine große Menge Straßenhelden, Diebe und Beutelschneider, als zum Exempel: Duval, Guzman, Jonas Allen, Moll Cutpurse und andere kanonisieret hätte: Aber John Bird ließ sich dieses alles nicht zur Barmherzigkeit bewegen, sondern schwur, er sollte und müßte hergeben, was er hätte: Also nahm er dem armen Robin 15 Shilling und einen neuen Hut hinweg, zugleich sagend: Nun, mein Herr, nun habe ich Euch Gelegenheit gegeben, mich auch zu kanonisieren. Ja, ja, erwiderte Robin, als einen Halunken, mein Herr!

Nicht lange nach diesem Bubenstück hatte sich John Bird wiederum ein gutes Pferd angeschaffet und fassete den Entschluß, nun einmal höhere Dinge zu wagen, als elende Fußgänger zu berauben. Also traf er auf Salisbury Plain den närrischen Grafen von P. nebst seinem Kaplan in einer Kutsche an und gebot ihnen, anzuhalten, zumal sie kein stärkeres Gefolge als den Kutscher und einen Pagen bei sich hatten. John ersuchte Seine Herrlichkeit, ihm eine kleine Verehrung zu geben. Der Lord gab zur Antwort, ob er um dasjenige, so er bei sich habe, Lust zu fechten hätte? John Bird zog alsobald vier Pistolen heraus und schwur, daß, woferne Seine Herrlichkeit nicht ohnverzüglich ihr Geld überlieferte, so wollte er einem jeglichen eine Kugel durch den Leib jagen. Der Graf sagte nochmals: Ich will Euch was sagen, mein Herr: Leget Eure Pistolen beiseite, und wir wollen einander maulschellieren; ich will mein Geld daransetzen, Ihr sollet nichts dagegen setzen, wer von uns beiden gewinnet, soll das Geld haben. Das ist ein schönes Kartell, war des Räubers Gegenrede, welches ich akzeptieren will, daferne niemand von Euer Herrlichkeit Leuten um uns sein wird. Indem also der Graf zur Kutsche herausstieg, schrie der Kaplan: Haltet, haltet! mein Graf! ich will erst anfangen, Ohrfeigen zu geben; und diesemnach warf er seinen Rock und Mantel von sich, sprang zur Kutsche hinaus und band mit John Bird an, der denn binnen einer Viertelstunde den guten Kaplan so bezahlte, daß er aus keinem Auge heraussehen konnte. Alsdenn erholte sich der Vogel ein wenig, ging hin neben die Kutsche und sagte: Nun, Mylord, wohlan!

wenn es Euch beliebet, so will ich mit Euch auch noch einen solchen Reihen tanzen. Der Graf erwiderte: Nein! nein! laßt Euch halten, mein Herr! Könnet Ihr meinen Kaplan abprügeln, so könnet Ihr mich auch abprügeln, denn er hat mich vorhero weidlich abbleuen können. Hiermit gab er dem Vogel 20 Guineas, welcher, wie ein Rabe mit einem Stück Aas, damit auf und davon floh.

Dieser Geselle heiratete ein hübsches junges Mensch, welche bei einem gewissen Färber, nicht weit von der Exeter-Börse im Strand, gedienet hatte; derselbe erwies sich, als sie noch in seinen Diensten war, so ungemein gütig gegen sie, daß sie gemeiniglich aufblieb, ihn des Nachts hineinzulassen, wofür und vor ein kleines Spiel, so man Ein und Aus nennet, er ihr allemal eine halbe Krone verehrete. Weil aber des Färbers Weib einigen Argwohn auf ihre Magd hatte, als ob ihr dieselbe die ihr allein schuldige Gefälligkeit ihres Mannes abstähle; hieß sie dieselbe eines Abends zu Bette gehen, denn sie wollte aufbleiben und den Herrn hineinlassen. Zwischen zwölf und ein Uhr kam er nach Hause und klopfete an die Tür, welche das Weib alsbald im Finstern aufmachte. Weil er nun vermeinte, es sei die Magd, legte er sie nieder auf das Faulbettchen, exerzierte gewöhnlichermaßen seine Mannheit und gab ihr eine halbe Krone, womit sie sich alsbald zu Bette schlich. Nachdem der Herr die Haustüre zugeriegelt hatte, verfügte er sich auch zu Bette. Als er aber des folgenden Tages mit seinem Weibe zu Mittag speisete, hieß diese ihre Magd augenblicklich ihre Sachen

Verhaftung in einer Londoner Kneipe

zusammenpacken, und, nachdem sie ihr den rückständigen Lohn gegeben, sich ihres Weges trollen. Das Mensch wurde über diesem plötzlichen Abschied nicht wenig bestürzet, und der Herr beliebete, folgende Vorbitte für sie einzulegen: Mein Schatz! sagte er zu seinem Weibe, warum tust du denn dieses? was hat denn das arme Mensch getan, daß du sie so plötzlich zur Türe hinausjagest? Du kannst ihr ja nichts nachsagen, sie ist ein ehrliches und treues Mensch: Ei, Kind! laß dir doch zureden; hat sie ja was versehen, gib ihr eine Ermahnung, vielleicht tut sie es nicht mehr. Allein die Frau hatte keine Ohren dazu, wollte ihm auch den Knoten seiner Neugierde nicht auflösen, sondern die Magd sollte und mußte fort. Nachdem diese nun alles zum Abmarsch fertig gemachet und in die Stube kam, ihrem Herrn und Frau ein betrübtes Adieu zu sagen, rief ihr die Frau beim Hinweggehen nach: Halt, halt, Liz! warte, und nimm diese halbe Krone zu dir, die ich gestern abend an deiner Statt auf dem Faulbettchen verdienet habe! Die nahm sie mit großer Höflichkeit an; und der Färber, so den Braten roch und sah, wieviel es geschlagen, schlich sich von seinem an der Magd Stelle gebrauchten Weib hinweg wie des Nachbars Hündchen, dem der Schwanz abgehackt worden. Die Sache kam kurz hernach unter die Leute, daß die Atheniensische Gesellschaft einen ganzen Monat lang und drüber nichts anderes zu tun hatte, als die Streitfrage aufzulösen: Ob der Färber, als er bei seinem eigenen Weibe geschlafen, einen Ehebruch begangen oder nicht? Endlich wurde der Schluß gefasset, daß er dieser Sünde allerdings schuldig sei: Denn obwohl er sich mit seinem eigenen Weibe vermischet, so läge doch der Ehebruch vor seiner Türe, weil seine Gedanken und Endzweck auf eine andere Person gerichtet gewesen, die er ohne Befleckung seines Ehbettes nicht berühren, viel weniger ihr rechtmäßig beiwohnen können.

Weil sich aber John Bird mit Weibs-Personen, so die ärgsten Huren und Spitzbübinnen waren, schleppete und eines Abends einen Mann zwischen Duchy Lane und dem großen Savoy Gate im Strand zu Boden schlug und beraubte, wurde die Hure, so die Gelegenheit dazu gegeben, ergriffen und nach Newgate geführet. Und weil er nachgehends kam, sich mit dem Überfallenen zu vergleichen, schöpfte man alsobald Verdacht und sperrete den saubern Vogel zu seiner Sie in den Käfig. Und wiewohl ihm nichts Ausdrückliches erwiesen werden konnte, so wurde ihm doch, weil er sich der Tat allein schuldig bekannte, das Leben abgesprochen, die Weibs-Person aber auf freien Fuß gestellet. Wie ihm denn zu Tyburn am Mittwoch, dem 12. März 1690, im zweiundvierzigsten Jahre seines Alters der Hals zugeschnüret wurde; der Leichnam aber vom Galgen herabgenommen und in die Anatomie den Chirurgen gebracht und daselbsten anatomieret oder zergliedert.

XX
Hauptmann Dudley, ein Mörder und Straßenräuber

Richard Dudley war ein Edelmann, der von einer sehr guten Familie in Northamptonshire herstammete; weil aber sein Herr Vater zur Zeit der unglückseligen Rebellion, da eine verfluchte Partei von Republikanern König Charles I auf eine recht schurkische Weise vor seinem eigenen Palast ermordete, durch Behauptung seiner Treue ruinieret wurde, hatte er ihm wenig oder gar kein Vermögen hinterlassen: Doch gab ihm König Charles der Zweite, nach seiner Wiedereinsetzung auf den Thron, seines Vaters wegen eine Hauptmannsstelle in einem Infanterieregiment, auf welchem Posten er sich sehr strenge bezeugete. Als er sich, zum Exempel, zu Tanger befand und eines Tages dem Regiment Order gab, in gehöriger Schlachtordnung auszuziehen, beobachtete Hauptmann Dudley, daß ein Mann von seiner Kompanie ein wenig aus seinem Glied stand, da gab er alsobald einem Sergeanten Befehl, ihn über den Haufen zu stoßen. Der Befehl wurde zwar ausgeführt, aber nicht tyrannisch genug, wie er es haben wollte: Denn indem er den Sergeanten wieder zu sich rufet und ihm die Hellebarde aus der Hand reißet, spricht er: Wenn ich euch kommandiere, einen Kerl über den Haufen zu stoßen, so stoßet ihn also über den Haufen! Hiermit stieß er ihm mit der Spitze der Hellebarde durch den Hirnschädel, daß er tot zur Erde sank.

Als Tanger demolieret und alle unsere Truppen von dannen zurückberufen worden, kam Richard Dudley zugleich wiederum mit nach England; weil er aber daselbsten ein sehr üppiges Leben führte, welches zu unterstützen eine ehrliche Hantierung nicht fähig war, suchte er sich durch Rauben und Plündern glückselig und heilsam zu machen. Er verwandelte demnach die Landstraßen in eine Wechselbank, und alles, was ihm in die Rappuse kam, war seinem Maul ein gefundenes Fressen. Einsmals aber wurde er in London wegen Beraubung des Herzogs von Monmouth bei Harrow-on-the-Hill ergriffen und in den Poultry Counter gesendet.

Weil sich aber Dudley aus diesem Behältnis der Sorgen und Trübsal herausgebrochen, begegnete er nicht lange nach seiner selbst hergebrachten Freiheit Herrn John Wilmot, Grafen von Rochester, der von seinem Sitz zu Woodstock kam; und indem er den Lord nebst dessen Gefolge, welches aus seinem Kaplan, einem Paar Lakaien und einem Reitknecht bestand, anfiel, nahm er ihm über 100 Guineas nebst einer güldenen Taschenuhr hinweg. Und weil der Kaplan hierauf anfing, dem Dudley seiner ruchlosen Tat wegen eine Gesetz-Predigt *ex tempore* zu halten, sagte Dudley: Ich denke nicht, daß ich eine Sünde begehe, wenn ich eine Standesperson beraube, sintemal ich demjenigen Text gemeiniglich überaus strikt nachlebe, welcher saget: Speise den Hungrigen und sende die Reichen leer hinweg.

Nach diesem Schelmenstreich begegnete Richard Dudley dem Hauptmann Richardson, Aufseher über Newgate, auf der Straße zwischen London und Tunbridge, in dessen Klauen er sich drei- bis viermal befunden hatte, da gebot er ihm, nach seiner alten Leier, anzuhalten und Geld herzugeben. Weil ihm aber Richardson solches kurz und rund abschlug, drohend, wie er es ihm vergelten wollte, wenn er ihn wieder unter seine Botmäßigkeit bekäme, sagte er: Ich erwarte keine Gefälligkeit von den Händen eines Kerkermeisters, der von dem Geschlecht der Engel herstammet, die mit Luzifer aus dem Himmel verstoßen worden, wohin Ihr nimmermehr zurückkehren werdet. Unter allen Euren Bunden Schlüssel findet sich kein einziger mehr, mit welchem Ihr diese Pforte aufschließen könnet; denn eines Stockmeisters Seele stehet nicht auf diesen zween Pfeilern, welche den Himmel unterstützen, nämlich Gerechtigkeit und Barmherzigkeit; sie gründet sich vielmehr auf diese zwei Fußschemel der Hölle, nämlich Ungerechtigkeit und Grausamkeit. Also verlieret kein Wort mehr Eures Beutels wegen, denn entweder denselben oder

Euer Leben muß ich haben. Hierauf sah sich Hauptmann Richardson genötiget, ihm sein unbilliges Begehren durch ein williges Geben zu gewähren; und reisete zwischen Dudley und dem Gesundbrunnen zu Tunbridge, den man zu trinken pfleget, sowohl purgieret und gereiniget nach Hause, als ob er die Frankfurter Pillen 4 Wochen hintereinander gebrauchet gehabt.

Dieser kühne Schnapphahn beging unterschiedene grobe Raubereien auf der Straße mit dem berüchtigten Straßenräuber, dem König Karl der Zweite den Namen des schnellen Nickels beilegte, weil er einen Edelmann bei Barnet des Morgens um fünf Uhr beraubet und ihm 560 Guineas abgenommen und alsdann geradeweges nach York geritten und an ebendemjenigen Tage des Abends um 6 Uhr sich noch auf einem Kegelplatz sehen lassen. Nachdem er dieses Raubes wegen vor dem Richter Twisden verhöret, von demselben aber auf freien Fuß gestellet worden, kam dem Richter die Sache ein wenig verdächtig vor, da gestand Mr. Nickel, sonst der schnelle Nickel genannt, nach einer scharfen Untersuchung die Tat, wie er schon außer Gefahr war. Wurde demnach unter Lord Mountcashels Regiment in Irland zum Hauptmann gemachet, woselbsten er eine ansehnliche Mariage schloß und sehr honett zu leben anfing.

Als aber dem Dudley endlich in diesem Lande zu heiß wurde, zumalen er den General Monck geplündert hatte, welcher ihm ungemein scharf nachstellen ließ, sah er sich genötiget, nach Frankreich zu fliehen, von wannen er nach Rom reisete, allwo er sich wirklich in einem schlechten Stande befand; weil er aber ein Pilgrims-Habit anhatte und vorgab, er käme von Jerusalem her, woselbsten er das heilige Grab nebst anderen heiligen Örtern, an die sich Pilger zu begeben pflegen, besuchet, begehrte er, man möchte ihm bei dem Papst Audienz verschaffen, damit er den Segen oder, welches sein eigentlicher Zweck war, Geld von ihm erhalten möchte, welches Seine Heiligkeit gemeiniglich den Pilgern bei Zurückkunft von dergleichen heiligen Plätzen mitzuteilen pflegete. Weil nun dem Dudley von einem Kardinal berichtet worden, er könnte nicht eher vor Seiner Heiligkeit Augen gelassen werden, er müßte denn einige Reliquien aufzuweisen haben, ließ sich unser heilloser Pilgrim vernehmen, er hätte eine sehr schätzbare in seinem Logement. Hiermit nahm er seinen Abschied; und indem er, auf ein solches Heiligtum spintisierend, in der Stadt herumstreifte, hörete er, daß vor wenig Tagen eine alte fette Wirtin, weil sie einem von ihren Gästen eine heimliche Beförderung zum Himmel gegeben, gehangen, nachgehends aber den Chirurgen, um anatomieret zu werden, überliefert worden; da fiel dem gottlosen Kerl ein verteufelter und sehr garstiger Streich ein, den ich zu erzählen aus Schamhaftigkeit und anderer Ursachen wegen Bedenken trage.

Nicht lange nach seiner Zurückkunft in England traf er einen Friedensrichter unterweges zwischen Midhurst und Horsham in der Grafschaft Sussex an, dem er mit seinem gewöhnlichen ›Stehe und gib her!‹ einen unfreundlichen guten Morgen bot. Aber der Friedensrichter verstand unrecht und schoß nach einem tapferen Widerstand dem Dudley das Pferd unter dem Leibe nieder; weil er aber zu gleicher Zeit am Arm verwundet wurde, sah er sich gezwungen, sich auf Gnade und Ungnade zu ergeben. Alsdann visitierte der resolute Straßenräuber seine Taschen, woraus er 28 Guineas, eine güldene Sack-Uhr und eine silberne Tabaksdose herausnahm, versicherte sich anbei auch seines Pferdes und sagte: Nachdem Euer Gestreng den Frieden so freventlich gebrochen und eine grausame und erschreckliche Mordtat an meinem Staats-Roß verübet, welches durch meinen Beistand fähig war, seine Nahrung auf einem jedweden Grunde in England zu suchen, muß ich mich erkühnen, Repressalien zu gebrauchen und Ihnen Ihr Pferd meinerseits wegzunehmen. Jedoch will ich nicht so unhöflich sein und einen Mann von Ihrem Rang zu Fuß nach Hause gehen lassen, sondern ich werde eine neue Mode aufbringen und machen, daß ein Friedensrichter auf dem anderen reitet. Hiermit sprang er hinüber auf das Feld, wo ein Esel im Grase ging, welchen er auf die Straße brachte, den Friedensrichter hinaufsetzte und seine Füße unter des lastbaren Tiers Bauch zusammenband. Und indem er hierauf seinen Abschied von dem Friedensrichter nahm, ritten Seine Gestrengigkeit einen überaus autoritätischen Schritt, bis sie die gravitätische Kreatur aus Arkadien sicher nach Petworth brachte, woselbsten sie mehr Zuschauer hatten, die Maul und Nasen aufsperreten, als wenn sie im Triumph durch die Stadt geführet worden.

Endlich unterfing sich Dudley, den Herzog von Lauderdale zu plündern, der über die Hounslow Heath ritt, wurde aber in dieser Entreprise überwunden und nach Newgate geführet; und als er im Gerichtssaal zu Old Bailey verhöret ward, brachte man über 80 Beschuldigungen wegen Straßenraubes, den er nur in Middlesex begangen, wider ihn ein, deren er sich auch schuldig bekannte. Alsdann wurde das Todesurteil über ihn gefället und er (ungeachtet bei König Karln dem Zweiten große Fürbitten für sein Leben eingeleget wurden), zu Tyburn an einem Mittwoch, so der 22. Februar 1681 war, im vierundsechzigsten Jahre seines Alters zur gebührenden Strafe gezogen.

XXI
Edward Wicks, ein Straßenräuber

Dieser lüderliche Mensch, Edward Wicks, war von gar guten Eltern geboren, die anitzo einen Gasthof zu Coventry haben. Sie wandten so viel auf seine Auferziehung im Lesen, Schreiben und Rechnen, daß er einen Sekretär abgeben können. Er war 14 Monate Akzise-Einnehmer; weil er aber vermeinte, dieses Amt sei noch nicht zulänglich genug, Seiner Majestät Untertanen zu betrügen, entschloß er sich, dieselben durch Hinwegnehmung alles dessen, was sie hatten, auf den Landstraßen noch härter zu drucken. Und nachdem er sich zu dergleichen Unternehmen gehörigermaßen ausgerüstet hatte, begab er sich auf die Landstraßen, sein Glück zu suchen; hatte auch ein so günstiges Gestirn, zwei Raubereien ohne Entdeckung zu begehen. Weil er aber das dritte Mal wegen einer nicht weit von Croydon in Surrey begangenen Rauberei ergriffen wurde, sendete man ihn nach Marshalsea in Southwark. Dieses Gefängnis lieget auf einem so verfluchten Stücke Land, daß sich der Sohn schämet, seines Vaters Erbe davon zu sein. Es ist das ganze Jahr über ein infiziertes Pest-Haus, und daß Barmherzigkeit allhier vonnöten, sollte billig über alle Türen geschrieben stehen; denn sowohl Schulden als andere Übeltaten sind hier eine höchst gefährliche und ansteckende Pestilenz. Dieser Ort ist eine lebhafte Abbildung des Eisernen Zeitalters, dieweil nichts als das Geklinge der Schlüssel und Rasseln der Fesseln, Ketten, Riegel und Gitter hieselbsten zu hören ist; und es gleichet dem Trojanischen Pferd, in dessen Bauch alle rasenden Griechen, so vermessene Kerle waren, verschlossen wurden.

Jedoch befand sich Edward Wicks nicht lange in diesem eingeschränkten Behältnis, so erhielt er seine Freiheit, indem seine Verwandten die Sache mit seinem Verkläger schlichteten und demselben vor die 30 Shilling, so er ihm geraubet, 60 Guineas wiedergaben. Alsdenn wurde er, anstatt besser zu werden, immer böser und rennete in sein Verderben hinein, so schnell als er konnte, indem er sich zu Joe Johnson, sonst Saunders genannt, hielt. Und als er einstens mit diesem auf der Straße ritt, begegnete ihnen zwischen Hounslow und Colebrook eine Landkutsche, worinnen vier Herren saßen: Diese Passagiere merketen an, daß die Reiter Masken vormachten, und schlossen daraus ihre Intention, sie zu berauben; sobald sie sich demnach ihrer Kutsche näherten, schoß einer mit einem geladenen Rohr oder Büchse auf den Joe Johnson und logierte 7 oder 8 Kugeln in seinen Leib ein. Aber Wicks kam ohne Schaden davon; während sein Kamerad ergriffen und nach Newgate gesendet wurde, woselbsten er von Mr. Wodly angeklaget ward, daß er ihm auf der Straße eine silberne Taschenuhr und einiges Geld geraubet hätte; weswegen er am Mittwoch, dem 7. Februar 1705, im 22. Jahr seines Alters gehangen wurde.

Alleine das unzeitige Ende dieses Kerls machte in des bösen Wicks' lasterhaftem Gemüt nicht das allergeringste Nachdenken: Er setzete seinen gottlosen Lebenswandel immer noch fort, und zwar mit sonderbarer Behäglichkeit und Vergnügen. Als eines Tages der Herzog von Marlborough sich zu St. Albans befand, nachdem er in Ungnade gefallen, und sich Edward auch eben in der Stadt aufhielt, vermeinte er keine Ungerechtigkeit zu begehen, wenn er ein wenig von dieses großen Herzogs Gelde hinwegfischete; weil aber hochgedachte Standesperson ein zu starkes Gefolge bei sich hatte, als sie die Stadt verließ, durfte es unser Straßenräuber nicht wagen, diesen vortrefflichen Helden zu attackieren. Dahero ritt er auf Chester zu; in dieser Grafschaft begab er sich in ein von der Straße etwas abgelegenes Haus, worinnen er niemand als eine bitterlich weinende alte Frau antraf. Und als er sie um die Ursache fragte, weshalber sie diese Tränen vergösse, vermeldete sie ihm, sie sei eine arme Witwe, und weil sie sich die Zinsen bei ihrem Lehns-Herrn einigermaßen anwachsen lassen, versähe sie sich seiner aller Augenblicke, daß er komme und ihr das bißchen Vermögen, so sie etwa noch hätte, hinwegnehmen würde; alsdann müßte sie den Bettelstab in die Hand nehmen. Wicks sagte, sie sollte sich zufriedengeben, er wollte ihr die Sache bald leichte machen: Hiermit zog er seine bordierten Kleider aus und kroch hinein in einen alten Rock, den ihm seine Wirtin lieh, sein Pferd aber stellete er in eine alte Scheuer. Bald hierauf kam der alte Filz von einem Lehns-Herrn und verlangte seine Zinsen. Da trat Wicks aus der Ecke hinter dem Ofen hervor mit seiner kurzen Tabakspfeife im Maul und sagte: Mein Herr, ich vernehme, daß meine Schwester hier, die arme Frau, mit ihrem Zinse zurückgeblieben ist und Sie antitzo willens sind, sich an ihr Vermögen zu halten. Gleichwie sie aber eine arme verlassene Witwe ist und nichts hat, womit sie denselben voritzo bezahlen kann; also hoffe, Sie werden Barmherzigkeit und Mitleiden gebrauchen und nicht so scharf mit ihr verfahren. Dahero lassen Sie sich doch zureden und haben eine Weile Geduld. Der Lehns-Herr antwortete: Sagt mir nichts von Geduld; ich werde sollen Mitleiden mit andern Leuten haben und mich selbsten ruinieren? Ich will mein Geld haben! Ich brauche meinen Zins; und wenn sie mich anitzo nicht bezahlet, will ich mich alsobald an ihre Habe halten und sie zu meinem Haus hinausjagen! Als Wicks sah, daß bei dem alten Knicker weder Vorbitten noch Zureden etwas helfen wollte, ein wenig länger mit dem armen Weibe Geduld zu haben, sagte er: Wohlan, kommet, laßt uns die völlige Rechnung machen, so will ich vor sie bezahlen. Diesemnach wurde ihm eine Quittung gegeben und der Zins bezahlet. Als nun der Lehns-Herr hierauf hinweggehen wollte, sagte Wicks: Mein Herr, der Abend kömmt heran und ist wegen der Raubereien gar unsicher auf der Straße, wollte Ihnen demnach raten, bis morgen allhier zu verziehen, damit Sie den Tag vor sich haben. Nein, nein, erwiderte der Grundbesitzer, ich muß heute noch heimreisen, ich will noch sieben Meilen erreichen, ehe es Nacht wird. Ach! mein Herr, versetzte Wicks wiederum, Sie lassen sich raten und bleiben hier, denn es ist wahrhaftig sehr unsicher draußen. Ei, ich frage nichts nach den Straßenräubern! schrie der Lehns-Herr, ich muß nach Hause und will den sehen, der mir was tun soll. Hiermit stieg er zu Pferde und ritt hinweg. Wicks zog alsobald seine bordierten Kleider an und ritt ihm nach. Und als er ihm bei einem Teich begegnete, an dem er vorbeimußte, gebot er ihm, nicht nur stehenzubleiben und Geld herzugeben, sondern bewillkommnete ihn zugleich mit einer so entsetzlichen Salve von Fluchen und Schelten, daß ihm Mut und Sinn entfiel und er alles Geld, so er vor einigen Stunden empfangen, nebst noch viel mehr dazu, willig aushändigte. Alsdenn ritt Wicks geschwind wiederum zurück zu dem alten Weibe und verkleidete sich abermals wie vorher. Es währete nicht lange, so kam der Lehns-Herr auch wieder und klopfte an die Tür. Da fragte Wicks: Wer ist da? Der Lehns-Herr antwortete: Ich bins. Wicks fragte nochmals: Wer seid Ihr? (was vor ein Ich?) Ei! ich bins! versatzte der Grundbesitzer. Bei diesen Worten rief die alte Frau: O lieber Bruder! Es ist mein Lehns-Herr. Hiermit ließ er ihn hinein, da erzählte er sein Herzeleid mit großem Wehklagen, wie er von einem Schelm in einem betreßten Kleide geplündert worden, welcher dabei gefluchet, daß sich die Hölle hätte auftun mögen; und würde ihm ohnfehlbar das Licht ausgeblasen haben, wann er ihm sein Geld nicht alsbald ausgehändiget hätte. Ei, sagte ich es doch, sprach Wicks, daß große Rauberei auf der Straße wäre, warum wollten Sie meinen Rat nicht annehmen; nun hoffe ich, Sie werden hierbleiben bis morgen. Allein er tat es dennoch nicht: Denn nachdem er Nachricht von seinem Unfall angestattet, eilete er, so gut er konnte, immer nach Hause.

Eine Weile nach Spielung dieser Komödie befand sich Edward Wicks zu London, und als er eines Abends durch Drury Lane ging und sich gleich einem Edelmann herausgekleidet hatte, begegnete ihm Mademoiselle Toby, eine bekannte Galanterie-Schwester, die stellete sich, als ob sie stolperte, wie sie bei ihm vorüberging: Weil er sie nun hierauf bei dem Arm ergriff, ihre Füße vom Gleiten abzuhalten, bedankte sie sich mit vielen Komplimenten und invitierte ihn vor seine Höflichkeit zu sich in ihr Logis gleich nebenan in der Princes Street, woselbsten sie sich vor seine Gefälligkeit erkenntlich bezeigen wollte. Wicks stellte sich an, als ob er stumm wäre, gab ihr aber nichtsdestoweniger durch Zeichen zu verstehen, daß er sich der Mademoiselle Tobys Anerbieten sehr lieb sein ließe. Und weil sie meinte, er sei wirklich sprachlos, sagte sie, indem sie also miteinander fortgingen: O! allerliebster Monsieur! Es ist tausendmal schade, daß ein so artiger Mensch, wie Sie sind, stumm sein soll! Sobald er in ihre Wohnung kam, machte er ein Zeichen, daß man ihm Feder, Tinte und Papier bringen sollte; und nachdem er dadurch angezeiget, daß er ein paar Bouteillen Claret-Wein und einen Vogel zur Abendmahlzeit verlange, gab er der Magd eine Guinea, solches anzuschaffen. Indem diese aus war, das Befohlene einzukaufen, begehrte er schriftlich von Mademoiselle Toby, die einmal über das andere ausrief: O wie schade ist es, daß ein solch braver Kavalier stumm sein soll, zu wissen, was er ihr vor eine nächtliche Karesse geben sollte? Da sie denn durch Aufreckung zweier Finger anzeigete, sie verlange 2 Guineas. Hiermit war der Handel geschlossen, und nach der Mahlzeit gingen sie in aller Ehrbarkeit miteinander zu Bette. Aber um Mitternacht stand Wicks auf, zog ein paar Pistolen aus seinen Taschen heraus, welche er der Madame Toby an die Brust hielt und sagte: Du unzüchtige Kanaille! Ich muß meine zwei Guineas wiederhaben und noch mehr dazu; wenn du demnach den geringsten Lärm machest, so soll dieses tödliche Instrument dein Leib und Seel auf einmal zum Teufel schicken. Unsere Madame von der Bosheit war in einer großen Bestürzung, als sie ihren vermeinten stummen Bett-Galan seine Zunge so übel gebrauchen hörte. Weil sie sich aber ohne Gefahr ihres Lebens nicht unterstehen durfte, ein Wort zu reden, band er ihr nicht nur Hände und Füße, sondern nahm der Hure auch eine sehr schöne Taschenuhr, eine güldene Halsschnur, ein güldenes Armband, einen silbernen Becher, ein halbes Dutzend silberne Löffel, einen Samthut und eine Samtkappe und hinterließ sie in einem tiefen Nachsinnen, wo sie wieder andere dergleichen Galanterien hernehmen wollte. Als Wicks hinweg war, schrie sie: Mörder und Diebe! mit einer so lauten Stimme, daß das ganze Haus davon rege wurde und nicht anders meinte, als der Teufel habe sie an einen Spieß gestecket und suche sie vor eine Martins-Gans zu braten: Der Wirt, die Wirtin und Magd kamen nackend in der Madame Tobys Kammer gelaufen, allwo sie dieselbe gefesselt fanden; und nachdem man sie von ihren Banden losgemachet, erzählte sie ihren unwiederbringlichen Verlust und schwur, sie wollte keinen stummen Kerl mehr von der Gasse auflesen.

Zu einer andern Zeit begegnete Edward Wicks dem verblichenen Lord Mohun auf der Straße zwischen Windsor und Colebrook, der jemand als einen Reitknecht und einen Läufer bei sich hatte, da gebot er diesem Lord, er sollte stehen und hergeben, denn er befände sich in einem großen Geldmangel und wollte, sollte und müßte Geld haben, ehe sie auseinander kämen. Der Lord maßte sich einer sonderbaren Courage an und schwur, er wollte eher sein Leben lassen, als ihm etwas geben. Hiermit machte Wicks seine Pistolen zum

Treffen fertig; als der Lord seine Resolution sah, fing er an, den Mut sinken zu lassen. Sobald sein Gegner solches verspürte, begann er den Hahn in die Kerbe zu spielen und sagte: Alle Welt weiß, was ich vor ein braver Kerl bin; und obschon Euer Gnaden an der unräsonablen Ermordung des Komödianten Mountford und des Hauptmanns Cook mitschuldig gewesen, so fürchte ich mich deswegen doch nicht vor Ihnen; dannenhero heraus mit Ihrem Gold, oder ich werde nicht lange Quartier geben! Als der Lord sah, daß er nunmehr seinesgleichen angetroffen, fing er aus Zorn so erschrecklich an zu fluchen, daß Wicks, der sich in keiner Bosheit wollte übertreffen lassen, zu ihm sagte: Mylord, wie ich sehe, können Sie *ex tempore perfectissime* fluchen; wohlan! ich will Euer Gnaden einen schönen Vorteil einräumen, welcher darinnen bestehen soll, daß derjenige, welcher von uns beiden am besten fluchen kann, sein eigenes Geld behalten und dessen seines, der verspielet, davontragen soll. Der Lord ließ sich diesen Vergleich gefallen und warf einen Beutel mit 50 Guineas nieder, dem Wicks eine gleiche Summe entgegensetzte; nachdem sie beiderseits eine Viertelstunde aufs entsetzlichste geflucht, mußte des Lords Reitknecht der Sache einen Ausschlag geben und sagte: Euer Gnaden fluchen zwar so perfekt, als ich mein Lebtage von keiner Standesperson gehöret; doch diesem fremden Herrn sein schuldiges Lob zu geben, hat er die Wette gewonnen, und wenn es tausend Pfund wäre. Worauf Wicks das Gold zu sich nahm, dem Reitknecht eine Guinea gab und seines Weges fortritt. Aber nicht lange nach diesem vermaledeiten Wortgefechte wurde der gottlose Wicks wegen einer Rauberei, so er in Warwickshire begangen, in London ergriffen und nach Newgate geschaffet; und weil er sich hieselbst herausbrechen wollen, wurde er alsbald ins Gefängnis zu Warwick gebracht, allwo er vor dem Gerichte, so man vergangenen Juli daselbsten hielt, verhöret und zum Tode verurteilet wurde. Als diese unglückselige Post vor seine Eltern kam, wandten sie sich an große Freunde, das Leben dieses ihres einzigen Kindes zu erretten, es half aber nichts; denn man konnte keine Gnade vor ihn erwirken, sondern er mußte zu Warwick am Sonnabend, dem 29. August 1713, im 29. Jahr seines Alters verdientermaßen sterben.

XXII
Anna Harris, eine Spitzbübin

Dieser Abschaum von einer arglistigen Weibsperson, Anna Harris, sonst Sara Davis oder Thorn oder Gothorn genannt, war von ehrlichen, aber armen Eltern in dem Kirchspiel von St. Giles, nahe bei Cripplegate, geboren. Weil sie aber von einem gewissen James Wadsworth geschwängert worden, welcher Diebstahls und Spitzbüberei wegen im 24. Jahre seines Alters am Freitage, dem 25. September 1702, zu Tyburn gehangen wurde; weil, sage ich, sie von gedachtem Kerl geschwächet worden, gab sie allen Arten der Tugend gute Nacht und hielt es gleich hierauf mit William Pulman, sonst Norwich Will, nach dem Orte seiner Geburt genannt; welcher gleichfalls zu Hyde Park Corner am Freitag, dem 9. März 1704, im 26. Jahre seines Alters sein Leben am Galgen beschließen mußte, weil er dem Mr. Joseph Edwards auf öffentlicher Landstraße ein paar lederne Säcke, ein Hemde, 2 Halstücher, 2 Brieftaschen, 25 Guineas, ein halbes Stück von Gold und 4 Pfund Silber geraubet.

Nachdem nun Anna binnen weniger als drei Jahren zweimal zu einer hänfenen Witwe gemachet worden, hatte sie nichtsdestoweniger innerhalb solcher Zeit so lasterhaft zu sein gelernet als die allerschlimmste unter ihrem Geschlecht; und war durch Gewohnheit und Gelegenheit eine so absolute Sklavin aller Arten der Ruchlosigkeit, daß gute Gedanken gar wenig gute Früchte in ihr wirken konnten. Ihre Neigung hatte vor aller Ehrbarkeit einen gänzlichen Abscheu, wie aus folgender Begebenheit erhellen soll:

Als sie eines Tages, überaus elegant gekleidet, mit einem vorgetäuschten Lakaien, der sie bediente, in einer gemieteten Kutsche zu eines Seidenkrämers Laden aufm Ludgate Hill gefahren, und nachdem sie sich daselbsten unterschiedliche Stücke von kostbarem seidenem Zeug und Sammet ausgelesen, handelte sie um so viel, als vor 200 Pfund und drüber kam. Und weil solches mehr Geld war, als sie bei sich hatte, ersuchte sie den Seidenkrämer, er sollte mit zu ihrem Hause fahren, so wollte sie ihm alles bar mit der schönsten Münze bezahlen: Also lud man die Waren in die gemietete Kutsche, in welcher sie hingekommen war; alsdann setzte sie sich nebst dem Seidenkrämer hinein, und sie fuhren in aller Eile zu dem Doktor Adami, welcher zu Fulham über das Tollhaus gesetzet war. Als sie daselbst eingetreten waren und sie dem Doktor vermeldete, dieses wäre der Mann, dessenthalber sie des Morgens mit ihm gesprochen hätte, fiel er nebst 3 oder 4 starken Kerln den Seidenkrämer an, gleich so vielen unbarmherzigen Häschern, die einen armen Gefangenen hinwegschleppen, indem ihn einer an den Armen, der andere um den Leib, der dritte an Kopf und Schultern und der vierte bei den Beinen anfassete; welcher ungeschliffene Empfang den armen Mann bewog, daß er nach der Bedeutung dieses Verfahrens fragte und seine 200 Pfund und was noch drüber war, forderte. Ja, ja, sagte Doktor Adami, der arme Herr ist in der Tat sehr übel beschaffen! *Insanit mascule*, er rast gewaltig; bindet ihn geschwind auf diesen Stuhl und rasiert ihm alsbald sein Haupt. Indem sie ihn nun einseifeten und rasierten, schrie er kontinuierlich, man sollte ihm entweder seine Waren oder das Geld geben!, welches den Doktor zu sagen veranlassete: O! Madame! höret doch, zu was vor unbesonnenen Reden ihn sein Wahnsinn verleitet! Sie zuckte die Achseln und erwiderte: Es ist mehr als zu wahr, mein Herr Doktor! Allein hat man auch noch Hoffnung auf seine Genesung? Worauf der Doktor antwortete: Ihr müsset wissen, Madame, daß es drei Arten der Unsinnigkeit gibt, entsprechend den drei innerlichen Sinnen der Einbildung, der Betrachtung und des Gedächtnisses, welche auf verschiedene Weise verrückt werden können. Denn einige sind rasend, welche von allen denjenigen Dingen, die sie sehen, insofern solche den allgemeinen Sinn und Einbildung berühren, ein richtiges Urteil fällen können, und gleichwohl pflegen sie in der Betrachtung und Phantasie in der natürlichen Beurteilung zu irren. Ferner sind andere unsinnig und werden weder von der Betrachtung noch von der Vernunft betrogen, sondern irren nur in der Einbildung. Hernach gibt es Unsinnige, die sowohl in der Einbildung als der Vernunft irren; solche pflegen auch danebst das Gedächtnis zu verlieren, welches die schlimmste Unsinnigkeit unter allen ist, und mit dieser befindet sich der arme Herr hier so schwer behaftet; ich zweifle aber keinesweges, ihm, ehe noch ein Monat vergehet, wiederum zu seinem Verstande verhelfen zu können. Diese ganze Zeit über, derweilen der Doktor den Unterschied der Raserei erläuterte, sträubte, wand und gebärdete sich der Seidenkrämer so ungereimt, als ob er wirklich im Kopf verrückt gewesen; und als er vollends sah, daß Anna dem Doktor 5 Guineas gab und ihm zugleich einschärfte, genaue Sorgfalt vor ihren Mann zu tragen, bei welchem sie es an nichts wollte fehlen lassen, schrie er mit einer grausamen Wut: Sie ist eine verlogene Bestie! Sie ist nicht mein Weib! mein Weib ist zu Hause in der Ludgate Street! Haltet sie auf! Haltet sie auf! Sie hat mich um meinen Seidenstoff und Sammet betrogen! Ich bin nicht toll! Ich bin nicht toll! Ihr seid toll und wollt mich mit Gewalt unsinnig machen! Da sagte der Doktor Adami zu seinen Dienern: Der arme Herr! Es ist wirklich sehr gefährlich mit ihm! Wir müssen ihn auch zur Ader lassen und auf die Nacht ein starkes Klistier setzen; sperret ihn in ein Gemach, wo es recht finster ist; gebt ihm auch eine Woche lang nichts als Hafergrützsuppen mit einem klein wenig oder gar keinem Brot darinnen: Aber die Woche hernach, wenn seine

Grausamkeit in der Vollendung

Krankheit zunimmet, mögen wir es wagen, ihm ein wenig Gerstengetränk zu geben. Der Seidenkrämer, diese Anweisungen hörend, schrie ärger als zuvor: Ihr dürft mich nicht zur Ader lassen, ich habe bereits mehr als zu sehr bluten müssen; ich bedarf keiner Klistiere, laßt euch doch sagen! Ich habe meine gesunde Vernunft, ich mag keine von euern Hafergrütz- und Teufelssuppen! Was vermeinet ihr von mir? Ists nicht genug, daß ihr mich betrogen, wollt ihr mich auch zu Tode martern? Nein, nein, ich bin nicht wahnsinnig! Der Doktor sagte: Wir wollen Euch nicht zu Tode martern, mein Herr! Die Diät, so ich Euch verordne, ist nur auf Eure Gesundheit angesehen. Was Gesundheit? versetzte der Seidenkrämer, ich glaube, Ihr wollt mich um meine Gesundheit bringen, wie die Hure um meine Waren. Aber alle seine Reden waren vergeblich; denn die Spitzbübin hatte sich mit ihrer Beute aus dem Staube gemacht, und er wurde in ein finsteres Gemach gebracht, allwo er an sein Bett gebunden und ihm wider Willen und Dank ein Klistier gesetzet wurde: Jedoch erhielt er innerhalb 4 Tagen seine Freiheit wieder; denn Anna Harris sandte durch eine Penny-Post einen Brief an sein Weib, worinnen sie berichtete, wo ihr Mann anzutreffen, da diese sich denn mit einigen guten Freunden in aller Eil zu dem Doktor verfügte, in dessen Behausung sie ihren armen Mann, wegen des Verlusts seiner Waren und der Freiheit dazu, wirklich fast rasend antraf. Also brachte sie ihn nach Hause, aber der Doktor hatte Anna Harris das erste und letzte Mal gesehen.

Ich bin der Meinung, daß diejenigen, so zu einer völligen Vollkommenheit gelangen wollen, das Böse sowohl als das Gute wissen müssen, damit sie jenes fliehen und andere davor warnen, dieses aber sich zu eigen machen und andern anempfehlen können. Die Verbesserung anderer durch die Beispiele solcher, welche ihrer abscheulichen Verbrechen wegen vom Schwert der Gerechtigkeit abgeschnitten worden, demnach zu befördern, will ich noch einen denkwürdigen, desperaten, von der Anna Harris gespielten Streich anmerken.

Sie ging einstens zu unserm alten Freund, dem Doktor Case, welcher der Medizin und Astrologie oblieget, als er noch in Blackfriars wohnete; in dessen Gegenwart sie, nebst Charles Moor, den sie bei sich hatte, nicht so bald gelassen wurde, als sie die Ursache, derentwegen sie ihm anitzo aufzuwarten Gelegenheit nähme, folgendermaßen vorbrachte: Mein Herr Doktor! Der Ruf von dero Erfahrenheit in Ihrer Praxis hat mich hierher gebracht, Sie um Ihren Beistand gehorsamst und inständigst zu ersuchen; Sie dürfen aber nicht säumen, wofern Ihnen an der Erhaltung des menschlichen Lebens etwas gelegen ist; doch soll Ihnen die Mühe, so ich Ihnen mache, nach meinem äußersten Vermögen dankbar vergolten werden. Indem nun der Doktor hierauf nachforschete, wer der Patient wäre und an was vor einer Krankheit er laboriere, vermeldete sie ihm, es sei ihr Ehemann, welcher des vorigen Abends sehr betrunken nach Hause gekommen und das Unglück gehabt, daß er die Treppe heruntergefallen: Weil sie nun den Herrn Doktor vor einen verständigen Mann hielte, wollte sie ihn gebeten haben, ihr zu eröffnen, wo es ihm eigentlich fehlen möchte, und zu diesem Ende hätte sie sein Wasser mitgebracht. Unser alter guter Freund, der Doktor Case, hatte aus ihren vorhergehenden Worten schon hinreichend erschnappt, was ihrem Mann eigentlich fehlen möchte, goß demnach das Wasser in ein Uringlas, und nachdem er es eine kleine Weile wohl geschüttelt hatte, ließ er sich vernehmen: Liebe Frau, Euer Mann hat sich schrecklich beschädiget, indem er die Treppe heruntergefallen. Ja, erwiderte Anna, mein Herr Doktor, es trifft in Wahrheit zu, was Sie sagen, und wie ich sehe, ist Ihre Wissenschaft untrüglich; aber mein Herr Doktor, nun kömmt die größeste Schwierigkeit: Können Sie mir sagen, wieviel Stufen er herabgefallen? Hier geriet der Herr Doktor ins Stocken; jedoch um sein Ansehen, so gut er konnte, zu wahren, nahm er das Uringlas noch einmal in die Hände, und nachdem er es etwas länger als zuvor geschüttelt, sagte er: Euer Mann ist die Treppe halb heruntergefallen. Nein, Herr Doktor, versetzte Anna, da haben Sie unrecht, mein Mann ist die Treppe ganz heruntergefallen. Der Doktor, über seine falsche Mutmaßung beschämt, schüttelte den Urin noch einmal um und sagte zu Anna: Ist dieses hier Eures Mannes Wasser alles? Anna, die sich gleich höflich neigete und einen vortrefflichen Knicks machte, gab ihm zur Antwort: Mein Herr Doktor, es ist sein Wasser nur halb! Da schrie der Doktor, so ein starker cholerischer Mann war, in großem Zorn: Daß Euch der Henker hole! Warum habt Ihr sein Wasser nur halb gebracht? Denn dieses hat mich zu glauben verleitet, Euer Mann sei die Treppe nur halb heruntergefallen; dahingegen, wenn Ihr mir sein Wasser alles gebracht, ich Euch bald hätte sagen wollen, daß er die Treppe ganz herabgepurzelt. Aber Anna schützte ihre Unwissenheit vor und verlangete seinen Rat wegen baldiger Kurierung ihres Mannes an seiner Beschädigung. Indem nun der Doktor niedersitzet und ein Rezept schreibet, ziehet Anna einen Strick aus ihrer Tasche heraus mit einer Schlinge, schleicht sich nebst ihrem Kerl hinter ihm heran und wirft ihm solche hurtig über den Kopf; da sie ihn denn durch mehreres plötzliches Zerren fast strangulieret hatten, gingen sie mit einer silbernen Kanne und Becher auf und davon und ließen unsern alten Freund Case in einem wirklich gar schlechten Zustand, bis er wieder zu sich selbst kam, welches wohl erst in einer halben Stunde geschah; binnen welcher Zeit der Raub zwischen Anna und Charles Moor geteilet wurde, welch letzterer ein Erz-Spitzbube war; und weil er bei dem Herrn John Buckworth, einem Baron, eingebrochen, mußte er am Freitag, dem 27. September 1707, zu Tyburn den Tod erleiden. Allda vermeldete er dem geistlichen Beistand zu Newgate, daß, wenn er vor Verkündung des Urteils geahnt hätte, daß er sterben müsse, er noch etliche *pour passer le temps* mit sich hätte wollen hängen lassen; denn er würde noch einige

Personen, so mit ihm Diebstahl begangen, benannt haben, die er aber nunmehro zu verschweigen festiglich entschlossen sei.

Nachdem wir in Enthüllung der leichtfertigen, von dieser arglistigen Schlange verübten Streiche so weit gekommen sind, hoffen wir, es werde sich ein jedweder dadurch von Begehung dergleichen abschrecken lassen, sintemal nichts eine Manns- oder Weibs-Person mehr verhaßt und verachtet machet, als wenn ihre Aktionen alle auf ein so unordentliches Leben abzielen. Gleichwie aber Anna allen Dingen, so der Ehre und Tugend ähnlich schienen, gute Nacht gegeben hatte; also war ihr keine Spitzbüberei zu groß zu begehen. Sie betrieb lebhafte Geschäfte unter den Goldschmieden, in deren Werkstätten oder Läden sie öfters ging und sich stellete, als wollte sie Ringe kaufen, feilschte aber solche nur, bis sie Gelegenheit hatte, eins oder das andere Stück listig zu entwenden; welches sie gemeiniglich vermittelst eines bißchen Biers praktizierte, das sie in einem Löffel über das Feuer hielt, bis es so dick wie Sirup wurde: wann sie denn ein wenig davon in die flache Hand schmierte, blieben alle leichten Sachen ohne den geringsten Argwohn daran kleben. Sie war unter den Seidenkrämern, Posamentierern und Leinwandhändlern aufm Ludgate Hill, in der Cheapside, Fleet Street und dergleichen Orten so wohlbekannt wie die berüchtigte Spitzbübin Isabel Thomas, die zwar deswegen verurteilet worden, aber, auf erhaltenen Pardon, sich wieder in Freiheit befindet.

Endlich wurde Anna auch ergriffen; und nachdem sie ihrer spitzbübischen Streiche wegen so oft in das Gesicht bebrandmalet worden, daß der Henker kein Fleckchen mehr finden konnte, auf welches er nur noch ein NB. hätte zeichnen mögen, sah es der Gerichtshof vor gut an, diese garstige Langfingerin zum Tode zu verurteilen; zumal sie wiederum aufs neue ein Stück indische Leinwand aus des Herrn John Andrew Laden heimlich hinweggestohlen hatte. Diesem über sie gefällten Urteilsspruch zu entgehen, gab sie vor, sie wäre schwanger, und bediente sich zu diesem Zweck des alten Kniffs, daß sie in großem Überfluß junges Bier trank, damit ihr solches den Leib auftriebe, und danebst, um dick auszusehen, ein Kissen unter dem Reifrock auf den Bauch legte. Und weil sie saubere Matronen von ihrer eigenen Profession bei der Hand hatte, welche ihren leichtfertigen Mitschwestern gar bald *per fas et nefas*, zum größten Hindernis der Gerechtigkeit, ein Kind zu verschaffen wissen; also hatte sie das Glück, die Gerichte zu betrügen, nachdem sie vorhero schon einmal verurteilet worden: Jedoch am Ende der 9 Monate, welche ganze Zeit über sie es an nichts ermangeln ließ, sich einen dicken Bauch zu verschaffen, was eigentlich alle Manns-Personen im ganzen Gefängnis hätten werkstellig machen können; deren Fleiß aber vergeblich war: Nach dem Verlauf solcher Zeit, sage ich, rief man sie vor ihr voriges Gericht, wo sie denn zum Tode verdammt und im 20. Jahr ihres Alters am Freitag, dem 13. Juli 1705, zu Tyburn aufgehenkt wurde.

XXIII
William Getting, ein Straßenräuber

Dieser Abschaum aller Leichtfertigkeit war in dem Kirchspiel Wolhope in Herefordshire geboren, allwo er mit seinem Vater, einem Viehhändler, wohnte, bis er ohngefähr 16 Jahr alt war, und alsdann kam er nach London, bald darauf aber bei einem Herrn in Dienste, dem er eine gute Weile als Lakai aufwartete. Nachgehends versuchte er es mit andern Diensten und gab bisweilen einen Schenken, bisweilen auch einen Lakaien ab, nachdem sichs fügte, daß er in allen seinen Diensten ohngefähr fünf Jahre zubrachte, und würde wohlgetan haben, wenn er so ehrlich und fleißig zu sein fortgefahren, wie er angefangen hatte. Allein mit der Zeit geriet er in böse Gesellschaft, welche ihn gänzlich verderbte und lüderlich machte, ja zuletzt gar zu einer so ruchlosen Lebensart verleitete, daß er zu rechter Zeit eines höchst schimpflichen Todes sterben mußte.

Als er erstlich anfing, einen der Spitzbüberei Beflissenen abzugeben, ging er unter dem Namen William Smith herum und suchte sein Glück und Heil anfänglich durch andere Diebs-Wege als Straßenräuberei, indem er, zum Exempel, die Häuser erbrach, einen Beutelschneider abgab und sich des Abends die Treppen hinanschlich.

Also ging er eines Abends, gleich einem Träger gekleidet, in das Haus eines Doktors der Medizin, der in oder neben Wells Close bei der Schwedischen Kirche am Ratcliff Highway wohnete; hieselbst schlich er sich hinauf in eine Kammer und packte ein kostbares Bette zusammen; indem er aber damit zur Kammer heraus kömmet und solches hinwegtragen will, fällt er so lang, als er ist, die Treppe damit hinunter, daß nicht viel gefehlet, er hätte den Hals gebrochen; und weil das Gepolter den alten Doktor nebst seinem Sohn alarmierte, kamen sie zur Küche herausgelaufen, um zu sehen, was es gäbe. Als nun hierauf William Getting, der ächzte und lechzete, als wenn er gänzlich abgemattet und außer Atem gewesen, verspürete, daß sie näher bei ihm waren, als er sie wünschte, sagte er zu dem Doktor: Ist nicht Euer Name so und so? Ja, antwortete der Doktor, er ist so und so; was bringt Ihr denn? Ei, mein Herr, sagte William Getting, der Mr. Hugh Hen und Penheribus schicken mich her, diese Sachen bei Euch einzulegen, welche mir bald den Buckel eingedruckt haben, daß ich genötiget worden, solche allhier niederzuwerfen; in einer halben Stunde wird er kommen und solche abholen und in ein neu Logis bringen lassen, so er hierum wo gemietet hat. Mr. Hugh Hen und Penheribus? Mein, wer ist derselbe? versetzte der Doktor wiederum, denn soviel ich mich besinnen kann, kenne ich niemanden, der so heißet. Getting sagte: Dieses kann ich nicht wissen; aber in Wahrheit, der Herr Penheribus kennet Euch und hat mir befohlen, die Sachen hier niederzulegen. Er mag mich kennen oder nicht, war des Doktors Gegenrede, ich sage Euch, daß ich anderer Leute Sachen nicht zu mir nehme, sie müßten denn selber dabei sein; dahero traget solche hinweg, sage ich! Nein, mein Herr! erwiderte Getting, lasset mich die Sachen hier lassen, denn sie haben mich bereits müde genug gemachet, wie ich sie hergetragen. Ich sage aber, war des Doktors nochmalige Antwort, daß ich sie nicht will hierbehalten, drum nehmet sie hinweg, oder ich werfe sie hinaus auf die Straße. Wohlan, sagte Getting, ich will sie wieder mitnehmen, bin aber versichert, der Herr wird sehr ungehalten sein, denn er hat mir befohlen, solche hier zu lassen. Ich frage nichts nach seinem Zorn, erwiderte der Doktor, ich sage, daß ich mir anderer Leute Güter nicht aufbürden lasse, sie müßten denn selbsten zugegen sein und mir solche in meine Verwahrung geben. Mein Herr! sprach Getting, wenn ich sie schon hinwegtragen muß, so bitte ich, seid doch nebst dem jungen Herrn hier so gut und gebt mir solche auf meinen Rücken. Ja, ja, von Herzen gern, ließ sich der Doktor vernehmen: Komm Sohn! und hilf mir solche dem Kerl auf den Rücken heben. Nachdem sie solchergestalt dem Getting die Sachen auf die Schultern gepacket hatten, kam eine kleine Weile hernach des Doktors Weib vom Markte nach Hause, und da sie in die Kammer ging, wo die Betten hinweggestohlen waren, kam sie wie eine Furie zu ihrem Mann herabgelaufen und sagte: Ja, es ist wohl eine Schande, daß ich niemals zur Türe hinausgehen darf, ohne daß Ihr nicht ein oder die andere verdrießliche Veränderung anrichten solltet! Was gibt es denn? fragte der Doktor; was willst du denn haben, Frau? bist du nicht mehr bei Gedanken? Ja, replizierte, duplizierte und quadruplizierte dieses Echo, Ihr habt den Verstand entweder verschlafen oder versoffen, daß Ihr alle Augenblicke einen neuen Schaden im Hause machet! In Wahrheit, mein Schatz! du mußt deine Schwänzel-Pfennige in der Kneipe vertan oder den Kopf auf dem Markt erfroren haben, sonst würdest du nicht so von Schaden und Veränderung drauflos faseln, da doch alles noch stehet und lieget, wie du es verlassen. Das Weib sagte: Ich bin nicht blind, sondern sehe, daß die Betten alle aus der Kammer oben neben der Treppe weg sind; drum sage mir doch, Mann! wo sie hingekommen? Bei diesen Worten gingen Mann und Sohn alsbald die Treppe hinauf und befanden, daß die Betten gestohlen waren, worüber sie bald aus der Haut fuhren; durften aber nichtsdestoweniger die Alte kein Wort davon merken lassen, daß sie die Hände bei dem Verlust mit im Spiel gehabt und dem Dieb solche hinwegschaffen helfen, sondern es hieß nunmehro: *Disce mercari cautius!* Die Augen auf und den Beutel zu! Verwahre den Stall, ehe das Pferd gestohlen wird! sonst braucht, wer den Schaden hat, vor das Gespötte nicht sorgen.

Ungeachtet aber Getting in Bestehlung dieses Hauses so glücklich war, so kam doch dergleichen Dieberei mit seinem Genie nicht überein, sondern faßte den Schluß, sein Glück auf den Landstraßen zu suchen. Und als ihm eines Tages William Fuller begegnete, der Bauernfänger, der zu erweisen suchte, wer des Prätendenten Vater und Mutter gewesen, eine neue Welt im Mond zu entdecken prätendierte und itzo zu Fuß auf der Straße zwischen Lewisham und Bromley in Kent einherlief, gebot er diesem Aufschneider zu stehen und Geld herzugeben. Indem er ihm nun alsdenn drittehalb Penny hinwegnahm, ließ sich Getting vernehmen: Es ist nunmehro leider! in der Welt so weit gekommen, daß ein Schelm, gleich den Fischen im Meer, seinen Raub an einem andern Schelm nehmen muß.

Kurz hierauf beraubte dieser schädliche Mensch, an dem sozusagen Hopfen und Malz verloren waren, einen Mann auf dem Wege nach Chelsea und erbeutete ohngefähr 12 Shilling nebst einem Paar silbernen Schnallen von demselben. Ferner plünderte er eine Landkutsche auf der Hounslow Heath und nahm den Passagieren eine silberne Uhr nebst einigem Gelde hinweg. Wiederum beraubte er nicht weit von Reading in Berkshire eine andere Landkutsche und eroberte von den darauf Sitzenden 4 Guineas und einiges Silbergeld.

Nach diesem griff er des Ritters Dashwoods Kutsche ein wenig über Putney an und entführete ihm und seiner Liebsten eine güldene Uhr und 3 bis 4 Goldstücke nebst einigem Silbergeld. Die allermerkwürdigste Tat aber, die er jemals begangen, war folgende: Er war eines Tages Lust halber auf das Land spazierengeritten, und indem er vergangenen Sommer des Abends, mit einem stattlichen Pferde versehen und gleich einem Kavalier bekleidet, nach Hause reiten wollte, wird er von einer Anhöhe einen schönen Garten gewahr, in welchem der Besitzer, Herr James Bannerman, herumspazierte. Da ritt Getting hin zu dem Gärtner, der bei der Hintertüre stand, und fragte ihn, ob nicht ein Kavalier, den die Wißbegier verleite, den Garten zu besehen, von welchem er so viel gehöret, sich die Freiheit nehmen dürfte, ein wenig darinnen herumzuspazieren? Weil nun der Gärtner wußte, daß sein Herr, der Besitzer, einem jeglichen, der eine gute Figur machte, freien Zutritt verstattete, gab er ihm Erlaubnis, hineinzugehen. Hierauf stieg er ab und ersuchte den Gärtner, sein Pferd zu halten; und als er den Herrn James Bannerman in einer Allee erblicket, bezeigte er mit einem sehr demütigen Kompliment seinen Respekt gegen ihn; ließ sich auch zugleich mit großer Submission vernehmen, er hoffe doch, derselbe werde seiner Kühnheit hochgeneigt vergeben, daß er sich unterstanden, in seinen schönen Garten zu kommen, und zwar zu einer Zeit, da er sich selbsten darinnen erlustierete. Der höfliche Ritter gab ihm zur

Antwort, er wäre ihm sehr willkommen, und invitierte ihn, mit hinzugehen und seine Wildnis mit anzusehen. Indem sie sich nun daselbst miteinander in einer Sommerlaube niederlassen und allerhand miteinander diskurrieren, lässet sich Getting vernehmen: Hat nicht Euer Gnaden einen schönen Demantring anstecken! Ja, erwiderte der Ritter, er muß auch fein sein, denn er kostet mich ein feines Stücke Geld. Ei! versetzte Getting, desto füglicher können Sie ihn einem Freund zukommen lassen; derohalben muß ich solchen, mit Euer Gnaden Erlaubnis, zu nehmen mich erkühnen und Ihnen zu Ehren tragen: Bei diesen Worten fing Herr Bannerman an, sich über seine Unschamhaftigkeit zu verwundern, aber Getting setzte ihm ein Pistol an die Brust und schwur, er wäre des Todes, woferne er den geringsten Lärm oder Widerstand machete; sagte auch zugleich, indem er solchen hinwegnahm: Ich weiß, daß Euer Gnaden auch nicht ohne Sack-Uhr sein werden; also wandte er dieselbe auch zu seinem Nutzen an, nebst einigen Guineas, die er aus seiner Tasche herausnahm. Alsdenn band er ihm Hände und Füße und brachte die Beute, so über 90 Pfund wert war, davon; tröstete aber den Herrn Bannerman bei dem Abschied, er sollte gutes Mutes sein, denn es sollte gleich jemand kommen, der ihn auflösete. Drauf ging er zu dem Gärtner, der die ganze Zeit über sein Pferd gehalten, gab ihm einen Shilling Trinkgeld und sagte: Mein Freund, Euer Herr verlangt mit Euch zu sprechen. Hiermit stieg er zu Pferde und ritt so schnell als er konnte den Berg hinab, indem der Gärtner seinen Herrn suchte, welcher in ungemeines Erstaunen gesetzet wurde, als er den Herrn Bannerman also gefesselt fand, wie ihn Getting verlassen hatte; und weil er ihn alsbald seiner Bande entledigte, bedankte sich der Ritter aufs fleißigste gegen seinen Diener, daß er ihm einen Spitzbuben in den Garten gesendet, der ihn beraubet hätte.

Er reisete einsmals von London auf das Land, mit Vorsatz, das Haus eines seiner werten Freunde und nahen Anverwandten zu bestehlen; welches er auch wirklich und leichtlich werksteilig machte, dieweil ihm alle Schliche in dem Hause sehr wohl bekannt waren; und brachte allda ein Pferd, einiges Geld, güldene Ringe und andere Sachen hinweg. Zu guter Letzt plünderte er den Ritter Harrison nebst seiner Liebsten, die miteinander in ihrer Kutsche nach Fulham fahren wollten; von diesen erbeutete er einen Beutel mit 4 Guineas nebst einigem Silbergeld. Und weil er dieser Tat halber von dem Lord Bolingbroke in Verhaft genommen wurde, von dessen Bedienten er bei seiner Gefangennehmung einen erschoß, sandte ihn die Obrigkeit nach Newgate und ließ ihn im 22. Jahr seines Alters am Freitag, dem 25. September 1713, zu Tyburn an den Galgen hängen.

Zu eben derselbigen Zeit erging auch billigermaßen die Exekution über folgende Personen, als: George Hollinsby, der eingebrochen; Thomas Turner, der ein Pferd gestohlen; John Joyner, welcher bei dem Mr. John Kelly eingebrochen; Sarah Clifford, sonst Atkins genannt, die einem Viehtreiber die Schub-Säcke geplündert und denselben so voll gesäufet, daß er in seiner Trunkenheit den unglückseligen Geist aufgegeben; Joanna Wells, sonst Elizabeth Wells, auch White, ingleichen Dyer genannt, die ein Kaufmanns-Warenlager bestohlen; und John Heath, sonst James How benamet, der ein Pferd gestohlen. Dieser letzte Dieb war ohngefähr 22 Jahr alt, geboren zu Thornwood in Essex, in welcher Grafschaft sich seine Mutter von einem Schlag oder Tor erhält, vor welchem ihr die durchfahrenden Kutschen, Karren, Wägen und Pferde Zoll entrichten müssen. Er hatte eines Pfeifenmachers Tochter von Saffron Hill zur Ehe oder lebte zum wenigsten also mit ihr, war auch ein abscheulicher Flucher und Schwörer und wurde wegen Stehlung eines Pferdes schon vorhero einmal verurteilet; weil er aber die Gnade des königlichen Pardons mißbrauchte, die ihm und andern groben Übeltätern zu Old Bailey am 12. August 1713 zugutekam, wurde er von Rechts wegen in weniger als 7 Wochen nach Erhaltung dieser königlichen Nachsicht, deren sich nur wenige so, wie es sein sollte, zu bedienen pflegen, gehangen.

XXIV
Hauptmann Uraz, ein Straßenräuber und Mörder des Ritters Thomas Thynne in Pall Mall

Christophorus Uraz, der jüngste Sohn eines sehr guten Edelmannes aus Pommern, so an Polen angrenzet, gebürtig, ließ sich durch die schlechte Verlassenschaft seines Vaters zur Straßenräuberei verleiten; und weil er ein Mensch von großer Courage und unerschrockenem Mut war, wagte er allein solche Entreprisen, dergleichen sich kaum ein halbes Dutzend andere Männer unterfangen haben würden: Denn als einsmals Johann Sobieski, König von Polen, der nebst dem Herzog von Lothringen Wien entsetzte, in Begleitung nur einiger Offiziere inkognito auf Rekognoszierung ritt, um die Bewegung der Türken zu beobachten, schnitt er ihm auf seiner Zurückkehr nach dem christlichen Lager den Paß ab und beraubte ihn und sein Gefolge so vieler Demanten, als er zu Wien einem schurkischen Juden vor mehr dann 8000 Dukaten verkaufte, der ansehnlichen Quantität Goldes, so er ihnen gleichfalls hinwegnahm, zu geschweigen. Er hatte auch einige Raubereien in Ungarn verübet; weil er aber noch einige Generosität in seiner Seele besaß, mißfiel es ihm, sein Brot allezeit durch diese verkleinerliche Lebensart zu gewinnen, dahero er, allen andern von dieser Profession zuwider, nicht ausschweifte, solange er sich durch die entsetzlichen Worte: Stehe, und gib her! zu ernähren suchte. Als er demnach ein gutes Stück Geld zusammengebracht, kaufte er sich in des Römischen Kaisers Diensten ein Hauptmannspatent in einem Regiment. Weil er sich in dieser Charge befand, wurde er mit dem Grafen Königsmarck bekannt und kam mit ihm hierüber nach England, woselbst besagter Graf von dem Ritter Thomas Thynne in seinen Liebesaffären mit einem gewissen Fräulein hinter das Licht geführet wurde; welchen Affront er so hoch ahndete, daß seine Rache durch nichts als durch den Tod seines Mitbuhlers zu löschen fähig war. Und nachdem er dem Hauptmann Uraz sein Mißvergnügen insgeheim hinterbracht hatte, nahm dieser noch zwei andere zu seinem Beistand an, nämlich Johann Stern, einen Leutnant, und George Borosky, sonst Beratzki, einen Polen; welche am 12. Februar 1681, eines Sonntagsabends ohngefähr ein Viertel nach 8 Uhr, dem Ritter Thynne, der von der Gräfin Northumberlands Wohnung in seiner Kutsche die St. James's Street hinabfuhr, aufpasseten; und Borosky versetzte ihm mit einer Muskete einen so ungeschliffenen und tödlichen Schuß, daß er auf der Stelle des Augenblicks tot war, und Herr Hobbs, ein berühmter Chirurg, fand vier Kugeln in seinem Körper, welche seine Eingeweide zerschnitten, die Leber verwundet, Magen und Galle beschädiget, eine von seinen Rippen zerbrochen und den großen Knochen darunter zerknirschet hatten.

Diese Mörder wurden des folgenden Tages ergriffen, vor den Richter Bridgeman geführet und von demselben nach Newgate gesendet; und nachdem sie den folgenden 28. Februar von dannen nach Old Bailey gebracht worden, mußten sie sich vor dem Ober-Richter Pemberton verhören lassen, und nachdem ihnen das Leben abgesprochen war, fällete der Stadt-Richter das Todesurteil über sie.

Weil sich Hauptmann Uraz unter der Verdammnis des Todes befand, gingen die Doktoren der Theologie Anthony Horneck und Gilbert Burnet, jetziger Bischof von Salisbury, hin, ihn zu besuchen; dahero der erste von diesen Theologen also schreibet: Als ich diesem Übeltäter zu Gemüte führte, daß das allsehende Auge Gottes alle seine Missetaten haarklein wüßte, ob er sie noch so sehr vor den Menschen zu bergen suchete, gab er mir zur Antwort, er habe einen ganz anderen Begriff von Gott, als ich hätte, und war der gänzlichen Meinung, Gott würde einem Kavalier etwas nachsehen und dem Stande und Profession gemäß, in welchen er ihn gesetzet, mit ihm verfahren, es auch keinesweges übelnehmen, wann ein Soldat, der von seinem Degen leben müssen, den ihm von andern zugefügten Affront durch Pulver und Stahl revanchierte. Ich wandte ein, welchergestalt nur ein einziger Weg zur ewigen Glückseligkeit wäre, und daß Gott in seinen Gesetzen keine Ausnahme vor einige Sorten oder Stände der Menschen gemachet hätte, wannenhero folglich die Rachgierigkeit bei einem Kavalier eine Sünde sei, die Gott ohne rechtschaffene wahre Bekehrung so wenig als bei dem geringsten Bauer vergeben werde. Er fragte mich hierauf, was die Bekehrung wäre. Ich vermeldete ihm, sie sei ein solcher Abscheu vor der Sünde, daß man inskünftige nicht für die ganze Welt solche wieder begehen würde. Worauf er zur Antwort gab: Wenn er länger leben sollte, so werde er sich nicht enthalten können, einem jeglichen zu vergelten, wie ers verdiente; nebenst einigen andern Äußerungen, die ich anzuführen Bedenken trage, denn sie machten mich so melancholisch, daß ich ihn verlassen mußte. Jedoch ermahnte ich ihn, er sollte, so lieb ihm seine eigene Seele wäre, wohl erwägen, was er gesaget. Das letzte Mal, da ich ihn besuchte, war am 8. März; nachdem ich ihm meinen Gruß vermeldet, ließ ich mich vernehmen, ich hoffete, er werde seinen gefährlichen Zustand in Betrachtung gezogen haben und eine größere Empfindung der Sünden in seiner Seele wirken lassen, als ich bei ihm anmerken können, wie ich das letzte Mal bei ihm gewesen. Er sagte: Er wüßte nicht, was ich mit dieser Anrede haben wollte. Ich erklärte mich deutlicher und gab ihm zu verstehen, ich bezöge mich auf die große Sünde, in welche er vor kurzem gefallen, und lebte der guten Hoffnung, sein herannahender Tod werde ihn bußfertiger gemacht haben, als er sich des vorigen Tages gegen mich bezeiget. Denn gleichwie er keine Bedenken getragen, seine Sünde öffentlich zu begehen; also sollte er sich auch nicht scheuen, dieselbe öffentlich zu bekennen. Ich erinnerte ihn ferner, daß Christi Blut niemandem als einem recht Bußfertigen zugute käme und daß sich wahre Bekehrung in Sanftmütigkeit, Demut, Erbarmung, Mitleiden, Gerechtigkeit, aufrichtigem Geständnis und Bekenntnis und, soferne wir fähig sind, auch einigermaßen in williger Genugtuung zu erkennen geben müsse; sonst stürzten sich die Menschen, des teuren Bluts Christi ungeachtet, nichtsdestoweniger in den Abgrund der Höllen hinein. Hierbei erwiderte er, daß er sich vor keiner Hölle fürchtete. Ich antwortete, vielleicht glaubte er keine, oder wenn er es ja täte, dürfte es etwa eine gar gemächliche, seiner eigenen Einbildung nach, sein. Er sagte, er wäre kein solcher Fantast, daß er sich einbilden sollte, als ob die Seelen in einem materialischen Feuer gebraten werden könnten, wie etwa eine Bratwurst auf dem Rost oder Speck in der Räucherkammer. Er glaube, daß die Strafe der Verdammten in Beraubung der gnädigen und seligen Gegenwart Gottes bestünde, aus welcher Entbehrung ein Schrekken und Angst in ihren Seelen entstünde, daß sie sich einer so großen Glückseligkeit verlustig gemachet. Ich vermeldete ihm, daß ich dem gar gerne beipflichtete;

und betreffend das materialische Feuer in der andern Welt, wollte ich eben deswegen keinen Streit mit ihm anfangen oder in Abrede stellen, daß das Feuer und der Schwefel, wovon die Schrift redet, nur Vorbildungen des innerlichen Schreckens wären, welcher die verdammten Sünder in ihrem Gewissen nagen und plagen werde; aber auch dieses habe man vor eine weit größere Strafe als materialisch Feuer anzusehen; und habe er allen Grund, diese schwere Bestrafung zu fürchten, wofern er nicht gegen mich und andere Menschen zu erkennen gäbe, daß seine Bekehrung rechtschaffen wäre.

Was ich hauptsächlich bei ihm anmerkete, war, daß er die Ehre und eine angemaßte Generosität zu seinem Abgott machte, vor dem er niederfiele; eine gewiß gar großsprecherische und verkehrte Andacht! wobei er bis auf den letzten Atem verharrete, weil er in den Gedanken stehen mochte, etwas Preiswürdiges verrichtet zu haben, wenn er von demjenigen, was er einmal gesaget, nicht abgestanden, sollte dies auch mit Verlust der göttlichen Gnade und dem Schiffbruch eines guten Gewissens geschehen sein. Er sah Gott als einen großmütigen, aber parteiischen König an, der sein Absehen mehr auf ein adeliges Blut, Herstammung und vornehmen Stand, als auf von dergleichen Menschen begangene Fehler richten werde und der ihrer edlen Geburt und Auferziehung eins und das andere nachsehen müsse. Er mochte vielleicht einen unerschrockenen alten römischen Waghals in sein Gehirne gefasset haben (denn er war in der

Historie wohl belesen), welches ihn verleitete, Kopien nach einem solchen Muster oder Vorbild zu verfertigen oder in Gedanken zu stehen, als sei es eine treffliche Heldentat, ein Bubenstück zu begehen und solches bis auf den letzten Atemzug hartnäckig zu verteidigen. Ob er nach meiner letzten Unterredung in sich geschlagen und sein Unrecht erkennet, kann ich nicht wissen: Ich unterstehe mich nicht, über die Gedanken sterbender Menschen ein Urteil zu fällen; der allwissende Herzens-Kündiger, dem die Menschen stehen und fallen, kennet solche am besten.

Doktor Gilbert Burnet schreibt vom Hauptmann Uraz also: Er ist gewiß, daß niemals ein Mensch mit größerer Resolution und geringem Zeichen von einer Furcht oder Verwirrung gestorben. Seine Bezeigung, sowohl auf dem Wagen, wie er hinausgeführet wurde, als auch auf der Richtstätte, war recht erstaunenswürdig: Er trat nicht nur dem Tode unerschrocken unter die Augen, sondern schauete auch mit ungemein fröhlichem und oftmals lächelndem Angesicht um sich. Als ihm der Strick um den Hals gebunden wurde, veränderte er seine Farbe im geringsten nicht, zitterte auch keinesweges, sondern stand auf unbeweglichen Beinen. Er sah sich öfters unter den Leuten um, so in den Erkern und Fenstern lagen, und schien seine Augen auf gewisse Personen gerichtet zu haben. Drei- bis viermal lächelte er. Sein Angesicht wollte er nicht verdecken, wie die übrigen taten, sondern verharrete in einerlei Beschaffenheit,

Im Gefängnis von Bridewell

sah öfters mit einer Freudigkeit in seinem Angesicht und einer kleinen Bewegung seiner Hände hinauf gegen den Himmel. Ich besuchte ihn zu unterschiedenen Malen im Gefängnis; er verharrete beständig auf dem Bekenntnis, das er vor der Versammlung abgeleget, bis an den letzten Augenblick seines Lebens. Er ließ sich etlichemal gegen mich verlauten, er werde niemals etwas anderes sagen, als was er einmal gesaget hätte. Er begehrte, man möchte ihn in einer Kutsche und auf keinem Karren zur Gerichtsstätte führen; als ich ihn ersuchte, auf dasjenige zu denken, woran ihm mehr gelegen, sagte er mit großer Zuversicht, daß solches bereits geschehen sei: Daß er wüßte, Gott hätte ihm vergeben und werde ihm das ewige Leben schenken. Als ich wünschete, er sollte zusehen, daß er sich nicht betrügen und seine Hoffnung vielleicht gar schlecht gegründet sein möchte, sagte er, es wäre keine Hoffnung, sondern Gewißheit: Denn er wüßte sicherlich, daß ihm Gott durch Christus versöhnet sei. Als ich sagte, er sollte seine Sünden beichten, gab er mir zur Antwort, er hätte solche aufgeschrieben und würden dem ganzen Europa bekannt gemacht werden, gedachte aber kein Wort davon gegen mich.

Ich fragte ihn, ob er etwas zu dem Volk sagen wollte? Er antwortete mit Nein. Nachdem er einem gewissen Kavalier etwas weniges in ein Ohr gesaget hatte, begehrte er, daß der Strick an den Galgen angebunden werden sollte. Er verlangte den deutschen Prediger, aber das Gedränge war so stark, daß er unmöglich hinzukommen konnte. Also ersuchte er mich, in französischer Sprache mit ihm zu beten; aber ich vermeldete ihm, ich könnte es nicht wohl wagen, in dieser Mundart mit ihm zu beten, sondern weil er Englisch verstünde, wollte ich englisch mit ihm beten. Nachdem ich gebetet hatte, sagte er weiter nichts, als daß er nunmehro hinginge, mit Gott die Glückseligkeit zu genießen; hiermit verließ ich ihn. Er verharrete in seiner unverzagten Beschaffenheit, richtete seine Augen vielmals gegen den Himmel zu und schauete bisweilen aller Orten um sich herum auf die Zuschauer. Nachdem er nebst seinen zween Mittätern ohngefähr eine Viertelstunde unter dem Galgen gestanden, wurden sie gefragt, wenn sie das Zeichen geben wollten, abgestoßen zu werden? Da antwortete er, sie wären bereit, und daß man den Karren nach Belieben, auf des Aufsehers Geheiß, hinwegziehen möchte, also wurde er ein klein Weilchen hernach hinweggezogen, daß sie solchergestalt ihr Leben alle beschlossen.

Betreffend den Leutnant Stern, einen unehelichen Sohn eines schwedischen Barons, so nachgehends zum Grafen geschlagen wurde, und Borosky, den Polen, bezeigten sie sich vom Anfang bis ans Ende überaus bußfertig und hatten mit dem Hauptmann Uraz gleiches Alter, nämlich 38 Jahr erreichet, als sie in der Pall Mall am Freitag, dem 10. März 1681, ihr Leben am Galgen beschließen mußten; aber Borosky wurde auf König Karls II. Befehl nachgehends ein wenig über Mile End an Ketten geschmiedet.

XXV
Thomas Taylor, ein Mordbrenner, Beutelschneider und Haus-Erbrecher

Die folgende Erzählung handelt von Thomas Taylor, eines Pfarrers Sohn, geboren zu Colchester in Essex, welcher sich vom 12. Jahr seines Alters an ans Spielen gewöhnete und dem Müßiggang, als des Teufels Ruhebank und aller Laster Anfang, dergestalt ergeben war, daß er sich zu keiner ehrlichen Profession auferziehen lassen wollte. Er verwarf allen guten Rat seiner Eltern, und gleichwie das Sprichwort: Böse Gesellen führen manchen zur Höllen, ein wahr Wort ist, also geriet er bald unter eine Rotte Beutelschneider, mit denen er öfters ging, um ihre Hantierung, welche der gerade Weg zum Galgen ist, zu erlernen. Also reisete er einstens mit drei oder vier solchen Diebsgesellen nach Guildford, der Hauptstadt von Surrey, wo des folgenden Tages Jahrmarkt gehalten wurde; und weil sie besorgten, sie dürften in einem solchen Zusammenlauf so vieles Volks entdecket werden, fasseten sie den Schluß, ihre Affären noch denselbigen Abend zu verrichten, da die Leute beschäftiget wären, ihre Buden aufzubauen, und erst allmählich mit anfingen zu handeln und wandeln. Das erste, so sie beratschlagten, war, wie sie das Volk zusammenlocken möchten, um sich aus diesem Rohr eine Pfeife zu schneiden; weswegen sie folgendergestalt miteinander einig wurden: Thomas Taylor, als der sich am besten aufs Handwerk verstand, stellte sich auf eine feine einfältige bäurische Weise an den Pranger, der neben dem Rathause aufgerichtet war, da denn der Lärm, so darüber entstand, verursachte, daß fast die ganze Stadt zusammenlief, dieses Spektakel mit anzusehen. Inmittelst trieben seine Kameraden ihr Spiel so geschickt, derweil das Volk gaffete, lachte und Maulaffen feilhielt, daß die wenigsten darunter etwas von ihrem Geld im Beutel behielten; ja selbst der Aufseher über den Pranger, dem dieses kuriose Lustspiel ungemein wohlgefiel, wurde, indem er auch dabeistand, mit gleicher Münze bezahlet. Als Thomas sah, daß die Messe verdient sei, und auf erhaltenes Zeichen seine Kameraden hinweggeschlichen, gefiel es ihm, nachdem er eine Stunde in dieser Beschaffenheit verharret, sich solcher willkürlichen Strafe wiederum zu entlassen, indem er sich zugleich gegen die Zuschauer vernehmen ließ: Ich hoffe, ihr werdet mir nicht schuld geben können, wenn ihr einigen Verlust erlitten habt; denn ihr seid versichert, daß ich solches zu tun nicht fähig gewesen. Worauf sie denn ihre Hände in den Schubsack steckten und sich an die Brust schlugen, mit einhelliger Stimme ausrufend, ihre Beutel wären gefeget. Inmitten dieser Verwirrung machte er sich heimlich hinweg und suchte seine Kameraden, die sich durch eine ziemliche Entfernung vor dem Schusse versichert hatten.

Nachdem endlich dieser Thomas Taylor in der Beutelschneiderei ausgelernet hatte, fing er an, seinen Nutzen für sich alleine zu befördern; und als er eines Tages, überaus galant gekleidet, in Drury Lane in die Komödie ging, setzte er sich im Parkett neben einen Kavalier, dem er 40 Guineas aus der Tasche herauspraktizierte und unentdeckt davonbrachte. Dieser glückliche Fortgang verleitete Mr. Thomas, daß er sich des folgenden Tages, und zwar in einem ganz andern Habit, wieder daselbst einfand und ebendenselbigen Kavalier im Zuschauerraum wieder ansichtig wurde, dessen Tasche er den Tag vorher bezwacket hatte, auch sich nicht entblödete, seinen Sitz nochmals an dessen Seite zu nehmen. Der Kavalier, so ein schlauer Fuchs und scharfsichtiger Luchs war, erkannte ihn ungeachtet aller seiner Verstellung und veränderter Kleidung auf den ersten Blick, stellte sich aber an, als sähe und kennete er ihn nicht; zog auch eine große Menge Guineas aus seiner Tasche heraus und steckte sie in diejenige neben Thomas, dem der Mund ganz wässerig danach wurde; es währete auch nicht lange, so fing er an, die Diebs-Angel danach einzuwerfen; weil aber der Kavalier rings um den Eingang des Schubsacks herum Fischer-Haken angenähet hatte und unser Gründling zu tief fuhr, ja bis ganz auf den Boden unbedächtig hinab langte, fing sich seine Hand und war so fest angehäkelt, daß er sie auf keinerlei Weise loszukriegen vermochte. Er angelte beinahe eine Viertelstunde auf und nieder; und wiewohl der Kavalier das Sträuben und Bewegen seiner Hände fühlete, stellete er sich dennoch, als würde er es nicht gewahr, bis endlich Mr. Thomas seinen Hut überaus höflich gegen den Kavalier abnahm und sich verlauten ließ: Mein Herr! ich habe wollen in meinen Schubsack greifen und bin aus Versehen in den Ihrigen geraten. Der Kavalier, ohne das geringste Aufsehen zu erregen, stand auf und ging hinaus in den Gasthof Zur Rose an der Ecke der Bow Street, dabei den Thomas mit der Hand in seinem Schubsack immer neben sich her schleppend, bis derselbe nach einigen von seiner Rotte schickte, welche 80 Guineas erlegten und dem Gründling aus diesem trockenen Teiche heraushalfen. Dessenungeachtet war der Kavalier mit dieser doppelten Ersetzung seines Verlustes noch nicht völlig zufrieden, sondern verbleuete den armen Stockfisch mit seinem spanischen Rohr nicht nur auf spanische, vielmehr recht moskowitische und türkische Weise; übergab ihn auch noch dazu dem unbarmherzigen Pöbel, der ihm noch jämmerlicher mitspielte und ihn in einen Schwemmteich eintauchte, nachgehends aber so henkermäßig traktierte, daß ihm ein Bein und ein Arm zerbrochen wurde.

Als dem Thomas bei dem ersten Versuch, das profitable Handwerk der Beutelschneiderei allein zu treiben, ein solcher grausamer Unstern begegnete, hatte er dessen so satt, daß er inskünftig ganz davon abließ und in die Häuser einbrach; in welcher Art der Dieberei er so abgefeimt war, daß er in weniger als 14 Monaten über 60mal nur in der Grafschaft Middlesex eingebrochen und gestohlen. Er herrschete 8 Jahre in seiner Ungerechtigkeit; als er aber endlich zwischen Brentford und Austerly, einem kleinen Dorf, so ohngefähr eine Meile nordwärts von dieser Stadt lieget, eine Scheuer in Brand steckete und mittlerweile, da alles Gesinde zum Wohnhaus herauslief, das Feuer zu löschen, hinauf in eine Kammer ging, sich anstellend, als wolle er die Güter und Mobilien retten helfen, aber mit einem Kasten, worinnen eine große Menge Silbergeschirr und 140 Pfund an barem Gelde war, hinwegrannte, wurde er ergriffen, ehe er noch Hammersmith erreichete; da man ihn denn vor die Obrigkeit und von dannen nach Newgate führete; und nachdem ihm zu Old Bailey das Leben abgesprochen worden, mußte er im 29. Jahr seines Alters an einem Freitag, so der 18. Dezember des 1691. Jahres war, zu Tyburn am Galgen sterben: Woselbsten er bekannte, daß er allen Sünden, als Fressen, Saufen, Fluchen, Schwören, Stehlen, Huren und dergleichen ergeben gewesen, doch habe er niemals keinen Totschlag begangen.

An ebendemselben Tage litt William Horsey die Todesstrafe mit ihm, welcher zwei Personen, davon einer sein spezieller Freund gewesen, ganz grausamerweise ermordet hatte; ingleichen William Smith, ein Wein-Schenk, der gestohlen hatte; Maria Motte, die ihr Bastardkind umgebracht, indem sie solches in einem Korbe unter eine Dachtraufe gesetzet, bis es gestorben; John Barret, eines Kürschners Sohn, der zu einem Tuchmacher in die Lehre getan worden, aber nur vier Jahre von seiner Zeit ausgestanden, da er unter böse Gesellschaft geraten, welche ihn zu diesem schimpflichen Tode brachten; William Good, weil er einem Edelmann in Hackney Fields eine silberne Taschenuhr, einen Degen mit einem silbernen Gefäß und 28 Guineas geraubet; Richard Johnson, weil er allerhand große Raubereien in London und außerhalb in Westminster und andern Orten in der Grafschaft Middlesex verübet; Anne Miller, welche gestohlen und eingebrochen; Edward Booth und Humphrey Malice; der letztere von diesen war ein Gärtner zu Westminster und hatte einem Edelmann in Chelsea Fields eine silberne Schnupftabaksdose, eine güldene Taschenuhr, eine Perücke, einen Biberhut und ein Paar mit Edelgestein versetzte silberne Schnallen sowie 24 Shilling an Gelde geraubet; gleichergestalt wurde auch ein Glaser aus der Exeter Street mit diesen Übeltätern gehangen, weil er verschiedene notorische Straßenraubereien verübet, zur größten Verwunderung aller seiner Nachbarn, unter denen er ein sehr ehrbares und tugendhaftes Leben zu führen geschienen und einen Abscheu vor allen Lastern zur Schau getragen: Alleine, stille Wasser, wie das Sprichwort sagt, sind gemeiniglich am tiefsten.

XXVI
Thomas Rowland und Francis Osborn, ein Goldschmied in der Cannon Street in London, zween Straßenräuber

Der erste von diesen großen Übeltätern war zu Ware in Hertfordshire geboren und von seinen Eltern zu einem Mäurer in die Lehre getan worden; als er aber seine Zeit ausgestanden, lag er seinem schläfrigen und trägen Naturell gemäß gerne auf der faulen Bärenhaut; dahero er sich zu solcher Gesellschaft hielt, welche den faulen Bärenhäuter bald in einen fleißigen Straßenreiter und emsigen Beutelschneider verwandelten: Denn damit er sich in seiner müßigen und üppigen Lebensart erhalten könnte, stahl er ein Pferd aus des Herzogs von Beaufort seinen Ställen auf seinem Sitz zu Badminton in Gloucestershire heraus. Alsdann begab er sich auf die Landstraße und beging binnen einer Zeit von 18 Jahren unzählige Raubereien. Er raubete aber allemal in Weiber-Habit, welche Verstellung das Mittel war, daß er so lange in seiner Ruchlosigkeit herrschen konnte: Wenn er verfolgt wurde, ritt er irrsame Wege; allein endlich ergriff man ihn doch in diesem verbotenen Habit, als er auf der Hounslow Heath eine Person beraubte und ihr eine Quantität geklöppelte Spitzen, so über 1200 Pfund Sterling wert waren, hinwegnahm; welcher Tat er überwiesen und auch noch einer anderen wider ihn eingebrachten Klage, daß er einer andern Person bei Barnel 84 Pfund, 9 Shilling geraubet, schuldig befunden wurde. Derweil er unter der Verdammnis des Todes schwebte, erwies er sich schrecklich widerspenstig und so abscheulich ruchlos, daß, als er an ebendemselben Morgen, da er sterben sollte, von einer gemeinen Hure besuchet wurde (denn es fehlete ihm nie an Geld, solange er im Gefängnis war), der Bösewicht die unerhörte Frechheit und Vermessenheit beging, sich fleischlich mit ihr zu vermischen; rühmte sich auch dieser Sünde noch unterwegs, als man ihn zu seiner Exekution führete, welche zu Tyburn am Freitag, dem 24. Oktober 1690, im 40. Jahr seines Alters geschah.

Zu ebenderselbigen Zeit und an ebendemselbigen Ort wurden auch folgende Personen gehangen: Mercy Harvey, welche ihr unehliches Kind, so ein Knäblein, ermordet; Anne Henderson, eine Schottländerin, weil sie eine silberne Kanne gestohlen; Bryant Cane, weil er bei dem Herrn Becker zu Marylebone eingebrochen, gestohlen und ihn nebst allem Gesinde in seinem Haushalt geknebelt; John Lowbridge, ein Fleischer, weil er ein Pferd gestohlen; John Euton, so 19 Jahr alt war, und

Catherine Jones, wegen Erbrechung des John Prescott seines Hauses und Bestehlung desselben.

Die folgenden Personen, nämlich Peter Vallard, ein Franzose, Thomas Rogers und Thomas Castle, sonst Cassey genannt, wurden auf einer Schleife nach Tyburn geschleppet, allwo die zween erstern, weil sie falsche Münze gemachet, gehangen und gevierteilt wurden; der dritte aber erhielt den Abend vor seiner Exekution bei Seiner Majestät insoweit Gnade, als er allein mit dem Hängen davonkam.

Francis Osborn war von einer sehr guten Familie zu Colchester in Essex geboren; und als ihn seine Verwandten zu einem Goldschmied in der Lombard Street in London in die Lehre taten, stand er seine Jahre sehr treu und ehrlich aus und fing alsdenn an, in besagter Stadt seine Kunst selbständig zu treiben, der er auch 7 Jahre nachfolgete; er war aber nicht über zwei Jahre sein eigener Herr gewesen, so ergab er sich sehr lüderlicher Gesellschaft, die ihn zur Völlerei, zum Spielen, Huren und Buben verleitete, worüber er sehr auf die Neige kam und in allerhand schwere Schulden geriet. Und als dieselben endlich zu sehr anwuchsen, begab er sich, um der Schuldhaft zu entgehen, auf die Landstraße, bis er als ein Straßenräuber auf den Thron der Raben erhöhet wurde. Denn als er einstens dem Grafen von Albemarle, der in seiner Kutsche mit 6 Pferden saß und nebst dem Kutscher und Postillion auch noch vier Lakaien und zwei Kavaliere zu Pferde bei sich hatte, zwischen Harwich und Manningtree begegnete, war er so vermessen, daß er mit nur noch einer einzigen Person auf den Grafen lossetzte und, als der Kutscher anhielt, hin zu dem Lord ritt und ihm sein Geld abforderte. Die Bedienten, dieser frechen Räuber Vermessenheit sehend, deren nur zween, ihrer aber so viel waren, hielten sichs vor eine Schande, so verzagt zu sein und sich ihnen nicht zu widersetzen. Sobald demnach einer von den Kavalieren Feuer gab, brannten die übrigen alle auch ihre Pistolen los, ja, auch sogar der Kutscher und Postillion, welche ihre geladenen Faust-Rohre bei sich hatten; dahero der Schrot diesen Straßenräubern ziemlich dicke um die Ohren herumflog, zumal da der Graf selbst mit einer Muskete Feuer zur Kutsche heraus gab. Allein es geschah ohne sonderlichen Effekt; die Räuber steckten ihre Hände auch nicht in die Taschen, sondern zeigeten, daß sie weit besser und gewisser treffen könnten: Denn sie löseten über 8 geladene Pistolen, schossen beide Pferde unter den zwei Kavalieren tot, verwundeten zwei Lakaien überaus gefährlich und ließen den Postillion mitsamt dem vorderen Pferd, auf welchem er ritt, halb entseelt liegen. Alsdenn ritten sie wieder hin zu dem Grafen, dem sie die gröbsten Schmähreden antaten und ihm droheten, ihn durch den Kopf zu schießen, wofern er nicht augenblicklich aushändigte, was er hätte. Er gab ihnen demnach einen Beutel mit 130 Guineas, eine güldene Taschenuhr, einen Demantring, ein Paar diamantene Schnallen und eine güldene Schnupftabaksdose. Indem sie aber einen Koffer, der auf die Kutsche gebunden war, plünderten, kamen sechs oder sieben Offiziere von der Armee auf sie zugeritten, dahero Francis Osborn nebst seinem Raubgesellen Reißaus nahm. Allein da diese Kavaliere zu dem Grafen von Albemarle herankamen und wegen der Räuberei verständiget wurden, stelleten sie den Räubern so genau nach, daß diese genötiget wurden, in den Fluß Manningtree hineinzureiten, in welchem einer von ihnen mitsamt seinem Pferd ersoff, aber Osborn schwamm glücklich hinüber in die Grafschaft Suffolk und nahm, ohne entdeckt zu werden, seinen Weg gerade nach London zu.

Zu einer andern Zeit begegnete Francis Osborn dem letzten Herzog von Newcastle, als derselbe erst noch Graf von Clare war, auf der Straße nach Nottingham; ritt demnach hin zu seiner Kutsche und ließ sich mit überaus demütiger Abnehmung seines Hutes verlauten: My Lord, nachdem ich von vielen glaubwürdigen Personen gehöret, was Euer Gnaden vor ein liebreicher Pair sein sollen und wie generös Sie Ihre Almosen unter verarmte Kavaliere auszuspenden pflegen; und weil ich das Unglück gehabt, durch viele Verluste und Unfälle in der Welt in einen Zustand zu geraten, der dem des armen Hiob nichts nachgibt, muß ich mich in aller Demut erkühnen, Euer Gnaden Benevolenz anzusprechen, welche ich, solange ein warmer Blutstropfen in mir sein wird, mit der größesten Dankbarkeit verehren werde! Weil es nun diesem Lord ungelegen war, sich sein

Geld aus dem Beutel schwatzen zu lassen, sagte er auf eine gar ungehaltene Weise zu Francis: Ich bitte dich drum, unverschämter Geselle, sag mir nichts von liebreichem Almosengeben und von Benevolenz, denn ich verstehe diese Sprache nicht, sintemal ich kaum genug vor mich selbsten habe, geschweige denn vor Bettler; drum packe dich deines Weges und laß mich zufrieden! Hierauf sagte Francis: Ei, My Lord! ich bin kein solcher lausigter Bettler, wovor mich Euer Gnaden vielleicht ansehen: Denn was mir die Leute nicht gutwillig geben wollen, das nehme ich ihnen mit Gewalt hinweg. Hiermit zog er eine Pistole heraus und fügte, indem er solche dem Lord an die Brust setzte, hinzu: Wofern mir nicht Euer Gnaden Ihr Geld diesen Augenblick geben, so haben Sie sich nichts als des augenblicklichen Todes zu versehen; denn ich will Sie, so wahr ich lebe, bei dem geringsten Widerstand auf der Stelle totschießen. Also nahm er 400 Pfund aus der Kutsche heraus und wünschete dem Lord eine glückliche Reise; er aber ritt mit seiner Beute auf und davon.

Er herrschete über fünf Jahre in seiner Schurkerei ohne den geringsten Argwohn in seiner Nachbarschaft, woselbst ihn jedermann vor einen gar ehrlichen Hausvater ansah, dieweil er sich mit aller erdenklichen Behutsamkeit aufführete; als er aber endlich nebst noch drei andern Straßenräubern auf der Hounslow Heath einen Edelmann anfiel, welcher ein starkes Gefolge bei sich hatte, taten sie ihnen einen so resoluten und tapferen Widerstand, daß Francis Osborn darüber gefangen wurde, wiewohl seine andern Raubgesellen die Flucht ergriffen, die er bis zum letzten Atemzug durchaus nicht verraten wollte. Als er sich zu Newgate befand und dieser Tat wegen verurteilet wurde, bezeigte er nicht die geringste Reue wegen des ruchlosen Lebens, das er geführet, sondern pflegte öfters zu sagen, es täte ihm nur recht leid, daß er eine so herrliche und sinnreiche Profession wie die seine verunehret hätte. Am Freitag, dem 12. September 1690, wurde er zu Tyburn im 29. Jahr seines Alters zur gebührenden Strafe gezogen. Auch wurden am selbigen Tage mit ihm hingerichtet William Goff, ein Reiter, der dem König James und König William gedienet, itzo aber einen Straßenräuber abgegeben hatte; Thomas Jarrold, ein Bauersmann, aus Ampthill in Bedfordshire gebürtig, welcher ein Pferd gestohlen; John Daynter, ein Schuster, welcher bei dem Herrn Yates eingebrochen und eine silberne Kanne, ein Dutzend silberne Löffel und 21 Pfund an Gelde gestohlen; und James Smith, der einem gewissen Herrn auf der Straße 28 Guineas und zwei güldene Ringe geraubet. Als dieser aufgeknüpft werden sollte, stellte er sich erschrecklich ungebärdig an, nannte die Richter, den Bürgermeister und den Stadtsyndikus mit allen erdenklichen Schimpfnamen und gab mit Fluchen und Schelten den unglückseligen Geist auf.

XXVII
Moll Cutpurse, eine Spitzbübin und Straßenräuberin

Mary Frith, insgemein nur Moll Cutpurse, das ist Maria Beutelschneiderin, genannt, von ihrer Profession, die anfangs im Beutelschneiden bestand, war beim Barbican in der Aldersgate Street geboren im Jahr 1589. Ihr Vater war ein Schuster; und ob sich schon bei ihrer Geburt nichts Merkwürdiges zutrug, wie sonst die schmeichelnden Horoskopsteller aus Sonnenfinsternissen und andern dergleichen Bewegungen des Firmaments oder aus Wasserfluten, Walfischen und großen Feuersbrünsten bei der Empfängnis und Geburt gekrönter Häupter sich zusammenreimen wollen; so gab sie doch, als ein langstrümpfiger Politikus, manchem kurzstrümpfigen hochberühmten Pseudo-Politikus wenig nach: Denn sie war zu ihrer Zeit die große Kabbala und das berühmteste Orakel in der geheimen Kunst der Beutelschneiderei und Taschen-Visitation, verstand sich auch sehr wohl auf die Kammer-Affären unter den Großen, ich will sagen, das Kuppel-Handwerk. Vater und Mutter wußten dieses allerliebste Töchterlein (weil sie sonst kein Kind mehr am Leben hatten) nicht genugsam zu verhätscheln, insonderheit die Mutter, welche nach Art der Zärtlichkeit dieses Geschlechts, das gemeiniglich von Natur gütiger als das männliche ist, ihr in ihrer Kindheit allen Willen ließ, bei heranwachsender Jugend aber allzugroße Sorgfalt vor sie trug und bei reifem Alter gar einen Affen aus ihr machte; da sie doch um dieselbige Zeit in Anbetracht ihres frechen und männlichen Naturells, so bald über alle Zucht und Auferziehung die Oberhand behielt, hätte am schärfsten gehalten werden sollen. Sie war ein rechter Wildfang und eine Gassenrange und suchte ihr Vergnügen und Kurzweil bloß in solchen Spielen und Zeitvertreib, dergleichen die Knaben vorzunehmen pflegen, wo man sie gemeiniglich mitten drunter fand, niemals aber in Gesellschaft von Mädchen. Dieses ungezogene Wesen verursachte ihr manchen Schlag, sie war aber keinesweges zu zähmen noch von ihrer wilden Art abzugewöhnen; sie hatte durchaus kein Sitzfleisch und konnte des Nähens, Stickens und Strickens unmöglich gewohnt werden; das Modeltuch war ihr so fürchterlich als das Leichentuch; an Nähnadel und Fingerhut konnte sie ohne Erschrecknis nicht gedenken, wünschete, daß sich solche in Degen und Stilett verwandeln möchten. Ihre Haube und Mütze (oder was zur selbigen Zeit Mode war, wonach sich die Mädchen kleideten) legte sie gleichfalls allemal mit Verdruß an und trug solche so knapp und manierlich wie der Hund ein Wams; und hielt sich so reinlich, daß sie die Henkel von Kochtöpfen und Bratpfannen, wenn man sie dagegen gehalten, beschämt haben würden: Kurz, sie war ein rechter Mistfink, Sudeltopf und Waschklatsche. Dieses setzte ihre Eltern und Verwandtschaft in nicht geringe Bestürzung; sie pflegten sich zwar mit dem ihrer Hoffnung gemäßen Sprichwort zu trösten, daß aus lüderlichen Jungfern gemeiniglich die besten Weiber würden; allein ihre Aufführung stimmete in die Länge und Ferne nicht mit diesem frommen Glauben überein; so erlebten solches ihre Eltern auch nicht, dieweil selbige noch bei ihrer Minderjährigkeit hinwegstarben, wodurch sie folgends Gelegenheit bekam, in ihrem Sott recht aufzuwachsen und ihrem unordentlichen Naturell willkürlich nachzufolgen.

Sie pflegte mit den Knaben um die Wette zu rennen, zu hüpfen und zu springen, ja sich mit ihnen herumzuschlagen und solche tapfer abzubleuen. Sie hatte einen Geistlichen zum Oheim, vor diesem mußte sie sich noch ein klein wenig scheuen, doch war die Furcht nicht so groß, daß sie solche in ihrer übeln Lebensart hätte hemmen können. Als er demnach sah, daß dem eingewurzelten Übel in ihren Sitten auf keinerlei Weise abzuhelfen sei, lockte er sie auf gute Art nach Gravesend, wo ein Kauffahrteischiff lag, so nach Neu-England segeln wollte, und gedachte sie mit dahin zu senden: weil aber der Wildfang schwimmen gelernet, sprang sie eine Nacht zum Schiffe hinaus und schwamm ans Ufer; nach dieser Flucht kam sie ihrem Oheim nicht wieder zu nahe.

Es ist anzumerken, daß bei ihrer Geburtsstunde Merkur in Konjunktion mit oder vielmehr in dem Hause der Venus gewesen: Der erstere unter diesen Planeten ist von einer diebischen, betrügerischen, arglistigen Influenz, und der andere hat seine Herrschaft über alle Huren, Kuppler und Kanaillenpack, und wenn er sich mit Merkur vereiniget, über alle durchtriebenen Spitzbuben und großsprecherischen Aufschneider. Die Venus hat einen allgemeineren Einfluß als die andern sechs Planeten alle miteinander: Denn kein Ort und keine Stadt ist von ihr ausgenommen; sie bemächtiget sich sowohl Heiliger als Unheiliger; sowohl Geistlicher als Weltlicher; sowohl der Klöster als Bordell-Häuser; sowohl Cheapside und Cornhill als Bloomsbury oder Covent Garden. Unter diesen gütigen Gestirnen gelangete dieses saubere Früchtchen zu einiger Reifung: Sie war nunmehro eine junge, frische, freche, kühne, beherzte Dirne, und geschickt, sich in Dienste zu begeben, dieweil ihr von ihren Anverwandten nicht so viel verlassen worden, daß sie sich ohne ihrer Hände Arbeit davon erhalten können. Gleichwie sie aber eine allzu große Liebhaberin ihrer Freiheit war, also lebte sie viel zu ausgelassen, als daß sie sich in die Grenzen eines sittsamen und häuslichen Lebens einschränken mögen. Ein Korporalsstab hätte sich besser vor sie geschickt als ein Spinnrocken;

Stock und Degen besser als Spindel und Weife. Wenn sie *per fas et nefas* ein paar Shilling erworben hatte, ging sie damit in die Bier-Schenke und versoff das Geld; setzte sich darunter, wo die Kumpanei am dicksten war, und bezahlte vor andere, bis sie keinen Penny mehr hatte; alsdenn war sie zu einem jeglichen Unternehmen geschickt. Sie hatte von Natur einen Abscheu vor dem Kinderkriegen; wie sie denn auch, so viel ich in Erfahrung kommen können, der liebreichen Anrede Mutter niemals gewürdiget worden. Sie wurde von ihren Nachbarn jederzeit vor einen Hermaphroditen oder Zwitter gehalten, es befand sich aber bei ihrem Tode das Gegenteil.

Sie ging insgemein in Manns-Habit gekleidet; wobei ich mich erinnere, welchergestalt Herkules, Nero und Sardanapal ausgelachet und getadelt werden, daß sie sich auf eine recht leichtsinnige und üppige Weise dem weibischen Wesen ergeben haben. Der erste wird mit einem Spinnrocken in der Hand abgemalet; von dem andern aber gemeldet, daß er sich vor ein Weib zur Ehe nehmen und alle Zeremonien, so bei der Feier einer Hochzeit üblich gewesen, mit sich vollziehen lassen; und dem dritten hat es an nichts als einer unverschämten Feder gefehlet, seine ausgelassene Weichlichkeit so üppig zu beschreiben, als ausschweifend er derselben ergeben gewesen. Diese waren alle Ausgeburten von Menschen und finden weder in der alten noch neuen Historie keine Vergleichung, bis Moll Cutpurse ihren Exempeln nachfolgete oder vielmehr das Gegenteil tat: Denn jene waren

Männer und verwandelten sich in Weiber; diese ist ein Weibsbild und verwandelt sich in eine Manns-Person. Ihre Schamlosigkeit war so heroisch, daß sie einem jedweden vermessenen Römer Trotz geboten haben würde. Man hätte ihre abenteuerlichen Händel in keinem Roman bunt und kraus genug abschildern können: Denn niemals hat ein Weibsbild eine Manns-Person so eigentlich vorgestellet als dieser Scherwenzel. Und vielleicht hat sie aus dem Umgang mit ihrem Spiegel, vor dessen Zurückstrahlung sie allemal erschrocken, ihre Mängel kennenlernen, und daß sie nicht zum Vergnügen und Ergötzlichkeit der Manns-Personen gemacht gewesen. Nachdem es solchergestalt schwer schien, von ihnen geliebet zu werden, suchte sie in ihren Sitten und Kleidern unter ihnen geehret zu werden: Denn von dem ersten Antritt eines zulänglichen Alters an bis zum Tag ihres Todes wollte sie solche nicht wieder ablegen.

Indem sie so leichtlich nicht zu besorgen, von Manns-Personen gleich einem Götzenbilde auf den Knien verehret zu werden, so hatte sie dennoch die Bleichsucht niemals am Halse gehabt. Sie hatte nicht nötig, Kalk, Kreide, Kohlen, Haber-Mehl, Tabakpfeifen-Asche und dergleichen Zeug zu essen. Ihre aufgeweckten Geister wurden von keinen Seufzern, tiefsinnigen Blicken und melancholischen Gedanken unterbrochen: So pflegten ihre Lebhaftigkeit auch keine Kummerwolken, wegen Verzweifelung an einen Ehemann, zu benebeln: Die Sehnsucht, der Hunger und das Gelüsten nach Männerfleisch, welchen die armen Mädchen sonst öfters unterworfen zu sein pflegen, ließen sie ihre Ruhe ungestöret genießen: Sie hatte Vermögen und Stärke, wo nicht auch den Willen, ihr eigenes Vergnügen zu befördern, indem sie eine jedwede Person von einer gehörigen Fähigkeit des Leibes darum ansprechen konnte; und derohalben brauchte sie sich deswegen zu keinem Schatten grämen, wie sie etwa einen Junggesellen zu ihrer Liebe bewegen möchte: Sie war fähig, ihm solche selber anzutragen und solchergestalt einen ehrlichen Kerl des Füße-Küssens, Staub-Leckens und andern abgöttischen Geweses zu überheben.

Nunmehro ging Moll Cutpurse mit sich zu Rate, was vor eine Lebensart ihr am zuträglichsten sein möchte; geriet demnach mit einigen Wahrsagern oder Glücks-Propheten der Stadt in Bekanntschaft, denen sie allerlei Schnacken und Täuscherei, womit sie durch ihre nichts bedeutenden Horoskope die Leute betrügen, ablernete, bei welcher Profession sie sich ziemlich wohl befand. Weil aber doch ihr Einkommen den Ausgaben die Waage nicht halten wollte, begab sie sich unter die Zunft und Innung der Beutelschneider, Taschen-Feger und Spitzbuben, welches Gesindel eine Art von Land-Piraten ist, so ihre Handlung mit keiner anderen Ware als anderer Leute Gold und Gelde treiben und die meisten Jahrmärkte und vornehmsten Messen in der Welt besuchen. Durch dieses verbotene Handwerk brachte sie eine große Summe Geldes zusammen; nachdem sie aber ihrer übeln Praktiken wegen sehr oft in das alte Zuchthaus Bridewell, in die Counters-Gefängnisse und nach Newgate geraten und viermal in die Hand gebrandmalet worden, verließ sie diese elenden Diebs-Griffe, bekehrte sich von der Hurerei zum Ehebruch und wurde eine Straßenräuberin.

Moll Cutpurse hatte der Straßenrauberei eine lange Zeit obgelegen; als sie aber endlich dem General Fairfax auf der Hounslow Heath 250 Jakobus-Stücke raubete, dem sie auf seine Gegenwehr durch den Arm schoß, und zwei Pferde, worauf ein paar von seinen Dienern ritten, erlegte, wurde ihr von einigen Parlaments-Offizieren, so in der Stadt im Quartier lagen, denen Fairfax seinen Unstern erzählete, überaus genau nachgestellet; und weil sie zu Turnham Green mit dem Pferde stürzte, ergriffen sie dieselbe und führeten sie nach Newgate, worauf man ihr das Leben absprach; sie erhielt aber, indem sie ihrem Kläger 2000 Pfund gab, Pardon.

Weil zu ihrer Zeit das Tabak-Schmauchen große Mode wurde, suchte sie ihr größtes Vergnügen darinnen, sich die Zeit mit einem Pfeifchen Tabak zu vertreiben: gleichwie nun solches damals was Ungewöhnliches war und man noch niemals kein Frauenzimmer Tabak rauchen sehen (wiewohl seit der Zeit viele ihres Geschlechtes ihrem Exempel nachgefolget), also konnte sie ihr Geburts-Zeichen desto besser darunter verbergen. Nachdem sich nun Moll aus gemachter Erfahrung gänzlich vom Stehlen abschrecken lassen, was nämlich ihre eigene Person anbelanget, fing sie an, gestohlne Güter zusammenzukaufen, durch welches Gewerbe sie eine ansehnliche Summe Geldes zusammenbrachte. Sie legte in ihrem Hause eine Faktorei oder Kaufmanns-Gewölbe an, worinnen alles seinen gewissen Ort hatte, als Kleinodien, Ringe und Taschenuhren, welche weit und breit gestohlen, geraubet oder auf andere Weise entwendet worden. Man hätte es mit Recht eine Versicherungs-Kammer solcher Waren nennen mögen: Denn die Beraubten waren versichert, auf räsonablen Vergleich ihre Güter wiederzubekommen; die Räuber waren versichert, eine gute Ranzion davonzutragen; und sie, die vornehme Trödel-Frau, hatte sich viel weniger einiges Schadens bei diesem Handel zu besorgen, dieweil Nachfrage und Erkundigung allemal bloß der Entdeckung der Güter, nicht aber der Täter wegen, an sie gerichtet wurde. Indem sie nun also, frei von der Gefahr des allgemeinen Gesetzes, in ihrer Bosheit herrschete, machte sich ein Stadt-Knecht, vermittelst eines ihrer Widersacher, an sie, und ließ sie zitieren, daß sie vor dem bischöflichen Gerichte erscheinen mußte, allwo eine Klage wider sie eingegeben worden, daß sie ungebührliche und männliche Kleidung trage. Sie bekam von ihrem Advokaten den Ratschlag, bei der Gerichtsversammlung einzuwenden, es sei eine Sache, die ihr nicht könnte nachgewiesen werden; allein er tat es nur, um ihren Prozeß auf die lange Bank zu schieben: Denn am Ende wurde doch dieses Urteil über sie gefallet, daß sie in einem weißen Tuche, während der Früh-Predigt, an einem Sonntage unter der Kanzel der Paulskathedrale stehen und Buße tun sollte. Viel eher würde man einem schwarzen Hund einige Schamröte abgejaget haben als dieser unverschämten Vettel mit einer solchen Strafe: Sie hätte einen halben Penny genommen und wäre in ihrem bußfertigen Habit durch alle Städte und Marktflecken in ganz England gewandert und sich noch so viel darauf eingebildet wie ein Lakai, der in seines Herrn Livree und Renommier-Hut zu seinen Freunden auf das Land reitet. Uber dieses hatten die Zuschauer wenig Ursache, ihren Scherz über diese Schaustellung zu bezeugen; denn einige von der Moll ihren Komplizen und Spionen raubeten oder verderbeten zum wenigsten, ohne die geringste Betrachtung des heiligen Ortes, eine gute Partie Kleider, indem sie den Kirchgängern hier einen Zipfel vom Mantel, dort einen Zipfel vom Rock hinwegschnitten und solche gerupft nach Hause sendeten.

Kurz, das weiße Habit tat zwar öffentlich Kirchenbuße, keinesweges aber der Moll Cutpurse ihr Herz: Moll Cutpurse blieb Moll Cutpurse, das ist, eine Hehlerin und Stehlerin, wie vorher; und war sie jemals in kostbarem Manns-Habit gegangen, so geschah es gewißlich itzo erst recht; auch bestand der Zierat ihres Hauses nicht weniger aus raren Stücken von schönen Gemälden und köstlichen Spiegeln, so daß sich ihre Annehmlichkeit in allen Teilen des Zimmers vom Kopf bis zun Füßen besehen konnte. Dieses gab dem gemeinen Volk

Hinrichtung in Tyburn

Gelegenheit zu sagen, sie bediente sich magischer Zauber-Gläser und Kristalle, worinnen sie den Leuten, so sie um Rat fragten, die Täter ihrer gestohlenen Güter zeigete: Ingleichen wüßte sie andern, die neugierig wären, die Gestalt und Beschaffenheit ihrer zukünftigen Liebsten zu erfahren, die wahre und vollkommene Abbildung derselben aufs lebhafteste vorzustellen; dergleichen von afrikanischen Zauberern glaubwürdig berichtet sei, wovon wir ein Exempel in der Historie von Jane Shores Ehemann antreffen, der die unkeuschen Umarmungen seines Weibes mit Edward IV. in einem Kristall erblicket.

Moll Cutpurse verstand sich auch meisterlich aufs Kuppel-Handwerk und hätte den Henker und seine Mutter zusammengekuppelt, wenn es ihr nur Geld eingetragen; wannenhero ihr Haus ein doppelter Tempel des Priapus und der Venus wurde, bei welchem sich sowohl die barmherzigen Brüder als Schwestern gar häufig einfanden. Und weil sich die meisten sehr generös und erkenntlich vor ihre Mühwaltung erwiesen, wurden sie mit demjenigen, was sie verlangeten, überaus willfährig akkommodieret. Hingegen wußte sie andere, bei welchen die Dukaten tiefer staken, auch aufzuhalten und ihre Ungeduld durch den Verzug zu vermehren, indem sie ihnen die zwar gewisse, aber kostbare Erfüllung ihrer Wünsche vor Augen stellte, welches der Trägheit ihrer Beutel gleichsam statt eines Sporns dienete: Denn Madame Pecunia und sie gingen in gleichem Schritte miteinander; endlich aber ließ sie doch mit sich handeln.

Weil Moll eine große Antipathie vor das Rumpf-Parlament hatte (wie das Überbleibsel desjenigen Parlaments, so König Karin dem Ersten den Kopf abgeschlagen, verächtlich genannt wird), traf sie einen Kerl an, der anderer Leute Hände überaus geschickt nachmalen konnte; diesem eröffnete sie ihre Gedanken und wurde mit ihm einig, die Hände der Bevollmächtigten und Säkkelmeister des Parlaments an die jeweiligen Steuereintreiber zu verfälschen und nachzumachen, damit sie das Geld, so sie in ihren Händen hätten, an einen von ihr fälschlich abgeordneten Bevollmächtigten auszahlen möchten: Solchergestalt wären sie fähig, alle großen Summen, wovon sie Wissenschaft hätten, auf dem Lande im voraus hinwegzustehlen. Diese Büberei währete ein ganzes halbes Jahr, bis man zu Guildhall dahinterkam, und auch dann wußten sie die Sache so raffiniert zu spielen, daß keiner von den Zeugen selbsten den Schein einiges Betruges vermeiden konnte. Und da der Erzverräter Oliver Cromwell das Regiment auf eine höchst unrechtmäßige Weise an sich riß, fingen sie diesen Handel von neuem an, dieweil es gar leicht anging, seine einfache Unterschrift nachzumachen; vermittelst welchen Betrugs ihr verschmitzter Geheimschreiber gleichfalls eine ansehnliche Summe Geld aus dem Zoll und der Akzise, ja aus der königlichen Schatzkammer selbsten, an sich zog, bis Oliver genötiget wurde, sich eines geheimen Zeichens zu bedienen, um seinen Kredit unter seinen eigenen Schelmen authentisch und glaubwürdig zu machen.

Im 74ten Jahr ihres Alters wurde Moll gar gebrechlich am Leibe und verdrießlich im Gemüte; dahero sie der ersten herannahenden Krankheit, welches die Wassersucht war, herhalten mußte, einer Krankheit, die so viele seltsame Symptome hatte, daß sie nicht anders vermeinte, als ob sie besessen oder gar mit dem Teufel schwanger ginge. Ihr Bauch war aus einem verwelkten dürren eingeschrumpfenen Stücke Leder zu einem derben runden fleischernen Globus angewachsen, daß niemals eine schöne junge muntere lebhafte Dame mit einem prächtigem Beweistum ihrer Fruchtbarkeit und fürtrefflichen Natur so prangend einher gestrotzet.

Wenn man betrachtet, was vor eine grausame Menge Geldes sie durch ihre leichtfertigen Praktiken zusammengebracht, so dürfte man auf den Gedanken geraten, sie werde ein stattliches Testament gemachet haben; alleine von denen 5000 Pfund, die sie einstens in Golde beisammen hatte, verließ sie zuletzt nicht über 100 Pfund mehr, welches ihr zu wenig zu sein dünkte, es durch ein liebreiches Vermächtnis zur Aufbauung neuer Spitäler und Armenhäuser anzuwenden: Denn gleichwie dieses Geld vom Teufel gekommen war, so ging es auch wieder zum Teufel, indem es das Rumpf-Schatzamt und die Kasse der Posamentierer- und Goldschmied-Gilden an sich zogen. Jedoch damit sie ihr Gedächtnis nur einigermaßen stiften möchte, kam sie ihren Begräbniskosten zuvor: Denn weil es damals gebräuchlich war, daß man Ringe verehrte, teilte sie einige, die sie bei der Hand hatte, unter ihre vornehmsten Kompagnons und Freunde aus. Diese Ringe hatten gleich fürstlichen Kleinodien alle ihre absonderlichen Namen, als der Bartholomäer, Ludgäter, der Exchanger und so fort, nach den Örtern, allwo sie gestohlen worden. Diese Ringe bedurften keinen Totenkopf zum Sinnbild noch das Motto: *Memento mori!* maßen es Verehrungen und Andenken von ihren diebischen Kundleuten waren, die ihrem Begräbnis zu Tyburn beiwohneten; und sie starb der Hoffnung, daß sie solche sowohl ihr als ihnen zu Ehren tragen würden. Von den 100 Pfunden, die sie noch bei sich hatte, vermachte sie ihren drei Mägden, die sie hielt, 30 Pfund und band ihnen dabei teuer ein, solche ja recht anzuwenden; denn sie würden ihnen, nebst einigen Kunstgriffen, die sie zu erlernen Zeit und Gelegenheit gehabt hätten, weit, weit vorteilhafter fallen als das mühsame Spinnen und langweilige Stricken. Das übrige von ihren beweglichen Gütern an Geld, Mobilien und Hausgerät beschied sie einem Anverwandten namens Frith, einem Schiffspatron, zu Redriff wohnhaft, dem sie den Rat gab, er sollte es nicht etwa an ungewisse Dinge wagen, sondern lieber zu Hause bleiben und sich einen guten Tag machen, als zur See gehen und samt seinem Hab und Gut ersaufen. Als sie das Zeitliche gesegnet, wurde sie auf dem Kirchhof von St. Bride beerdiget und bekam einen schönen Grabstein aus Marmor.

XXVIII
Isaac Utkinson, ein Straßenräuber und Mörder

Wenn eine lasterhafte Neigung einmal in der Natur eines Menschen eingewurzelt, so sind keine Regeln der Sittenlehre zulänglich, sein verderbtes Naturell zu ändern. Das Exempel Isaac Atkinson bezeuget solches mehr als zu deutlich: Dieser war der einzige Sohn eines gar wackeren und wohlhabenden Mannes zu Farringdon in Berkshire, dahero sein Vater ein Ansehnliches auf dessen Auferziehung wendete. Als er 16 Jahr alt war, schickte er ihn auf die Universität Oxford ins Brasenose College, woselbsten er bald lernete, was vor Saufbrüder er sich erwählen, wie er die Gesetze verlachen und allen guten Ordnungen widerstreben sollte; wie er einen prächtigen Oberrock und zerrissene Unter-Kleider tragen, wie er seinen Professor, dessen Aufsicht er anvertrauet, einen Baals-Pfaffen schelten und in einer halben Stunde mehr Bücher verkaufen sollte, als er sich in einem ganzen Jahr angeschaffet; welchergestalt er das andere Jahr vergessen müßte, was er das erste Jahr aus ermangelnder Bekanntschaft mit dem Lastern daselbst vor die liebe lange Weile lernen müssen, und gedachte alsdenn, nun hätte er Gelehrsamkeit genug für sich und seine Erben erlanget, von nun an bis in Ewigkeit.

Derweil er sich auf dieser berühmten Universität befand, kam sein Vater einsmals dahin, ihn zu besuchen; und da er ihn fragte, was vor ein Buch er am meisten läse, gab er zur Antwort: Den Cicero. Der Vater versetzte: Das ist gar ein gutes Buch, mein Sohn, aber verstehst du es denn auch? Ohne Zweifel, erwiderte der junge Student, denn ich lasse keinen Tag vorbeigehen, da ich nicht einige Blätter darinnen lesen sollte. Gut! gut! sagte der Vater wieder und ging alsdann hinauf in seines Sohnes Studierstube, suchte den Cicero und steckte fünf breite Goldstücke hinein: Als er hernach von seinem hoffnungsvollen Kinde Abschied genommen und nach Hause gereiset, verging ein ganzes halbes Jahr, ehe er ihn wieder besuchte; diese ganze Zeit über sah sein Sohn den Cicero mit keinem Auge an, welcher seinethalben verschimmeln und vermodern mögen. Aber als sie wieder zusammenkamen, fragte der Alte, wie sich der Cicero und er nunmehro miteinander vertrügen? Der Sohn sagte: Sehr wohl, denn es ist seit Eurer Abwesenheit kein Tag vergangen, da ich ihn nicht gelesen, und zwar mit großem Vergnügen und Vorteil. Vorteil? gedachte der Alte bei sich selbsten, holla, er wird die fünf breiten Goldstücke gewiß gefunden haben! Hiermit ging er in seines Sohnes Studierstube unter dem Vorwand, etwas zu schreiben oder lesen, und indem er den Cicero hervorsuchte, worinnen das Gold noch in guter Ruhe und Sicherheit lag, sagte er zu dem Sohn: Bist du nicht ein verlogener Huren-Sohn! Der Sohn versetzte: Lieber Vater, das weiß die Mutter am besten! Das weiß ich wohl, sagte der Vater, aber bist du nicht ein verlogener Galgenvogel, daß du sprichst, du habest den Cicero die ganze Zeit meiner Abwesenheit gelesen, da ich doch weiß, daß du ihn mit keinem Finger angerühret, sonst würdest du das Gold, so ich das letzte Mal meines Hierseins hineingestecket, nicht darinnen gelassen haben. Hiermit schüttelte er den Cicero, da fielen die fünf breiten Stücke heraus, welches den unfleißigen Studenten veranlassete, daß er sich heimlich selbsten über zwanzig Mal einen Huren-Sohn und faulen Bären-Häuter dazu nennete, daß er das Geld nicht gefunden, welches ihm profitabler gewesen wäre, als wenn er den Cicero 40mal durchgelesen hätte. Weil nun der Vater sah, daß ihm sein Sohn auf der Universität so viel kostete und nichts davor lernete, nahm er ihn nach Hause, um ihn zum Ackerbau und anderen zur Landwirtschaft gehörigen Dingen anzuleiten.

Gleichwie aber dem Mr. Isaac die Verwechselung einer galanten Lebensart mit einer gemeinen und ziemlich nach bäurischer Grobheit schmeckenden nicht gefallen wollte, verließ er zu rechter Zeit seines Vaters Haus und suchte sein Glück anderswo. Allein er hatte das Fatum, daß er in kurzer Zeit in kümmerlichen Geldmangel geriet; dahero faßte er den Entschluß, das Diebs-Handwerk zu ergreifen. Als er nun eine Nacht ziemlich späte herumstrich und in eines gewissen seiner Torheit wegen berühmten Grafen Behausung, so ein von andern Dörfern und Städten ziemlich abgelegener Landsitz war, ein großes Licht erblickte, entschloß er sich, solche zu bestehlen. Indem er nun hinzugehet und sich im Hofe umsiehet, wird er einiger Leitern gewahr, so die Mäurer, die etwas an des Lords Wohnung ausgebessert, liegen lassen; er legte demnach ganz sachte eine an das Fenster, wo die größte Illumination erschien, welches in des Grafen Schlafgemach war, der sich mit seiner Liebsten im Bette befand; und traf die kritische Minute so genau, daß der Graf just seine eheliche Pflicht abstattete und er denselben unter dem Werk der Zeugung sagen hörte: Ich versichre, Madame, ich habe 500 Pfund über dem Betthimmel liegen, die wollte ich von Herzen gerne drum geben, wenn Ihr einen Sohn zur Welt bringen würdet. Als Isaac dieses hörte, nahm er selbige Nacht weiter nichts Tätliches an dem Hause vor, sondern stieg die Leiter ganz mählich wieder hinunter und legte sie wieder hin, wo er sie gefunden, und ging in sein Quartier. Des folgenden Morgens schlenderte er sehr frühe um das Haus herum, mit sehnlichem Verlangen, die 500 Pfund davonzutragen. Und als er den Lord nebst allen seinen Bedienten auf die Jagd reiten sah, waren sie ihm nicht so bald aus dem Gesichte, als er sich hinzumachte und an die Tür klopfte. Das Kammermädchen, so sich nebst der Köchin allein zu Hause befand (sintemalen die andern Mägde bei dieser Gelegenheit in ihres Herrn Abwesenheit auch ausgegangen, ihre Bekannten zu besuchen), machte selber auf und fragte nach seinem Anbringen. Er ließ sich vernehmen, er hätte eine sonderliche Angelegenheit von dem Grafen an seine Liebste, die Frau Gräfin, zu überbringen, welche Heimlichkeit erforderte. Das Kammermädchen, sehend, daß er wohlgekleidet ging und sich wie ein Kavalier aufführete, meldete ihn bei ihrer gnädigen Frau an; und weil sich diese noch in den Federn befand, ließ sie den Boten zu sich vor das Bett kommen, welcher die Tür hinter sich zuschloß und auf eine listige Art die 500 Pfund, so über dem Betthimmel lagen, davonbrachte.

Nach diesem glücklich vonstatten gegangenen Handel kam Isaac nach London, woselbst ihm die vielen im Schwange gehenden Torheiten sein Geld bald aus dem Beutel locketen, daß er wieder so hart von der Armut gedrucket wurde als zuvor; dahero er sich wieder auf das Land begab und allerhand geringe Raubereien zu Fuß auf den Landstraßen verübte, um sich nur so lange dadurch hinzufristen, bis er seines Vaters Behausung erreichet. Und als er dieselbe in einer Nacht beraubete und über 50 Pfund in Silber und 120 breite Stücken von Gold stahl, wickelte er 5 davon in folgende Verse, die er geschrieben in seiner Tasche hatte, und steckte solche in seines Vaters Bibel:

Papa! Ihr scholtet mich nun so,
Daß ich nicht las den Cicero;
Um nun zu prüfen Euren Fleiß,
Steck ich fünf Stücke gleicherweis
Hinein in Eure alte Bibel;
Doch nehmt es, bitte ich, nicht übel!
Denn wenn ich werde wiederkommen,
Und solche sind nicht rausgenommen,
So glaub, daß Ihr seit heute nacht
Dies liebe Buch nicht aufgemacht.

Nachdem er seinen Vater bestohlen hatte, nahm er seinen Weg nach London zu, und damit er desto eher dahin gelangen möchte, zog er auch ein überaus gutes Pferd aus seines Vaters Stall heraus. Als er aber durch Uxbridge ritt und es gleich Sonntag war, kam es ihm in den Kopf, sein Pferd in einen Gasthof zu tun und ein wenig in die Kirche zu gehen, woselbsten der Pfarrer eben auf die Kanzel trat, als Isaac zur Tür hereinkam, und über diesen Text predigte: Denn ihr selbst wisset gewiß, daß der Tag des Herrn wird kommen wie ein Dieb in der Nacht, 1. Thessalonicher, Kap. 5,2. Als die Predigt aus war und der Geistliche nach Hause gehen wollte, wohin er ohngefähr eine halbe Meile hatte, holte ihn Isaac ein und forderte ihm sein Geld ab. Der Pfarrer verwunderte sich über sein Begehren und fragte, was dieses bedeuten sollte? Isaac versetzte: Mein Herr, es hat keine andere Bedeutung, als daß ich zu Euch komme, nicht als ein Dieb in der Nacht, sondern als ein Dieb am Tage; dannenhero machet nicht viel Worte, woferne Ihr nicht durch den Kopf geschossen sein wollet, ehe Ihr zur Mittagsmahlzeit gehet. Diese fürchterlichen Worte erschreckten den guten Pfarrer, daß er nicht wußte, ob er ein Mädchen oder Bübchen war; er gab ihm demnach seine silberne Taschenuhr und alles Geld, das er bei sich hatte, welches 1 Pfund und 15 Shilling war, und also schieden sie als gar gute Freunde voneinander.

Zu einer andern Zeit begegnete Isaac dem William Noy, welcher Königs Karl des Ersten General-Prokurator war, und sagte zu demselben, er hätte einen Befehl *ad computandum* wider ihn, alles Geld, so sich in seinen Taschen befände, zu zählen. Dieser berühmte Advokat fragte, auf wessen Autorität er solches tun wollte? Hiermit zog dieser kühne Räuber ein paar Pistolen heraus und sagte: Diese haben so viel Gewalt, einen Widerspenstigen zu bändigen, als der beste mit Silber beschlagene rote Häscherstab in England; und wenn Ihr demnach nicht schleunigst hergebet, was Ihr habt, will ich Euch diesen Augenblick ein paar feurige Kugeln durch das rabulistische Grillen-Gehege senden. Weil nun der General-Prokurator den Verlust seines Lebens höher als den Verlust seines Geldes schätzte, gab er ihm willig einen Beutel voll Gold, womit Isaac überaus vergnügt hinwegritt.

Er war die größeste Plage der Rechtsgelehrten unter allen Straßenräubern, die sich jemals in England befunden, denn er hatte die Vermessenheit, in allen Gerichtsbezirken des Königreichs herumzureiten, also, daß ihm mancher von dieser Profession zum Raub wurde. Ja, er beraubte einsmals in weniger als acht Monaten über 16 Advokaten einzig und allein in der Grafschaft Norfolk, von denen er insgesamt 3000 Pfund erbeutete. Dieser kühne Räuber war ein Mann von einem unerschrokkenen Gemüte und hatte das Herz, zwei, drei, vier bis fünf Männer ganz allein anzufallen.

Als aber der Teufel seiner endlich überdrüssig war (oder ihn vielmehr zu einem Braten in die Küche haben wollte), hatte er das Unglück, einer Frau, so zu Markte gewesen, bei Turnham Green zu begegnen; denn weil dieselbe einen großen Sack voll halbe Pennies in ihrer Schürze hatte, welche Isaac vor anderes Metall hielt, fing er einen Disput mit dem Weibe deswegen an. Sobald diese verspüret, daß er ihr solche nehmen will, schleuderte sie den Sack, in welchem ohngefähr 40 Shilling sein mochten, über einen Zaun und ritt, so schnell sie konnte, davon. Da stieg er alsbald vom Pferde ab und wollte den Sack aufheben; weil aber seinen Hengst eine Lust nach der Markt-Frauen Mutter-Pferd ankam, galoppierte er ihr schnaufend und wiehernd nach, bis sie in Brentford im Gasthof Zum Roten Löwen einkehrete, allwo sie das Pferd anhielt und 80 Guineas in seinem Sattel fand. Sie erzählte alsdenn, um welche Gegend sie angegriffen worden, da ging der Wirt mit 5 bis 6 Personen aus, den Räuber zu fangen; weil nun dieser nicht schnell laufen konnte, weil er ja große weite Reitstiefel anhatte, trafen sie ihn nicht weit von Turnham Green im Felde an und suchten, ihn zu umringen. Allein, ehe er sich gefangen gab und sie ihn ergreifen konnten, schoß er ihrer viere davon auf der Stelle tot und schnitt mit einem Jagdmesser einem andern bald den Kopf ab; weil er aber übermannet war, bemächtigten sie sich seiner zuletzt und sandten ihn nach Newgate; da denn seine Vermessenheit, als er 1640 zu Tyburn gehangen wurde und ihm der Geistliche mit heilsamem Rat beistand, so groß war, daß er ihn mit einem Federmesser, jedoch nicht tödlich, durchstach; und den Augenblick, da er im 26. Jahre seines Alters abgestoßen werden sollte, ließ er sich vernehmen: Einem lustigen Leben, wenns gleich kurz ist, stehet nichts zu vergleichen.

XXIX
Sawney Douglas, ein Straßenräuber

Unter der Zahl dieser verstockten Missetäter, deren Ruchlosigkeit sie zuletzt an den Galgen bringet, dürfen wir des Sawney Douglas, eines Gerbers Sohn, geboren zu Port Patrick in der Grafschaft Galloway in Schottland, nicht vergessen. Zur Zeit der schändlichen Rebellion, welche 1641 in England anfing, war dieser Kerl ein großer Anhänger des Schottischen Bundes und entschlossen, sein Leben in Verteidigung ihrer rechtgläubigen Kirche aufzuopfern: Ließ sich demnach unter dem verdammten Afterkönig Oliver Cromwell vor einen Soldaten gebrauchen und wohnete der Belagerung zu Dundee bei; und als selbiger Ort auf gegebene Order, daß er zwei Stunden lang in Blut schwimmen sollte, gestürmet worden, hat er, wie er sich öfters gerühmet, 29 Menschen, Weiber und Kinder massakrieret, ungeachtet es in seiner Macht gestanden, den meisten darunter das Leben zu erhalten.

Nachdem aber König Karl der Zweite Anno 1660 seinen Thron wiederum bestiegen und die verdammte Partei der Republikaner gedämpfet, die Meuterei in England gestillet und die Schottländer zum Gehorsam gebracht waren, verlor Sawney Douglas, der es durch seine militärischen Verrichtungen nicht höher gebracht, als daß er zu einem Feldwebel gemacht worden, seine Sergeanten-Stelle. Und als er hierauf nach England kam, woselbsten die elfenbeinerne Korn-Mühle etwas zu mahlen haben wollte, fassete er als ein verwegener desperater Kerl den Vorsatz, sich vom Straßenraub zu ernähren. Weil es ihm aber an einem Pferd gebrach, befand er sich zu dergleichen Unternehmungen untüchtig, bis er eines Tages eines Edelmanns Lakaien antraf, der auf einem sehr guten Wallach ritt und mit Pistolen, Sattel und Zeug gehörig versehen war; da stellete er sich, als wollte er unterweges einen Diskurs von Veränderung der Zeiten mit ihm halten. Nachdem er aber endlich seine Gelegenheit ersah, dem Lakai sein Staats-Roß abzujagen, versetzte er ihm mit einem Stecken von einem wilden Apfelbaum einen unverhofften Streich, daß er vom Pferd herabpurzelte; und indem er dem ersten Schlag vier bis fünf andere folgen ließ, bis er ihn ganz betäubet hatte, bestieg er den Wallach und ritt auf und davon.

Nachdem Sawney Douglas solchergestalt ausgerüstet war, ritt er stracks aus, neue Aventüren aufzusuchen; und als er im dichten Wald bei Maidenhead dem Herrn Thurston, Bürgermeister von Thornbury in Gloucestershire, begegnete, sagte er zu ihm: Bei meiner Seele! Kerl, du mußt stehen und hergeben, oder ich werde garstig mit dir umspringen. Der Bürgermeister suchte, um sein Geld zu behalten, eine große Menge Ausreden hervor, aber alle vergeblich: Denn Sawney nahm ihm 18 Pfund hinweg, wovon der Überfallene nur 10 Shilling verlangte, seine Reisekosten bis nach seiner Heimat abtragen zu können. Ach! sagte der geldgierige Schottländer, der Teufel soll seine Klaue in meinen Hintern stecken und mit dem Pantoffel auf und davon gehen, woferne ich dir nur einen Pfifferling gebe. Hiermit gab er seinem Gaul die Sporen und hinterließ den Bürgermeister des Himmels und seiner eigenen Vorsorge.

Nach Begehung dieses Raubes begegnete er des General Monck seiner Gattin, der Herzogin von Albemarle, in ihrer Kutsche auf der Hounslow Heath und attakkierte solche. Die Herzogin, aus seiner Sprache verspürend, daß er ein Schotte sei, sagte: Mein Gemahl, der General Monck, ist eine lange Zeit in Euerm Vaterland gewesen, woselbsten ihm, seiner rühmlichen Taten wegen, großer Respekt erwiesen worden; hoffe demnach, Ihr werdet mir seinetwegen auch einige Hochachtung widerfahren lassen. Der Schotte versetzte: Der Deibel stopf mir den Balg mit Werg aus, wofern ich dir Rehspeck um deines Ollen willen erweise, der ein falscher Hund war, daß er den König ans Ruder brachte. Also nahm er ihr über 200 Pfund wert an Demantringen, Perlen, kostbaren Armbändern und Ohrgehängen hinweg und marschierte mit dieser Beute überaus vergnügt auf und davon.

Nachdem Sawney diese Mobilien alsbald in 140 Pfund Sterling verwandelt hatte, kleidete er sich von Fuß auf neu, gab sich vor einen Kavalier aus und mietete sich ein Logis bei dem Herrn Knowles, einem Apotheker in der Tothill Street in Westminster, welcher kein Kind als eine einzige Tochter hatte und demnach fähig war, ihr einen Brautschatz von 2000 Pfund mitzugeben. Dieses junge Weibsbild karessierte er ungemein und stellte sich an, als ob er heftig in sie verliebt sei. Weil sie aber ihre Neigung schon zuvor, ehe er Anschluß bei ihr suchte, auf einen rechten Kavalier geworfen, gab sie ihm einen dichten derben Korb und ersuchte ihn, er möchte hinfüro von seiner Anforderung abstehen. Dieser unglückliche Fortgang in seiner Liebe tat dem Sawney im Herzen wehe, dahero er den Schluß faßte, etwas von seiner vorgeblichen Liebsten zu gewinnen und alsdenn seiner alten Profession wieder nachzufolgen. Indem er nun also eines Abends mit seiner alten Leier von der Liebe bei dem Mädchen aufs neue aufgezogen kam, bis sie seine abgeschmackten Diskurse unversehens in Schlaf brachten, verliebten sich seine Augen in einen Perlenschmuck, den sie um ihren Hals hatte und welcher über 40 Guineas wert war. Weil nun seine Gelder ziemlich ausgeflogen, verlockete ihn seine herannahende Dürftigkeit, ihr solches hinwegzustehlen. Er schnitt demnach den Perlenschmuck ab, welcher aus zweiunddreißig Perlen bestand, die er alle, eine nach der andern, hinunterschluckte; das Band zerschnitt er in lauter kleine Fetzen, daß man nicht erkennen konnte, was es gewesen. Nachdem er nun verrichtet, was bei diesem Handel zu tun nötig war, wachte die Jungfer auf, und weil sie alsbald ihre Perlen vermissete, fragte sie den Sawney darum: Er wollte aber nichts davon wissen; und weil sie vermeinte, er beabsichtige nur, daß sie eine Weile vergeblich suchen sollte, verwandelte sie alles in einen galanten Scherz; wurde aber heftig verwirret, als sie sah, daß er es beständig leugnete und mit aller Ernsthaftigkeit, deren man sich bedienen kann, wenn man die Wahrheit bekräftigen muß, sagte: Wenn Sie, Mademoiselle, mir andere Kleider wollen bringen lassen, so bin ich bereit, mich vor einem jeglichen, dem Sie es aufzutragen belieben, fadennackend bis aufs Hemd auszuziehen. Die Jungfer befand sich von diesem Anerbieten kein klein wenig betroffen: Daß sie ihr Halsband umgehabt, ehe sie eingeschlafen, wußte sie gewiß, aber keine Seele als er hatte inzwischen die Stube betreten, und gleichwohl war es, alles ihres Suchens ungeachtet, nirgends zu finden. Er drängte sie alsdann, seine Taschen zu durchsuchen; weil sie nun aus seinem starken Antreiben schloß, sie werde solches vielleicht darinnen finden, da er ja bisher nur könnte Spaß getrieben haben, um sie ein wenig zu vexieren, entschied sie sich, schon aus Verlangen nach ihrer eigenen Zufriedenheit, seiner Aufforderung nachzukommen. Aber eben zu der Zeit, da sie ihre Hand in seine Tasche gestecket, kamen fünf Messieurs zur Stube hinein, darunter einer der Kavalier war, der ihr Herz besaß; und weil dieser argwöhnete, sie embrassiere Sawney, ließ er ein und die andern eifersüchtigen Worte fallen, wie erzürnte Liebhaber, die ihre Liebstinnen falsch zu sein vermerken, zu tun pflegen. Sawney, der ohnehin ein Großsprecher war und nach Verschluckung einer so vortrefflichen Herzstärkung von 32 so kräftigen Pillen notwendig Courage bekommen mußte, forderte den eifersüchtigen Liebhaber hinaus ins Feld, welcher auch schon im Begriff war, ihm nachzufolgen, als die Demoiselle beide aufhielt und das ganze Abenteuer erzählete. Ihr Liebster trauete ihren Worten alsbald und sandte nach einem großen Sack, in welchen er nebst den andern ihn begleitenden Herren den Sawney zu kriechen nötigte; und nachdem sie den Sack fest zugebunden, trugen sie ihn an das Fenster, so zwei Stockwerke hoch war, und droheten, ihn hinunter auf die Straße zu werfen, wenn er nicht bekennen wollte, was er mit den Perlen gemachet hätte. Dieses jagte ihm eine solche Furcht ein, daß er gestand, er habe sie verschwinden lassen; bäte aber um Zeit, welche ihm verwilliget wurde, jedoch mit dem Bedinge, zu sagen, wo er solche hingetan hätte. Er stotterte eine gute Weile und wollte nicht damit heraus; weil er sich aber zu eng in der Klemme sah, beichtete er endlich die ganze Wahrheit. Hierauf zogen sie ihn alsbald wieder zum Sack heraus, kleideten ihn mit Gewalt fadennackend aus und legten ihn also in ein Bette. Alsdenn ging geschwind einer von den Messieurs und holete ein Vomitiv, welches er fein stark zubereitete und aus seiner nachdrücklichen Wirkung es auch also befand. Der gesunde Patient weigerte sich eine gute Weile, solches einzunehmen, mußte sich aber zuletzt den gewaltsamen Drohungen unterwerfen und sich zu einer Dosis bequemen, welche ihm ungemein schmerzliches Grimmen, Reißen und Brechen verursachte und manchen kalten Angstschweiß auspressete. Aber nach und nach kamen durch öfteres Erbrechen 31 Perlen zum Vorschein, also, daß noch eine rückständig war. Er erbot sich, deren Wert doppelt zu ersetzen; allein es half nichts, der Rivale zwang ihn, das andere Tränklein auch noch zu verschlucken, welches ihn schrecklich abmagerte, abmarterte und abmattete, ehe er die 32. vollends herausbringen konnte. Doch sie stellte sich endlich auch ein; worauf sie den armen Schelm laufen ließen, welcher ärger abpurgieret von dannen ging als der, so die rote Ruhr sechs Monate hintereinander gehabt hat.

Sawney war nichtsdestoweniger überaus froh, daß er ihren Klauen entgangen war; und weil er sich nunmehro weiter auf nichts zu verlassen wußte als auf sein Pferd und Pistolen, beging er eine Menge kühner Raubereien über das ganze nördliche England und plünderte gar oft in Gesellschaft mit Duval, dem Straßenräuber. Weil er sich aber unterwand, den Hochwohlgebornen Grafen von Sandwich zu berauben, der sein Leben nachgehends auf eine unglückselige Weise in dem holländischen Kriege verloren, indem er in einem Kriegsschiff, welches der Feind durch ein anderes in Flammen stehendes in Brand gestecket, jämmerlich verbrennen müssen; weil, sage ich, es diesen edlen Pair verdroß, daß er sich von einem Spitzbuben so vermessen sollte befehlen lassen, brannte er eine Pistole aus seiner Kutsche heraus auf den Schnapphahn los und war so glücklich, ihm das Pferd unter dem Leibe niederzuschießen; und nachdem ihn sodann des Lords Bediente ergriffen, wurde er nach Newgate gesendet und zum Tode verurteilet. Als die Nacht vor seiner Exekution der Totengräber gewöhnlichermaßen zu ihm kömmt, ihn seines herbeinahenden Endes zu erinnern und einige Todes-Betrachtungen mit ihm anzustellen, lässet sich der Bösewicht verlauten: Der Teufel blase mir meine Blase voller Kieselsteine, wenn dieser Kerl nicht ebensogut einem toten Pferd Psalmen vorsänge, als daß er mir damit beschwerlich fället! Wie er des folgenden Tages in dem Wagen fähret, welcher unter der Mauer des Friedhofs der Kirche zum Heiligen Grabe anhielt, indem ein Mann die Zeremonie des Glockenläutens vollzog und andere Erinnerungen gab, so ihn zur Betrachtung des künftigen Zustandes aufmuntern möchten, sagte er: Ich bin mein Lebetage in keinem närrischem Lande gewesen als diesem, daß man nicht in Frieden an den Galgen gehen kann! Ich schwöre, wenn ich verdammt werde, so geschieht es aus keiner andern Ursache, als daß ich auf diese superstitiöse Weise gehangen worden. Was aber noch ruchloser an ihm schien, war, daß er statt eines Gebetbuches ein Verzeichnis üppiger Lieder in seiner

Hand hielt, über welche er eine überaus ernstliche Betrachtung anstellte, bis er nach Tyburn gelangete, allwo er halsstarrig widerstrebte, das Geringste zu bekennen; wollte auch dem Geistlichen in keiner gottseligen Pflicht Gehör geben, die sonsten zu solcher Zeit unumgänglich erfordert wird, da einem noch wenige Minuten erlaubet sind, ehe er in den bodenlosen Abgrund der unendlichen Ewigkeit versinket. Und als der Henker Sawney um Verzeihung bat, ehe er sein Amt verrichtete, sprach er: Und sollte ich ewig verdammt werden, so kann ich keinem Halunken, der mir den Hals bricht, vergeben, weil er mich dahin bringet, wo ich nimmermehr mein eigener Herr wieder werde. Dessenungeachtet wurde er am Freitag, dem 10. September 1664, im 53. Jahre seines Alters abgestoßen und am Wegrand nach Tyburn begraben.

XXX
Thomas Dorbel, ein Mörder, Jungfrau-Schänder und Straßenräuber

Die Person, so ich anitzo auf den Schauplatz führen will, war zu Shaftesbury in Dorsetshire von gar ehrlichen Eltern geboren und von denselben zu einem Beutler nach Blandford in ebenderselbigen Grafschaft in die Lehre getan. Gleichwie aber dasjenige, so eine Nessel werden will, bald frühzeitig zu brennen pfleget; also ließ er schon in der Kindheit seine lasterhafte Neigung erkennen, indem er von seinem Meister entlief und nach London kam, woselbsten er bald mit böser Gesellschaft bekannt wurde, deren Laster er zu rechter Zeit an sich nahm; und damit er die Flammen seiner unordentlichen Begierden durch zulängliches Öl unterhalten möchte, wagete er sich schon im 17. Jahr seines Alters als ein Räuber auf die Landstraßen, wäre aber beinahe mit seiner ersten Probe von dergleichen Arbeit von einem Waliser in der Blüte ersticket worden, den er unterweges anhielt und ihm sein Geld abforderte, mit Bedrohung, ihn bei dessen Verweigerung zu erschießen. Der Waliser antwortete: Man hat kein Geld von seinem eigenen, man hat 60 Pfund von seinem Herrn; aber Potz Blut! man muß seines Herrn Geld nicht hinweggeben, was würde der Herr alsdenn sagen, wenn man dieses tun würde? Dorbel erwiderte: Ich lasse mich mit Eurer Lapperei nicht abspeisen, denn ich brauche Geld, und Geld muß ich haben; lasset es sein, wem es will, oder seid gewärtig, den Augenblick durch den Kopf geschossen zu werden! Hierauf gab der Waliser dem Dorbel sein Geld, sagend: Was man gibt, ist nicht mein eigen; und damit mein Herr nicht denken möge, man habe das Geld verschwendet, bittet man, man wolle so gut sein und einige Löcher durch meinen Rock schießen, damit mein Herr sehen möge, daß man beraubet worden. Hiermit zog der Waliser sein Wams aus und hing es an einen Baum, welches Dorbel mit einer feuerspeienden Pistole begrüßete, wobei Stephen sagte: Potzi tausi, potzi Mummel! das ist ein braver Schuß: Mein! man gebe noch einen Schuß vor sein Geld! Dorbel feuerte noch einmal durch Stephens Rock, weswegen er ausrief: Der Hund hole mich! dies ist noch ein besserer Schuß als der vorige: Mein! gib meinem Rock noch einen Schuß! Thomas sagte: Ich habe keinen Schuß mehr übrig. Ha! ha! versetzte Stephen, man hat keinen Schuß mehr vor einen Koller? so gebe man geschwind mein Geld wieder her, oder man wird Euch durch Euren Körper schießen. Thomas, sich also an Schalkheit übertroffen sehend, gab dem Waliser sein

Geld zurück, und dieser ritt, wie er das Seinige wieder hatte, seines Weges fort, ohne sich die Mühe zu machen, diesen jungen Straßenräuber zu greifen.

Nach diesem unglücklichen Streich aber war Dorbel ohngefähr fünf Jahre lang überaus glücklich in seiner Hantierung; und als sich eines gewissen ansehnlichen Mannes Sohn wegen Straßenraubes zu Winchester im Gefängnis befand, welcher, weil er dergleichen Übeltat halber schon vorhero einsmals Gnade erlanget, sich befürchtete, er werde ein hanfenes Halsband bekommen, erbot sich Dorbel, vor 500 Pfund demselben loszuhelfen. Zweihundertundfünfzig Pfund gab ihm des Menschen Vater alsbald auf die Hand, und die andere Hälfte sollte er bekommen, wenn er sein Versprechen erfüllet hätte. Nun die Verhandlung wurde endlich zu Winchester gehalten; und als der junge Mensch vorgeführt wurde, bewiesen die Zeugen den Sachverhalt so deutlich, daß die Geschwornen den Gefangenen des Straßenraubes schuldig befanden. Indem aber der Richter im Begriff ist, das Urteil über ihn zu fällen, lässet sich Dorbel vernehmen: O was vor eine grausame Sache ist es, unschuldiges Blut zu vergießen! O was vor eine grausame Sache ist es, unschuldiges Blut zu vergießen! Und indem er es über und über mit lauter Stimme wiederholte, dergestalt, daß es die Richter innewurden, ließen sie ihn in Verwahrung nehmen; und als sie ihn fragten, was er mit dem Geschrei: Was vor eine grausame Sache ist es, unschuldiges Blut zu vergießen! haben wollte, gab

Dorbel zur Antwort: My Lord! es ist eine sehr schwere Sache, wenn ein Mensch unbilligerweise sterben soll; und man kann hieraus ersehen, wie leichtfertig manche Mäuler sind, indem die Zeugen schwören, daß dieser junge Mensch hier auf der Anklagebank sie zu solcher Zeit auf der Landstraße beraubet habe, da doch niemand anders als ich, My Lord, diesen Raub verübet habe. Hierauf wurde der junge Mensch auf freien Fuß gestellet und Dorbel in Verwahrung gebracht, indem man ihn nach Winchester ins Gefängnis schickte, woselbsten er verblieb, bis wiederum Gerichtstag gehalten wurde. Als man ihn sodann zum Verhör brachte und fragte, ob er schuldig oder nicht schuldig wäre? gab er an, er wäre nicht schuldig. Nicht schuldig? versetzte der Richter, Ihr habt Euch ja vergangenen Gerichtstag, als ich hier war, selbst dieses Straßenraubes schuldig bekannt? Dorbel erwiderte: Inwiefern ich damals schuldig gewesen, kann ich nicht sagen, soviel aber gewiß versichern, daß ich anitzo nicht schuldig bin; und wer mich dieser Rauberei beschuldigt, der mag erscheinen und solches erweislich machen. Weil sich aber keine Zeugen einfanden, die noch einmal falsch schwören wollten, nachdem sie vormals schon einmal recht geschworen, wurde er losgelassen.

Diese sechs Monate über, die er sich im Gefängnis zu Winchester befunden, hatte er so üppig und verschwenderisch gelebt, daß, als er in Freiheit gesetzt wurde, nicht gar viel mehr von seinen 500 Pfunden übrig war. Diesemnach bemühete er sich, durch seine alte Hantierung die ausgeleerten Taschen aufzufüllen, und attakkierte des Herzogs von Norfolk Kutsche, als derselbe über Salisbury Plain fuhr. Weil aber der Herzog seinen schurkischen Befehl nicht respektieren wollte, kam es bald zwischen ihnen zur Bataille, in welcher dem Dorbel nicht nur sein Pferd niedergeschossen, sondern auch er selbst von des Herzogs Bedienten ergriffen wurde, welche ihn, an Händen und Füßen gefesselt, nach Salisbury führeten, allwo er in den Kerker geworfen und bei der nächst daselbst gehaltenen Verhandlung verurteilet wurde. Indem er sich aber unter der Verdammnis des Todes befand und ein Advokat an demselbigen Ort wohnete, der sich erbot, ihm vor 50 Guineas Pardon zu verschaffen, gab er ihm einen Wechsel, solches Geld, sobald er sein Versprechen geleistet, zu bezahlen. Diesemnach ritt der Advokat nach London und brachte ihm durch sein Ansehen, das er bei einigen Vornehmen am Hofe hatte, die versprochene Gnade zuwege. Sobald er solche erhalten, eilete er Hals über Kopf wiederum zurück und kam mit dem Pardon bei dem Galgen an, da der Thomas eben abgestoßen werden sollte. Er war so schnell zugeritten, daß er kaum dem Büttel den Befehl überreichet hatte, als sein Pferd unter ihm tot zur Erden niederfiel. Dessenungeachtet war Thomas, nachdem er sich wieder in Freiheit befand, so undankbar, daß er dem Advokaten, der ihn solchergestalt vom Strange erlöset, keinen Scherf bezahlte. Dieser verklagte ihn zwar, allein Thomas

Szene im Gefängnis

behielt Recht; sintemal nach den englischen Gesetzen kein Dokument gültig ist, so von einem zum Tode Verurteilten abgefasset worden ist.

Nachdem Dorbel dem Strick solchergestalt mit genauer Not entgangen, war ihm das Herz dermaßen darüber in die Schuhe gefallen, daß er den Vorsatz fassete, hinfüro ehrlich zu leben; führete sich auch an verschiedenen Orten als ein Lakai gar löblich auf: Als er aber zuletzt einer Dame in der Ormond Street neben Lamb's Conduit Fields sechs bis sieben Jahr aufgewartet, überredete dieselbe ihren Bruder Nevil Thompson, einen Leinwandhändler in der Stadt Bristol, daß er seine einzige Tochter, die in das sechzehnte Jahr ging, nach London senden möchte, um daselbst desto besser erzogen zu werden. Der Bruder bestellete demnach am 22. Februar 1714 einen Platz auf der Kutsche vor seine Tochter und einen vor Thomas Dorbel, dessen Aufsicht sie anvertrauet wurde; dieweil man ihn mit Fleiß dahin gesendet, daß er ihr Brautführer sein und sie sicher an Ort und Stelle bringen sollte; wie er denn als ein alter Diener seiner Schwester ehemals schon öfters in wichtigen Affären an ihn nach Bristol abgeschicket worden.

Allein der Brautführer wurde zu einem Braut-Verführer und Braut-Entführer: Denn weil diesem Bösewicht die kostbaren Sachen, so dieses junge Frauenzimmer bei sich hatte und in einer güldenen Taschenuhr, Demantring und Kleinodien über 110 Pfund wert bestanden, trefflich in die Augen stachen, verleiteten ihn seine bösen Neigungen, die arme unschuldige Seele zu berauben. In Betrachtung dessen machte er ihr unsittliche Anträge, welche grobe Schamlosigkeit das junge Weibsbild ihm aufs schärfste verwies. Er fragte aber wenig nach ihrem Zorn, sondern zog ein Federmesser heraus und schwur, daß, wann sie sich bei ihm zu schlafen weigerte, er ihr unverzüglich die Kehle abschneiden wollte. Diese grausamen Drohungen erschreckten die junge Demoiselle dermaßen, daß sie in eine Ohnmacht sank, deren sich der Bösewicht zu seinem Vorteil zu bedienen wußte, indem er sie aufs abscheulichste schändete, alsdenn alles, was sie hatte, bis auf eine Krone und ihre Kleider hinwegraubete. Danach schnitt dieser grausame Gut- und Ehren-Räuber ein Loch hinten durch die Kutsche und wischete, ohne daß es der Kutscher gewahr worden, auf und davon. Das junge Weibsbild verharrete in ihrer Ohnmacht von 4 Uhr an bis abends 6 Uhr, um welche Zeit der Kutscher in einem Gasthof einkehrete. Und als der Kutscher den Schlag an der Kutsche aufmachte und die Unglückselige in vorbesagter Positur antraf mit des Bösewichts Halstuch um ihren Mund gewickelt, ihr Antlitz von dem Stoßen der Kutsche ganz beschädiget und blutrünstig, erschrak er grausam und rief die Leute im Hause zu Hülfe, welche augenblicklich nach einem erfahrnen Arzt sandten, bei dessen Ankunft sie ohne Bewußtsein schien; aber durch die Behutsamkeit, die er anwandte, brachte er sie um 9 Uhr wiederum soweit zu sich selber, daß sie fähig war zu reden und das Unglück, das ihr begegnet, zu erzählen. Diese erschreckliche Zeitung alarmierte die ganze Stadt mit des verruchten Bösewichts unmenschlichen Taten; und weil verschiedene rechtschaffene Leute dem Galgenvogel aller Orten zu Pferde nachsetzeten, bekamen sie ihn am folgenden Mittwoch zu Hammersmith gefangen, neben welchem Ort er soeben einem gewissen wackern Herrn 3 Pfund 5 Shilling geraubet. Nachdem man ihn vor einen hochlöblichen Richter geführet, wurde er Newgate in London anvertrauet, von wannen er nach einer Woche kraft eines Befehls nach Newgate in Bristol geschaffet wurde.

Mittlerweile bekümmerte sich das unschuldige Herz, was die Welt vor Urteile über sie fällen werde, da sie sah, daß ihre Ehre unwiederbringlich dahin sei, obschon der Verlust ihrer Jungfernschaft der Gewalttätigkeit zuzuschreiben; und zog sich dergleichen Betrachtungen so tief zu Gemüt, daß sie des folgenden Tages bei der Ankunft ihrer Frau Mutter neben ihrem Bette etliche wenige Worte mit derselben wechselte und alsdann verschied, zum größten Leidwesen der alten Dame, welche sich gar nicht wollte trösten lassen, und ihres lieben Vaters, der schier gar von Sinnen kam.

Nachdem aber endlich der grausame abscheuliche bestialische Unmensch vor die Gerechtigkeit gebracht wurde, erhielt er dieser wahrhaften Henkerstat wegen sein Todesurteil. Nichtsdestoweniger bekundete er die ganze Zeit seiner Verdammung nicht das geringste Zeichen irgendwelcher Reue: Und als er am Sonnabend, dem 23. März 1714, im 25. Jahre seines Alters gehangen wurde, starb er in großer Unbußfertigkeit und war überaus halsstarrig in der Verweigerung jeglichen heilsamen Rats, der ihm gegeben wurde, um sich gebührendermaßen vorzubereiten, ehe er in den bodenlosen Abgrund der unsterblichen Ewigkeit versänke; nachdem er seinen gebührenden Lohn auf dem St. Michael's Mount empfangen, wurde er abgeschnitten und draußen vor dem Lafford Gate an der Straße mit Ketten aufgehangen.

XXXI
John Collet, sonst Cole genannt, ein Kirchen- und Sraßenräuber

Dieser unglückselige Mensch war eines Kramers Sohn in der Vorstadt Southwark, woselbsten er geboren und mit 15 Jahren zu einem Dekorateur in Cheapside in die Lehre getan worden. Er hatte aber seine Zeit nicht über 4 Jahr ausgestanden, so entlief er und geriet unter lüderliche Gesellschaft, und damit er sich in seiner üppigen Lebensart erhalten möchte, legte er sich auf lose Händel, insonderheit auf die Straßenräuberei. Und was bei diesem ruchlosen Kerl am allermerkwürdigsten war, ist, daß er die Leute gemeiniglich in Gestalt und Habit eines Bischofs, der 4 bis 6 Diener bei sich hatte, beraubte, und wegen der großen Summen, die er davontrug, sehr bekannt wurde.

Als John einesmals der Herzogin von Mazarin, so von Epsom aus dem Bade kam, begegnete, hieß er den Kutscher anhalten, und indem er neben die Kutsche hinzukam, begrüßte er die Herzogin mit den verhaßten Worten: Stehet, und gebet her! Allein die Herzogin, so von einem kühnen Naturell war und über dieses Straßenräubers Befehl unerschrocken blieb, der in einem Bischofs-Habit aufgezogen kam und ohne Zweifel mehr Heiligkeit in seinen weiten Ärmeln als in seinem Herzen hatte, sagte zu ihm: Ich habe ohngefähr 100 Guineas in meiner Tasche, die ich nicht gern so gar umsonst hingebe, wofern aber Euer Hochwürden Gnaden (die der erste Prälat sind, der, meines Wissens, einen Straßenräuber abgibt) geruhen wollen, darum zu würfeln, so sollen Sie, wenn ich verspiele, mein Geld von Herzen gern haben. John erwiderte: O! in Wahrheit, Madame! es geziemt sich nicht gar wohl, daß einer in meinem Rocke spielet; weil ich aber von Natur ein Liebhaber Ihres Geschlechts bin, gehe ich es insoweit ein, daß ich um 100 Guineas mit Ihnen Würfel spielen will: Indem sie nun diese Quantität Gold nebst ein paar Würfeln zur Tasche herauszog, stieg er von seinem Pferde ab und die Herzogin zur Kutsche heraus und fingen miteinander an zu spielen; alleine Collet hatte das Unglück, nicht nur das Gold, sondern auch sein geistliches Habit zu verspielen, das ihm zwar die Mazarin aus Generosität wieder anbot, er schlug es aber ab, sagend: Madame, nachdem Sie so glücklich gewesen, mich zu übertreffen, so mögen Sie in Gottes Namen behalten, was Sie gewonnen; doch soll der erste Bischof, der mir in den Weg kömmt, die ganze Rechnung bezahlen. Und hiermit schieden die Herzogin und er als gar gute Freunde voneinander.

Innerhalb drei bis vier Tagen hernach begegnete John Collet dem Ehrwürdigen Doktor Mews, Bischof von Winchester, als er von seinem Sitz zu Farnham kam, da befahl er, die Kutsche anzuhalten; und als er zu dem Schlag ritt, zwang er diesen Prälaten, daß er sein geistliches Habit ausziehen mußte, raubte ihm auch noch 50 Guineas dazu und ritt seines Weges.

Nachdem dieser Geselle ohngefähr 8 Jahre in seiner Leichtfertigkeit geherrschet hatte, wurde ihm endlich wegen Kirchenraubes und Einbruchs das Leben abgesprochen, dieweil er in der großen St. Bartholomew-Kirche zu London die Tür zur Sakristei aufgebrochen und das Silbergeschirr von dannen herausgenommen, worinnen ihm Christopher Ashley, sonst Brow genannt, beigestanden, mit dem er auch die St. Salvator-Kirche in Southwark erbrochen und das Altartuch und Abendmahlsgeschirr von sehr großem Wert geraubet. Er wurde gehangen zu Tyburn im 32. Jahr seines Alters am Freitag, dem 5. Juli 1691.

Es wurden zu gleicher Zeit mit ihm gehangen Robert Trumbal, der einstens unter des Lord Lisbons Regiment in Irland vor einen Soldaten gedienet, itzo aber eingebrochen und gestohlen hatte; Robert Adderton, weil er einem Herrn in Stepney Fields eine silberne Taschenuhr, einen Demantring, einen Degen mit einem silbernen Gefäß und 4 Guineas geraubet;

Joan Williams, die 30 Pfund wert güldene und silberne Tressen bei einem Kaufmann im Strand gestohlen; und John Gwin, ein Schreibe-Meister, der einstens in Bedfordbury Schule gehalten, itzo aber bei einem Kramer, der in Covent Garden wohnete, ein Stück seidenen Stoff gestohlen.

XXXII
William Macqueer, ein Mörder und Straßenräuber

Dieser bekannte Missetäter war der Bastard-Sohn eines irischen Priesters zu Athenrea in der Grafschaft Galway in der Provinz Connaught in Irland, von wannen er nach England kam, wo er ein ganz müßiges Leben führte und dahero bald eine Diebs-Rotte antraf, die ihn zu rechter Zeit in allen Arten der Spitzbüberei so erfahren machte, als sie selbsten war. Dieser William Macqueer, sonst Bailey, ingleichen Irish Teague genannt, legte sich anfangs auf die Dieberei und hatte in einer kurzen Zeit in sehr viele Häuser eingebrochen, absonderlich zu Brentwood in Essex, woselbsten er mit noch drei andern seines Gelichters in eines Edelmanns Haus eingebrochen, und nachdem sie allen Leuten darinnen Hände und Füße gebunden, vier Demantringe, eine große Menge Silbergeschirr und 600 Pfund in Geld hinweggestohlen.

Nachgehends brach er nebst noch einem andern in des Lordkanzlers Jeffreys Behausung in der Duke Street in Westminster ein und stahl den Beutel und Zepter hinweg, welchen er seinen Kameraden eine große Strecke durch den St. Jame's Park mit großer Vermessenheit auf seiner Brust und Schulter immer vor sich hintragen ließ; er selbst aber folgete immittelst diesem hohen Ehrenzeichen in höchster Gala hintennach. Den folgenden Morgen entstand ein grausames Spektakel über den Verlust des Beutels und Zepters, welchen Macqueer in seinem Logis in einem Schranke gar sicher verwahret. Als aber, indem er ausgegangen ist, die Magd die Kammer auskehret und einige kleine Juwelen auf dem Boden findet, die von dem Beutel abgefallen, zeigete sie solche ihrem Herrn; weil nun derselbe alsbald einen Argwohn auf seinen irländischen Hausgenossen schöpfte, erbrach er die Türe des Schrankes, worinnen er den Beutel und Zepter antraf und solche dem Lordkanzler wieder zustellete. Weil aber die neue Zeitung hiervon dem Macqueer zu Ohren kam, bedankte er sich vor seines Wirts Behausung und betrat dieselbe mit keinem Fuße mehr bis ohngefähr ein Vierteljahr hernach, da er daselbsten einbrach und so viel Mobilien, als auf 80 Pfund geschätzet wurden, hinwegstahl.

Sintemalen es nun Macqueer nicht länger mehr anstand, einen Haus-Erbrecher abzugeben, fassete er den Entschluß, ein Straßenräuber zu werden. Damit er sich aber dieser hohen Profession gemäß ausrüsten möchte, stahl er ein gutes Pferd nebst Sattel und Zeug aus dem Stalle des Kanzlers Thursby in der Burleigh

Street beim Strand, und ein paar Pistolen entlieh er dem Herrn Robert Williams, einem Büchsenmacher in George Yard in Westminster auf Nimmerwiedersehen. Hiermit verfügte er sich auf die Straßen und begegnete der Madame Auverquerque, so aus dem Bade kam, da hielt er ihre Kutsche mit 6 Pferden auf und gebot ihr, herzugeben, was sie hätte, dieweil er höchst notwendig Geld brauchte, welches er ihr mit Dank zurückzahlen wollte, sobald sie das erste Mal wiederum zusammenkämen; ja, Teague, der weder lesen noch schreiben konnte, sagte ferner: Woferne Madame meinen Worten nicht trauen will, bin ich bereit, eine Obligation von mir zu geben. Wir haben keinen Notar hier, sagte die Dame, einen Wechselbrief zu verfertigen. Teague antwortete: Bei meiner Seligkeit! Madame, ich will selbst einen abfassen. Die Dame erwiderte nochmals: Dieses heißet nicht geborget, sondern geraubet. Teague versetzte: In Wahrheit, Madame, ich bin fremd in diesem Lande und weiß also zwischen Borgen und Rauben keinen Unterschied: Wann aber Madame mein Ersuchen eine Beraubung nennet, wohlan! so muß ich mich erkühnen, Sie ein vor allemal zu berauben; so überreichen Sie denn alsbald, Madame, was Sie haben, sonst werde ich, bei meiner Seele! sehr ungeschliffen mit Sie komplimentieren! Als er nun hierauf seine Pistolen zur Kutsche hineinhielt, gab ihm die Dame eine Goldbörse, eine güldene Sack-Uhr und 2 Demantringe; nach deren Empfang er erstlich die Pferde unter den drei Lakaien und dem Kammerdiener, hernach zwei von der Kutsche niederschoß und so flüchtig hinwegritt, als sein Wallach gehen wollte.

Als Macqueer einstens Mr. Adami, einem Leutnant vom zweiten Regiment der Garde-Infanterie, begegnete, welcher zwischen Uxbridge und Beaconsfield ritt, gebot er ihm zu stehen und Geld herzugeben, wo nicht, wollte er ihm ohne weitere Zeremonien durch den Kopf schießen. Weil nun der Leutnant von dem Räuber ohnversehens überrumpelt wurde, gab er ihm gute Worte und suchte allerhand Ausreden hervor, sein Geld zu salvieren, mit Vermelden, daß er noch keinen Straßenheld wüßte, der einen, welcher seine Montur trüge, beraubet hätte, vor welchen nämlich diejenigen Messieurs, so die Notwendigkeit zwänge, ihr Glück auf den Straßen zu suchen, gemeiniglich großen Respekt zu bezeigen pflegten, weil sie ihr Leben zur Verteidigung ihres Vaterlandes dranwageten. Teague antwortete: Bei meiner Seligkeit! bei mir ist kein Ansehen der Person; überdies weiß ich, daß alle in Euerer Montur bessere Verteidiger des weiblichen Geschlechts als ihres Vaterlandes zu sein pflegen; Euer Geplauder und Zungen-Fechterei soll Euch demnach keinen Freibrief vor Euern Beutel geben. Als der Leutnant so deutlich verstand, daß den Räuber keine guten Worte zu einiger Schonung verpflichten wollten, überreichte er ihm 6 Pfund, welche er gleich so vielen Blutstropfen aus seiner Tasche herauspressete. Doch war der irländische Land-Kaper so entgegenkommend, daß er ihm, seine Reisekosten entrichten zu können, 10 Shillinge zurückgab.

Als dieser Wagehals dem Rittmeister Shooter auf Hampstead Heath begegnete und demselben zu stehen und herzugeben gebot, der Rittmeister aber ein Mann von Courage und Tapferkeit war und demnach den Schluß fassete, sein Geld nicht sogleich ohne Widerstand fahren zu lassen, gaben sie zu unterschiedenen Malen Feuer aufeinander, wodurch aber keiner dem andern den geringsten Schaden zufügete; wannenhero sie mit bloßen Degen aufeinander zuritten und tapfer auf einander loshieben. Als sich aber Macqueer noch auf ein geladenes Pistol besinnet, das er in seinem Schubsack stecken hat, ziehet er solches heraus und schießet seinen Gegner durch das Haupt. Weil nun nachgehends der Teufel diesen irländischen Schurken im Kot stecken ließ, wurde er verurteilet und gehangen, und zwar zu Tyburn im 28. Jahr seines Alters am Freitag, dem 1. Mai 1691, weil er mit William Selwood, sonst Jenkins genannt, der auch ein solcher Schurke war und vieles Übel gestiftet hatte, in Gesellschaft geraubet und Mr. Benjamin Watts 250 Guineas auf Hounslow Heath hinweggenommen; wannenhero derselbe auch mit ihm gehangen wurde.

Zu gleicher Zeit und an gleichem Orte wurden auch folgende gehangen: Elizabeth Dale, welche ihr Hur-Kind umgebracht, mit welchem sie von einem Tischler in einem Versammlungshaus im Kirchspiel Stepney schwanger worden; Honour Allen, ein junges Mensch von 17 Jahren, welche bei Mr. Webb zu Whitechapel eingebrochen und von dannen eine große Menge Wäsche und verschiedene Stücke Silbergeschirr, so an 120 Pfund wert, gestohlen; John Phipps, ein Bauersmann, 40 Jahr alt, der ein Pferd gestohlen; William Riggs, weil er das Haus des Lord Gerard of Brandon erbrochen und eine große Quantität Silbergeschirr, so 240 Pfund wert, nebst andern Gegenständen von ansehnlichem Wert gestohlen; Henry Win, sonst Wing, wegen Schwerverbrechens und Einbruch, so er an der Behausung des Mr. Cook, eines Teppichhändlers bei St. Martin's Lane im Strand, verübet; und Charles Smith, John Grimes und Henry Dowell oder Howell wegen eines Straßenraubes, den sie auf der Landstraße bei Acton an Mr. Allom nebst seinem Weibe und Tochter begangen, denen sie eine güldene Uhr, zwei Demantringe und einen Beutel hinweggenommen, in welchem 29 Guineas und ein Zwanzigshilling-Stück waren.

XXXIII
Ann Hereford, eine Mordbrennerin und Spitzbübin

Diese lasterhafte Person, Ann Hereford, war zu Ipswich in Suffolk von gar ehrlichen Eltern geboren; und weil ihr dieselben, als sie kaum das 17. Jahr erreichet, mit Tod abgingen, begab sie sich nach London, woselbsten sie ohngefähr ein halbes Jahr in Diensten zubrachte. Nachdem sie aber von bösen Leuten verführet wurde, legte sie sich auf die schlimme Seite und befliß sich, den faulen Balg zu erhalten, auf allerhand leichtfertige Stückchen: Denn weil sie ein gar arglistiger durchtriebener Schleppsack war, wußte sie den Leuten das Geld auf so vielerlei kunstvolle Weise abzupartieren, daß sie sich immer sehr sauber in Kleidung halten konnte; welches eben dazu diente, die Leichtgläubigen, so ein Vertrauen auf sie setzten, desto eher hinter das Licht zu führen.

Indem nun Ann also eine sehr schöne Stube in der King Street zu Westminster mietete und gar wohl wußte, daß sie ohne einen guten Beistand nicht viel aushecken werde, nahm sie sich ein altes Weib, so ihr anverwandt war, statt ihrer Bedienerin oder vielmehr statt einer Ausführerin ihrer Anschläge zu sich: Denn sie erkundigten sich alsbald, ob nicht ein braver reicher junger Geselle, der Lust zu heiraten hätte, irgendwo herum wohnete, damit sie ihn ins Garn locken und einen ansehnlichen Profit von demselben ziehen möchten. Und als sie hierinnen einen jungen Apotheker, der reich und geldhungrig war, ausforscheten, hielten sie ihn vor ein geeignetes Subjekt, so sie über den Tölpel stoßen könnten. Ann hielt sich zwar eingezogen, aber das alte Weib befand sich beständig in des besagten jungen Menschen Apotheke und holete Pomade, Mithridat, Diascordium und dergleichen wohlbekannte Mittel. Indem er sie nun so vielmals abfertigte, wird sie nach und nach bekannt mit ihm, bis sie ihre Gelegenheit ersiehet, von allerhand Materien mit ihm zu diskurrieren: Unter anderm fragte sie ihn, warum er nicht heirate? Er lässet sich vernehmen, die Zeiten wären schwer, die Nahrung schlecht, Haus zu halten teuer und tugendhafte Weiber selten. Das ist wohl wahr, sagte sie, aber alles dieses kann durch ein tugendhaftes und reiches Weib ersetzet werden. Ja, ja, gab er zur Antwort, eine tugendhafte und reiche Frau wäre nicht zu verwerfen, und nach einem solchen Glücke wollte ich mit beiden Händen greifen! Ein solches Glück findet sich wohl, war der Alten Gegenrede, und dazu wollte ich Ihnen selbsten wohl verhelfen. Der Apotheker hörte der alten Katze Vortrag an und ließ sich denselben gefallen, drang auch mit Gewalt darauf, sie sollte ihm entdecken, wen oder was sie damit meinte? Endlich erhielt er nach und nach so viel Nachricht von ihr: Sie habe ein junges Weibsbild zu ihrer Befreundin, so einen reichen vornehmen Bürger zu London nicht ausschlagen würde, dieselbe hätte 2000 Pfund zu ihrem Brautschatz, den ihr Vetter in Händen behielte bis zu ihrer Ausstattung: Dieser hielte sie sehr eingezogen und ließe sie nicht sehr unter die Leute gehen; doch wäre ihr erlaubt, dieselbe bisweilen zu besuchen, angesehen sie ehemals bei ihrem Vater Amme gewesen. Die arme Jungfer, fuhr sie fort, beklagte sich vielmals über ihres Vetters Strengigkeit und ist geneigt, ihren Zustand zu verändern und einen Mann zu heiraten, der sie von ihres Vetters Sklaverei erlöse.

Dem Apotheker lachte über diesem alten Weiber-Märlein das Herz im Leibe, und glaubte alles; ging auch alsbald hin und fragte nach. Weil er nun befand, daß ein solcher Bürger vorhanden, der eine solche Muhme hätte, die einen solchen Brautschatz besäße, und der Bürger eine solche Person sei, wie sie das alte Weib beschrieben, ja, alles haarklein mit der Nachricht übereintraf, zweifelte er keineswegs an der Glückseligkeit, eine solche schöne, junge, reiche, tugendhafte Dirne in seine Arme zu bekommen.

Er konnte kaum erwarten, bis die Alte wieder zu ihm kam, daß er erführe, wann er seine eingebildete Liebste könnte zu sehen bekommen. Die alte Betrügerin stellte sich auch bald ein und wurde von dem Apotheker auf die Seite gezogen, damit er ihr ein und die andern Fragen mehr vorlegen möchte, die sie alle verschmitzt genug beantwortete, daß er ihr hierauf große Dinge versprach, wenn sie diese Mariage zustandebringen könnte. Dieses hat seine richtigen Wege, sagte sie, allein ich mag nichts eher mit der Sache zu tun haben, bis ich sehe, daß eins das andere lieben kann; wenn sie der Herr gesehen hat und sie den Herrn, und ich befinde, daß sie einander gefallen, alsdenn will ich Ihnen meine Gedanken weitläufiger eröffnen und meinen Vortrag zu Markte bringen. Sehr wohl! erwiderte der Apotheker, aber wann soll ich sie zu sehen bekommen? Ich erwarte sie täglich, versetzte die alte Runkunkel, und sobald sie zu mir kömmet, will ich den Herrn zu mir holen lassen. Gesagt, getan. Ann, so des Bürgers Muhme vorstellen sollte, war nicht weit davon, und damit die Sache bald ins Werk gesetzet würde, brachte man den Apotheker mit ihr in Gesellschaft. Ihre erste Zusammenkunft war kurz, maßen die Jungfer vorgab, sie müßte wieder heim zu ihrem Vetter eilen. Der Apotheker karessierte sie auf alle Weise und ersuchte sie um die Ehre ihrer fernern Bekanntschaft. Sie versprach nichts Gewisses, sondern wechselte einige gleichgültige Komplimente, und also schieden sie voneinander.

Nun war es Zeit, daß die alte Kupplerin das Maul auftäte; sie ging demnach hin zu erfahren, wie der Apotheker gesinnet sei, den sie in vollen Flammen antraf, so daß er ihr Geld über Geld versprach, wenn sie die Sache zustandebringen könnte. Die alte schlaue Katze blieb indifferent und sagte, sie verlange eher nicht das geringste, bis sie sein Verlangen erfüllet hätte, alsdenn hoffe sie, er werde ihrer eingedenk sein. Nein, sagte er, dem Kind einen Namen zu geben, damit Ihr wisset, woran Ihr seid, will ich alsbald einen Wechsel von 100 Pfund besiegeln, davon Euch am Tage unserer Hochzeit gleich sofort 50 Pfund ausgezahlt werden sollen.

Die alte Frau war gar wohl damit zufrieden, nahm sein Anerbieten an und versprach ihren äußersten Beistand, versicherte ihn auch zugleich, wasmaßen sie die Sache so zu traktieren hoffe, daß sie ohne große Schwierigkeit vor sich gehen möchte: Wie sie denn bereits verspüret, daß die Jungfer eine gute Meinung von ihm hege, welche sie zu vermehren suchen würde.

Immittelst beratschlagten sich diese beiden miteinander, und es währete nicht lange, so wurden Ann und der Apotheker des Handels auch einig; denn nach verschiedenen Erörterungen und Zusammenkünften drang er beständig auf die Heirat, ihr vermeldend, wie sehr er sie liebe und daß er sie gar renommierlich verpflegen wolle und könne, dieweil er auch nicht gänzlich von allem Vermögen entblößet, sondern etliche hundert Pfund bares Geld nebst einer einträglichen Profession hätte, der es nicht an gehörigen Materialien und Vorrat fehlte; kurz, daß er ein rechtschaffener Hauswirt wäre. Ich zweifle an diesem allem nicht, sagte unsere Braut, nur bin ich besorgt, man dürfte mich auch so sklavisch halten und mir keinen Heller in den Händen lassen. Mein Vetter hat Geld genug von mir bei sich in Verwahrung, gibt mir aber sehr wenig oder nichts davon; so will er mir auch keine Kleider und andere Sachen, meinem Stande gemäß, anschaffen, und dieses ist die Ursache, warum ich anitzo so schlechtweg aufgezogen komme; und damit er seine Kargheit rechtfertigen möge, entschuldiget er sich mit ebendemselbigen Vorwand, dessen Sie sich bedienten, nämlich der guten Wirtschaft. Da Sie sich nun mir als einen guten Hauswirt angepriesen haben, lebe ich in Furcht, Sie werden gleiche Sparsamkeit an mir üben und mich nicht versorgen, wie sichs gehört.

Als der Apotheker dieses hörte und gar wohl merkte, worauf sie zielte, hingegen entschlossen war, sich in allen Stücken gefällig gegen sie zu erweisen und zu bezeugen, daß er ihr nichts vorgelogen, sondern von einem edeln Gemüte sei, holete er alsbald 250 Guineas, warf ihr solche in die Schürze und sagte: Da, Mademoiselle, damit Sie sehen mögen, daß ich kein Aufschneider oder Knikker bin, verehre ich Ihnen dieses und kann Ihnen noch mehr dergleichen zeigen. Aber auf daß Sie immittelst eine Probe von meiner Freigebigkeit und Liebe haben mögen, überliefere ich Ihnen dieses Wenige als ein Zeichen meiner herzlichen Zuneigung und überlasse Ihnen solches, nach eigenem Belieben damit zu schalten und walten.

Weil nun diese Generosität unserer vorgeblichen Braut sehr wohl gefiel, suchte sie hinwiederum den Fuchs-Schwanz bei ihm zu streichen, und sagte demnach: Wohlan, mein Herr! ich bin recht mit Ihnen zufrieden und bereit, meinen Willen dem Ihrigen in allen Stücken zu unterwerfen. Er war hierüber voller Freuden und drang mit ganzer Gewalt auf schleunige Vollziehung der Heirat, welche auch erfolgete, indem er mit ihr zu Bette ging und sie nunmehr vor seine Frau ansah. Sie verließ ihn aber vor diesmal, mit Vermelden, daß er nach etlichen Tagen zu ihrem Vetter kommen und sie nebst ihrem Brautschatz abholen sollte.

Dieses war ein guter Rat, und der Apotheker nahm sich vor, demselben nachzukommen; weil aber Ann und die alte Wettermacherin nunmehro ihr Vorhaben ausgeführt hatten, veränderten sie ihr Logis, zogen an ein anderes Ende der Stadt, ließen den Apotheker sein reiches Weib suchen, wo er es finden könnte, lachten ihn immittelst ins Fäustchen hinein aus, daß er sich eine solche Nase drehen lassen: Denn um bestimmte Zeit gehet er zu dem Bürger in London ins Haus, als zu dem vermeinten Vetter seines Weibes; und weil er besorgte, sie dürften einigermaßen miteinander zerfallen, setzte er sich vor, die erste Hitze tapfer auszuhalten. Er kam demnach mit dem alten Mann zu reden und gab ihm kurz und bündig zu erkennen, daß er komme, sein Weib abzuholen. Der Bürger versetzte: Ich weiß nicht, wen oder was Ihr meinet. Der Apotheker antwortete: Ich meine Eure

Muhme, die gewesene Mademoiselle Elizabeth Wharton (denn also hieß die rechte Jungfer), welche mein rechtmäßiges Eheweib ist, dieweil ich sie vor etlichen Tagen geehlichet und ihr auch schon beigewohnet habe.

Das kann ich nimmermehr glauben, war des Bürgers Gegenrede, Ihr werdet Euch vielleicht irren, denn meine Muhme ist diese ganze Zeit nicht vor die Tür gekommen, und demnach kann dieses unmöglich sein. Es ist nicht anders, erwiderte der Apotheker, und ich verlange solche von Euch, nebst den 2000 Pfunden, so Ihr als ihren Brautschatz in Händen habt. Dieses leugne ich nicht, sagte der Bürger, bin aber gewiß, daß Euch solches nicht zukömmet. Der Apotheker sagte hierauf: Ich hoffe, mein Herr, Ihr werdet mir mein Weib nicht vorenthalten, und das Geld betreffend, will ich schon andere Mittel und Wege finden, solches von Euch zu erhalten. So brauche ich Euch doch nur, fing der Bürger an, meine Muhme herzuholen, so werdet Ihr sehen, daß es nicht Euer Weib ist. Sodann ging der alte Mann hinein, seine Muhme zu rufen, ihr vermeldend, daß sie zu ihrem Ehemann kommen sollte. Die Jungfer wunderte sich über ihres Vetters Anrede, der nochmals ernst wiederholte, sie sollte und müßte zu ihrem Ehmann kommen. Sie erwiderte, sie wüßte nicht, was er meinte oder was er haben wollte: Da ihr denn der alte Mann das absolute Verlangen des Apothekers erzählte, welches sie beständig, so gut als sie konnte, leugnete, und war unwillig, hinzugehen und diesen kühnen angemaßten Ehemann anzusehen; endlich aber führet sie ihr Vetter hinaus zu ihm, sagend: Wohlan, mein Herr, hier ist meine Muhme, wenn Ihr was mit ihr zu reden habt! Als der Apotheker das Frauenzimmer sah, bildete er sich ein, man wolle ihm einen Possen erweisen, fing demnach an, sie betrögen sich, wenn sie ihn so zu äffen vermeinten, er kenne sein Weib mehr als zu wohl, aber diese wäre es nicht, sondern seine Frau wäre im Haus, und dieselbe wollte er haben. Weil nun der alte Mann gänzlich dafürhielt, der Apotheker müßte entweder ein unsinniger und närrischer Kerl oder ein betrogener Mensch sein, gab er ihm zu erkennen, er könnte nicht anders denken, als daß ihn jemand anders hinter das Licht geführet; denn ihm wäre solches nie in den Sinn gekommen, dieweil er keine andere Muhme als die gegenwärtige hätte.

Nachdem nun endlich dem Apotheker die Sache verdächtig vorkam, erzählte er dem Bürger den ganzen Verlauf des Handels, welcher nunmehro völlig überzeuget war, daß er getäuschet worden, bedauerte ihn nur und gab ihm den Rat, nach Hause zu gehen und genau nachzuforschen. Er tat es zwar, aber vergeblich. Die Alte und Junge waren über alle Berge und ließen ihn seine Leichtgläubigkeit zu späte bereuen.

Nachgehends verliebte sich Ann in Kirkham in einen Komödianten; diesen zu unterhalten, ging sie der Spitzbüberei nach: Weil aber ihr Gehalt bei seiner Verschwendung nicht zureichen wollte, begab er sich auf die Landstraße, allein er wurde über dem ersten Versuch ergriffen, nach Newgate gesendet, verurteilt und zu Tyburn gehangen.

Dessenungeachtet trieb Ann ihr altes Handwerk immer fort und hatte in 6 Jahren den Seidenkrämern, Leinwandhändlern, Posamentierern und andern Handelsleuten so viel Schaden zugefüget, daß sie es mit 4000 Pfund nicht bezahlen können: Doch als sie sich endlich in einer Sänfte in Begleitung 6 falscher Lakaien (als ob sie eine vornehme Standesperson wäre) zu eines Leinwandhändlers Laden in Cornhill tragen ließ und daselbsten ein Stück gestreiften Musselin stehlen wollte, wurde sie darüber ergriffen und nach Newgate gesendet. Weil sie nun wußte, daß sie mit einem scharfen Gegner zu tun hatte, da er sich wegen des Delikts nicht wollte begütigen lassen (ungeachtet sie ihm 100 Guineas anbot, den Fall als nicht erwiesen zu erklären), und sie also ohnfehlbar zum Tode verurteilet werden würde, suchte sie ihre Flucht durch Ansteckung des Gefängnisses zu Newgate mit Feuer zu befördern; weil es aber beizeiten entdecket und gelöschet ward, belegte man sie mit schweren Fesseln und Handschellen, bis sie zum Verhör kam und wegen besagter Ansteckung des Gefängnisses an einem vor demselben auf der Straße errichteten Galgen am Montag, dem 22. Dezember 1690; im 28. Jahr ihres Alters gehangen, ihr Leichnam aber den Chirurgen in die Anatomie gegeben wurde.

XXXIV
Gilder Roy, ein Mörder, Blutschänder, Mordbrenner und Straßenräuber

Dieser schottländische Bösewicht stammte von einer gar guten Familie her und war in Perthshire in den Highlands von Schottland geboren. Sein Vater starb, als er eben mündig geworden, und weil er ihm ein Vermögen von 80 Mark jährlichen Einkommens hinterließ, hielt er sich vor verständig genug, dasselbe ohne seiner Verwandten Rat zu verwalten; dahero er es auch in kurzer Zeit so vertat, daß nach anderthalb Jahren nichts mehr davon da war. Worauf ihn Mangel und Dürftigkeit kein klein wenig druckte und zu einem verschlagenen Subjekt machte, welches eine jedwede Gestalt, so den Schein einiges Vorteiles hatte, anzunehmen wußte. Nachdem er sich also durch sein unordentliches Leben in einen überaus elenden Zustand gesetzet, fiel er seiner Mutter gar beschwerlich, die ihn öfters mit Gelde von ihrem Wittum befriedigte, welches er allemal in kurzem loswurde. Als sie aber sah, daß ihm sein lüderliches Wesen nicht abzugewöhnen, zog sie die Hand von ihm ab und wollte ihm nichts mehr geben. Indem er nun hierauf eines Nachts in ihrem Hause lieget, stehet er aus dem Bette auf, bricht hinein in seiner Mutter Schlafkammer, schneidet ihr mit einem Rasiermesser die Kehle ab, schändet seine eigene Schwester und eine Magd und plündert das ganze Haus aus, alsdann stecket er solches mit Feuer an und lässet es mitsamt den geschändeten Mädchen bis auf den Grund abbrennen.

Diese grausame Gottlosigkeit erfüllete die ganze Landschaft mit Schrecken, daß eine Proklamation gemachet wurde, welche demjenigen, der ihn tot oder lebendig liefern könnte, eine große Belohnung versprach. Hierauf floh der saftige Vogel nach Frankreich. Als er hieselbsten an einem solennen Feiertag zu Saint-Denis in Paris zur Kirche war, worinnen der Kardinal Richelieu Hohe Messe hielt, in welcher sich der König zugegen befand, wischete Gilder Roy mit seiner Hand in des Kardinals Beutel, den er an der Seite hängen hatte, indem derselbe vor dem Altare sein Amt verrichtete; weil aber Seine Majestät diese Vermessenheit von dem Ort, wo er saß, wahrnehmen konnte, und Gilder Roy, der wie ein Kavalier gekleidet ging, sich entdeckt sah, gab er dem König ein Zeichen, daß er schweigen und alsdann eine sonderliche Kurzweil sehen sollte. Der König ließ sich den Possen gefallen und den Spitzbuben sein Vorhaben ausführen. Und als er nach einer Weile zu dem Kardinal kam, gab er ihm Gelegenheit, seinen Beutel hervorzusuchen, welcher sich dann, weil ihm solcher fehlte, zu verwundern anfing. Der König, welcher wußte, wo er hingekommen, bezeugte eine herzliche Freude darüber; als er sich nun gar satt gelachet, wollte er haben, daß man dem Kardinal das Seinige wieder zustellen sollte: Denn er meinte nicht anders, als daß derjenige, so das Geld genommen, ein ehrlicher und vornehmer Kavalier gewesen, weil er sich so resolut und unerschrocken erwiesen; alleine Gilder Roy hatte mehr Grütze im Kopf, als daß er ihnen zu nahe gekommen wäre; wannenhero sie endlich erkannten, daß es kein Scherz, sondern sein ganzer Ernst gewesen: Weswegen der Kardinal das ganze Gelächter wider den König richtete, welcher seinen gewöhnlichen Schwur tat und auf Ritterehre versicherte, es sollte das erste und letzte Mal gewesen sein, daß ihn ein Beutelschneider zu seinem Kompagnon gemachet hätte.

Gilder Roy floh immittelst aus Frankreich nach Spanien, und als er daselbsten eines Tages zu Madrid war, ging er in des Herzogs von Medinaceli Behausung, als dieser Grande verschiedenen fremden Ministern ein herrliches Bankett ausgerichtet hatte, also, daß viel Silbergeschirr in einer Kiste verschlossen gehalten wurde, die in einem kleinen Gemach neben dem Saal stand, wo man den Schmaus zelebrierte, in welchem Gemach sich viele Lakaien befanden, so auf ihre Herren warteten: Da kömmet Gilder Roy in spanischem Habit und in allen Stücken gleich einem Hausverwalter gekleidet hineingetreten, gehet hin zu denen, so auf der Kiste saßen, und ersuchet sie, aufzustehen, weil er etwas daraus benötiget wäre. Als sie solches taten, ließ er das Silbergeschirr durch einige Träger, so ihm nachfolgeten, hinwegtragen und brachte es glücklich davon.

Nachdem nun Gilder Roy ohngefähr drei Jahre von seinem Vaterland hinweg gewesen und bei sich dachte, das Bubenstück, so er allda begangen, werde vergessen sein, kam er wieder nach Schottland und wurde ein grausamer Straßenräuber. Die erste Person, bei welcher er mit diesem unrechtmäßigen Beruf den Anfang machte, war der Graf von Linlithgow, dem er eine güldene Uhr, einen Demantring und 80 Goldstücke raubete. In kurzer Zeit wurde sein Name durch das ganze Land so fürchterlich, daß sich niemand ohne eine starke Reise-Eskorte auf die Straße getrauete. Und wenn der Geldmangel zu sehr bei ihm einriss, ging er nach Atholl, Sutherland, Loquabe, Angus, Mar, Baquham, Moray und anderen Grafschaften im nördlichen Schottland und trieb den Leuten das Vieh hinweg, wenn sie ihm keine Kontribution abtrugen, welches sie quartalsweise tun mußten; wodurch sie ihr Leib und Leben, Hab und Güter beschirmeten, auf daß er, oder einige von seiner Rotte, ihnen keinen Schaden zufügeten.

Als Oliver Cromwell einstens zu Danaghadey in Nordirland zu Schiffe ging und zu Port Patrick in

Schottland anlandete, kam die Zeitung hiervon dem Gilder Roy zu Ohren, der damals in der Grafschaft Galloway verborgen lag. Und da er diesem Rebellen auf der Straße gegen Glasgow begegnete und derselbe nur zween Diener bei sich hatte, befahl er ihm zu stehen und herzugeben. Weil aber dieser Aufwiegler vermeinte, dreie könnten bald mit einem fertig werden, weigerte er sich, des Gilder Roy Befehl Gehorsam zu leisten; also kam es zum Kampf, und man wechselte beinahe eine Viertelstunde lang verschiedene Pistolen, jedoch ohne einigen Schaden auf beiden Seiten: Alsdenn schien der kühne Räuber das Feld zu räumen, indem er so schnell, als er konnte, das Hasenpanier ergriff; sie folgeten ihm beinahe eine halbe Stunde auf dem Fuß nach, als er sich plötzlich umkehrte und erstlich Olivers Pferd niederschoß, wodurch im Fallen diesem Verräter ein Bein gebrochen wurde; alsdann schoß er einen von seinen Dienern durch den Kopf; und weil die andern um Quartier baten, gab er ihnen solches. Weil aber Oliver zu Fuß zu gehen unfähig gemachet worden, erwies er ihm die Höflichkeit und setzte ihn auf einen Esel, band seine Beine unter des Tieres Bauch zusammen und schickte sie also alle beide in die Welt, ihr Glück zu suchen.

Als drei Mitglieder seiner Verbrecherbande ergriffen und in den Tolbooth, ein Gefängnis zu Edinburgh, gesendet wurden, brachen sie sich heraus; man kriegte sie aber bald wieder beim Kragen und legte sie zu Glasgow in den Stock: Da sie denn nicht gar lange hernach vor dem Tor der Stadt hingerichtet und am Galgen gelassen wurden, bis sich ihre Körper in Moder und Staub verwandelten.

Gilder Roy, so diese seinen liebgewesenen Kumpanen zugefügte Schmach höchlich ahndete, tat ein Gelübde, solche zu rächen. Als ihm nun nicht lange danach der Richter, so das Urteil über sie gesprochen, auf der Straße begegnete, da er nach Aberdeen reisete, attakkierte er seine Kutsche, zog erstlich den Kutscher und zwei Lakaien fadennackend aus, band ihnen Hände und Füße und warf sie in einen tiefen Teich hinein, worinnen sie alsbald ersaufen mußten; alsdann plünderte er den Richter und nahm alles, was nur etwas wert war, hinweg, schnitt seine Kutsche in Stücke und schoß die 4 Pferde, so vorgespannet waren, tot. Weil er aber mit dieser Grausamkeit noch nicht zufrieden war, trieb er den Richter in einen Wald hinein und band ihn fest an einen Baum an. Des Nachts ging er wieder mit einigen von seinen Kindern der Finsternis hin, da ihn einer hinter sich aufs Pferd nehmen mußte, und also brachten sie ihn zu dem Galgen, woran seine 3 Kameraden noch hingen; welcher Galgen, nach schottländischer Manier, gleich einem Drehkreuz gemacht war (nur daß sich die Speichen, an deren jedwedes Ende ein starker eiserner Haken angenagelt ist, woran der Strick gebunden wird, nicht bewegen können). Nun (sagte der ruchlose Gilder Roy zu dem Richter) bei meiner Seligkeit, Kerl! Gleichwie dieser schändliche Bau, so den Leuten die Hälse zu brechen aufgeführet ist, nicht recht ebenmäßig aussiehet, wenn der vierte Platz nicht auch eingenommen wird; also kann ich nicht umhin, dich an den leeren Balken zu hängen. Demnach hielt er auch sein Wort; und aus Sorge, die Regierung möchte nicht wissen, wer der Henker gewesen, sandte er einen Brief an den Premierminister des Staats und berichtete ihm die ganze Exekution. Diese erschreckliche Vermessenheit veranlassete unterschiedene Gesetzgeber, Mittel und Wege zu erfinden, wodurch der Ruchlosigkeit dieses bösen Buben und seiner Anhänger, vor denen sich jedermann nahe und ferne fürchtete, gesteuert werden möchte. Dahero unter andern Bennet, ein Rechtsgelehrter, das Gesetz rekommandierte, daß man einen Straßenräuber zuvörderst hängen und alsdann erst verurteilen sollte; welches Gesetz von den damaligen Legislatoren nicht nur ohnwidersprechlich gebilliget, sondern auch seit der Zeit wider manchen Kavalier von der Straße mit gutem Sukzeß ausgeübet worden.

Inzwischen fuhr Gilder Roy immer noch in seiner Ruchlosigkeit glücklich fort und wurde so unerträglich gottlos, daß er sichs vor eine Ehre und Vergnügen schätzte, wenn er nicht nur rauben und plündern, sondern auch morden und totschlagen, Weibsbilder schänden, Häuser und Scheuern abbrennen und alle ersinnliche Rache brauchen sollte, wo ihm jemand nicht gleich nach seiner Pfeife tanzen wollte.

Als aber das Maß seiner Sünden voll war und zum andern Mal eine Proklamation ausging, worinnen demjenigen, der ihn tot oder lebendig zum Verhaft bringen könnte, 1000 Mark zur Belohnung versprochen wurden, ließ sich Margaret Cunningham, eine Hure, mit der er umging, dieses Geld bewegen, daß sie ihn, als er bei ihr im Hause war, verriet. Indem nun dieses von mehr als 50 Mann umringet war und er gleich erraten konnte, durch wen er in die Falle gebracht worden, rannte er zu ihr in die Kammer und riß der Hure mit einem Messer den Leib so grimmig auf, daß die Eingeweide heraustraten: Alsdenn kehrete er wiederum zurück in die Stube, aus welcher er gekommen, und widersetzte sich seinen Gegnern mit einer solchen unerschrockenen Tapfermütigkeit und Resolution, daß, ehe sie sich seiner bemächtiget, er über 8 von ihnen mit Degen und Pistole erlegete. Weil er aber endlich übermannet wurde, bezwangen sie ihn und steckten ihn auf dem Schlosse zu Edinburgh in ein finsteres und abscheuliches Loch, legten ihm schwere Fesseln an die Beine und starke Ketten um den Leib, banden auch seine Hände auf dem Rücken zusammen; in welcher Beschaffenheit er drei Tage und Nächte ohne alles Essen und Trinken verbringen mußte. Alsdann wurde er ohne alle Zeremonien irgendeines Verhörs oder Urteilsspruches durch eine starke Wache zu Edinburgh auf den Markt geführet und daselbst an einem Galgen, dreißig Fuß hoch, im April 1658, seines Alters 34 Jahr, aufgehangen und nachgehends mit Ketten an einem andern, 10 Fuß höher aufgerichteten Galgen zwischen Edinburgh und Leith, so etwa eine Meile voneinander liegen, so lange erhöhet, bis Zeit und Wetter seinen abscheulichen Körper in nichts verwandelt hatten.

XXXV
Maccartney, ein Mörder, Straßenräuber und Dieb

Dieser irländische Bösewicht war der Bastard-Sohn des Generalmajors Maccartney, den er mit einer presbyterianischen Pfarrerstochter zu Belfast, einem Seehafen im nördlichen Irland, gezeuget. Gleichwie er aber ein unehrliches Kind war, dessen sich Vater und Mutter schämeten; also gaben sie einem armen Tagelöhner in der Nachbarschaft 5 Pfund, daß er diesen Findling wie sein eigenes Kind halten sollte. Als er heranwuchs und von seinen Pflegeeltern verständiget wurde, wer seine rechten Eltern wären, hielt er sichs vor eine Schande, länger unter einer so schlechten Hütte zu wohnen, wo rohe Erdäpfel und Sauerkraut ohne Butter die delikatesten Speisen waren.

Er forschete erstlich nach seiner Mutter, als er aber erfuhr, daß sie schon vor einigen Jahren verstorben und begraben sei, bemühete er sich sodann, seinen Vater Maccartney anzutreffen, welcher Oberstleutnant in einem Regiment bei der Infanterie war. Dieser beförderte seinen natürlichen Sohn zu einer Fähndrichs-Stelle: Weil er aber etliche Vorgesetzte bestahl und sonst allerhand lose Händel anstiftete, wurde er seiner Charge mit Schimpf und Schande entsetzet.

Weil er sich nun also in der weiten Welt befand und nicht wußte, was vor eine Lebensart er, sich zu ernähren, wählen sollte; denn studiert hatte er nicht, und kein anderes Handwerk oder Kunst hatte er auch nicht gelernet; faßte er kurze Resolution und ergriff das Diebs-Handwerk, bei welchem seine leichten, langen und hurtigen Finger ein sehr gutes Stück Arbeit machten und leichtlich nichts liegen ließen, so sie erreichen konnten. Er war ein bekannter Haus-Erbrecher und hatte viele Diebstähle auf diese Weise verübet. Der ärgste aber war der, den er in dem Hause des Herrn Thomas Rochfort, des vornehmsten Lords und Barons bei der Wechselbank von Irland, begangen, den er und seine Kameraden mit seiner Gattin also banden, daß sie mit den Rükken zusammenlagen wie ein doppelter Adler; und alle Diener und Mägde im Hause auf eben die gleiche Manier, ohne Hemden oder einige Faden auf ihren Leibern: Alsdann brachen sie Kisten und Kästen, Schränke und Bänke entzwei und nahmen alles, was sie von Geld und Silbergeschirr finden konnten, hinweg, so sich zusammen auf 1400 Pfund belief.

Als ihm nach Begehung dieser Untat sein Vaterland zu warm schien, floh er nach Schottland, woselbsten er einen Stall erbrach, der dem Herrn James Steward, Seiner Majestät damaligem Advokaten bei diesem Königreich, zugehörte, und stahl ein Pferd mit Sattel und Zeug daraus, kam hernach wieder nach England und wurde ein Straßenräuber. Weil er nun trefflich glücklich in seiner Leichtfertigkeit war, hielt er sich jederzeit sehr adrett in Kleidung, dahero ihm die gute Figur, die er in seinem saubern Habit machte, nebst seiner Schmeichelei und höflichem Schmiegen und Biegen, so er sich gegen die meisten Irländer bediente, unterschiedener ansehnlicher Leute Bekanntschaft zuwegebrachte, gegen welche er vorgab, als ob er ein gar gutes Vermögen in Irland hätte. Und als eines Tages Maccartney nebst noch so einem Halunken wie er selber im Strand den Herrn Vaughan, einen walisischen Edelmann, antrafen, der jährlich über 400 Pfund in Pembrokeshire hatte, invitierte er ihn auf ein Glas Wein, und indem sie miteinander in ein Weinhaus gehen, spricht Maccartney, derweil sie miteinander sitzen und trinken, zu seinem Kameraden: Ich schwöre, es ist heute ein sehr schöner Tag, wir wollen nachmittag ein wenig miteinander ausreiten. Herr Vaughan, der sie nimmermehr vor Straßenräuber angesehen, ließ sich vernehmen: Wenn ich ein Pferd hätte, so wollte ich auch mitreiten! Maccartney antwortete: Mein Herr! ich will Euch ein Pferd verschaffen. Und weil er seinem Versprechen nachkam, ritten sie alle dreie gegen Rumford zu; als ihnen nun ohngefähr eine Meile über denselben Ort eine Kutsche voller Passagiere begegnete, fiel Maccartney nebst seinem Kameraden dieselben an; und indem sie im Plündern begriffen sind, spricht der walisische Edelmann bei sich selbsten: Allons! ich will auch nicht müßig sein, ich muß mir auch was zu tun machen. Hierauf siehet er eine andere Kutsche ein gutes Stück hinter jener herkommen, in welcher ein einziger Herr saß, dessen Lakai noch eine ziemliche Ecke zurück war; da machte er sich hinzu und befahl dem Kutscher, anzuhalten; alsdann raubte er dem Passagier 5 Guineas an Gold und 40 Shilling in Silber und ritt auf und davon. Der Beraubte rief hierauf seinen Lakaien und sagte: Thomas, hast du den Kerl gesehen, der grad eben neben meiner Kutsche stand? Thomas erwiderte: Ja, mein Herr! Da sagte der Herr wiederum: Der Halunke hat mich geplündert. Thomas versetzte: Ich sah denselben wohl mit Euch reden, aber ich glaube nicht, daß er Euch geplündert hat, Herr! Ihr müsset Euch vielleicht irren. Der Herr schnauzte ihn zornig an, sagend: Du Dummhut! meinst du, daß ich nicht wisse, was ich tue? Ich sage nochmals, daß ich geplündert worden; denn der Schuft hat mir über 7 Pfund genommen. Thomas sagte: Ich kann mirs nimmermehr einbilden, daß er dieses getan haben sollte, sintemal man ihn jederzeit vor einen sehr wackern Mann gehalten hat. Der Beraubte fragte hierauf: Kennest du ihn? Thomas, gleich einem Echo, widerschallete: Kennest du ihn? Freilich kenne ich ihn, Herr! denn ich bin ja vor dem Jahr Lakai bei ihm gewesen und kann ihm nachsagen, daß ich einen sehr guten

Herrn an ihm gehabt habe. Auf diese Mitteilung versprach der Herr dem Thomas 20 Guineas zum Rekompens, falls er diesen Straßenräuber zum Verhaft bringen könnte. Thomas sparte keinen Fleiß, dieses Geld zu verdienen, und sobald er mit seinem Herrn zu London anlangte, sahen sie sich nach des Vaughans Logis um, nahmen ihn beim Kragen und führten ihn vor die Obrigkeit, die ihn nach Newgate schaffte, von wannen er kraft eines Befehls nach Chelmsford ins Gefängnis gebracht wurde; da ihn sodann die im März 1714 daselbst gehaltene Versammlung verhörte und zum Tode verdammte. Weil es aber das erste Verbrechen war und er gute Freunde hatte, die er sich mit 500 Pfund erkaufet, brachte er sich einen Aufschub zuwege und ließ sich alsdenn vernehmen: Daß er inskünftige lieber wollte müßigstehen, als sich eines solchen Lasters noch einmal teilhaftig machen, welches ihm beinahe sein Leben gekostet.

Wenn nun Maccartney auch ein solches Gelübde getan und es nicht wieder gebrochen, wäre es gut vor ihn gewesen; aber anstatt sich zu bessern, wurde er immer schlimmer: Denn nachdem er den Vaughan also in den Morast hineingeführet, reisete er nach Bristol, woselbsten sich Herr Beacher von Wiltshire befand, des Vorsatzes, nach Irland zu reisen; diesen betraf das Unglück, mit besagtem Räuber in Gesellschaft zu geraten, der gleichfalls seinen Sinn auf dieses Königreich gerichtet hatte. Also beredete der Maccartney den Beacher des

Morgens nach ihrer kurzen Bekanntschaft über Nacht, hinab nach Pill zu gehen und sich daselbst einzuschiffen; als er nun bis Durdham Down, eine Meile von der Stadt, gekommen, schlug ihn dieser irländische Räuber zu Boden und schnitt ihm mit einem Rasiermesser die Kehle von einem Ohr an bis zum andern ab: Alsdenn passierte er über Newnhamferry nach Somersetshire und fragte, wo der Weg nach Exeter zu ginge, wandte sich aber kurz nach Uphill und ritt nach Wales, von wannen er nach Holyhead gehen wollte. Weil aber Botschafter nach Wales gesendet worden, bei allen Häfen nachzuforschen, hörten sie von ihm und ließen demnach nicht ab, bis sie ihn in Brecknockshire mit des Beachers Kleidern und blutigem Hemde gefangennahmen; er wurde sodann nach Gloucester ins Gefängnis geleget, und nachdem er verhöret und dieses Raubes überwiesen worden, mußte er am Mittwoch, dem 7. April 1714, im 23. Jahr seines Alters daselbsten am Galgen ersticken; worauf man seinen toten Körper auf Durdham Down neben der Stadt Bristol an Ketten aufhing.

Anmerkungen

Ortsangaben und Straßennamen werden nur in besonderen Ausnahmefällen annotiert, in der Regel nicht. Sie sind im Text der Ordnung halber dort, wo es nottat, der heutigen Schreibung angepaßt worden. Jedoch kann die exakte Lokalisierung der jeweiligen Herkunfts-, Wohn- und Aufenthaltsorte und letztlich auch der Tatorte für den heutigen deutschen Leser nur von sekundärem Interesse sein.

S. 30f *Newgate:* Das Westtor der alten Londoner City, seit dem 12. Jahrhundert als Gefängnis verwendet und später weiter ausgebaut. Davor befand sich ein Galgen. Siehe auch Anmerkung zu S. 118.

Tyburn: Öffentliche Richtstätte nordwestlich der City im heutigen Stadtteil Marylebone.

›*Eine Nachricht ...*‹: Titel einer Serie von Flugschriften, die nach öffentlichen Exekutionen verbreitet wurden; wahrscheinlich identisch mit dem anonymen ›Tyburn-Kalender‹ (Tyburn Calendar, um 1700). Von dieser Art kruder Protokolle möchte sich Smith distanzieren.

S. 35 *William Davis* (1627–1689): Machte jahrzehntelang die Landstraßen der Grafschaften Wiltshire, Gloucestershire und Worcestershire unsicher. Sein von Smith reportierter Lebenslauf ist in den Umrissen authentisch, wenn auch anekdotisch ausgeschmückt.

Quäkerin: Die Quäker gehörten zu den aktivsten und frömmsten puritanischen Sekten, die ihre demokratischen Grundsätze auch nach der Restauration (1660) trotz Diskriminierung hochhielten. Sie konnten sich ihre Eigenständigkeit um so eher bewahren, als viele von ihnen dem durch Gewerbefleiß wohlhabenden Bürgertum angehörten.

S. 36f *Guinea:* Ab 1662 geprägte Goldmünze im wechselnden Kurswert von etwas über ein Pfund. – Die Bezeichnung rührt daher, daß zuerst Gold von der Guinea-Küste in Westafrika zur Prägung verwendet wurde.

Herzogin von Albemarle: Gemeint ist wohl die Gattin von George Monck, Oberkommandierender von Heer und Flotte unter Cromwell und Charles II., ab 1660 Herzog von A.

S. 38 *zwischen Aufgang und Niedergang:* Für Verluste, die Reisende bei Raubüberfällen bei Tageslicht erlitten, war die Grafschaftsbehörde ersatzpflichtig.

S. 43 *Middle Temple:* Eines der vier Londoner Juristenkollegs.

S. 43ff *Damnum illatum:* lat., zugefügter Schaden.

Inventum et conversio: lat., widerrechtliche Aneignung einer Fundsache.

Coke über den Littleton: Der Oberrichter Sir Edward Coke (1552–1634) verfaßte ab 1628 eine kommentierte Gesetzessammlung, die auf dem lange Zeit maßgeblichen Lehrbuch des Juristen Sir Thomas Littleton (1423–1481) über das Grundeigentumsrecht basierte.

Westminster Hall: Vom 13. bis 19. Jahrhundert Sitz des Obersten Gerichtshofes.

S. 45f *elf breite Stück Gold:* ›Broad‹ hieß eine Goldmünze im Wert von 20 Shilling aus der Zeit Cromwells und Charles' II.

Kesselflicker: Die Episode von der Begegnung mit dem Kesselflicker spielt auf den puritanischen Wanderprediger und Schriftsteller John Bunyan (1628–1688) an, der anfänglich diesem Gewerbe nachging. Nach der Restauration 1660 war er zwölf Jahre lang als plebejischer Nonkonformist inhaftiert. Sein allegorisches Hauptwerk ist betitelt ›Des Pilgers Wanderschaft‹ (The Pilgrim's Progress, 1678). Die Schreibung ›Gott‹ imitiert Bunyan. Smith hegt durchweg ein Vorurteil gegen Puritaner.

Hund aus Ägypten: Der Ausdruck ist gleichbedeutend mit ›Zigeuner‹.

Ihr … viel lieber dreie machet: Die Sentenz, daß ein Kesselflicker für jedes reparierte Loch drei neue mache usw., stammt aus den ›Charakterbildern‹ (Characters, 1614) von Sir Thomas Overbury (1581–1613).

S. 47 *Banbury:* Die Stadt in Oxfordshire galt als ein Zentrum puritanischen Eiferertums. Ihre Nennung im gleichen Atem mit Tyburn dient der Verunglimpfung.

Salisbury Court: Querstraße der Fleet Street in London, damals noch eine Freistatt für jede Art von Schutzsuchenden, wo eigentlich keine Verhaftungen vorgenommen werden durften. Solcher Freistätten gab es in London mehrere, so Whitefriars, Fullers Rents u. a.

S. 50 *in dem geistlichen Gerichtshof:* Unter dessen Zuständigkeit fielen u. a. unsittlicher Lebenswandel sowie Vergehen gegen den Kirchenfrieden, z. B. üble Nachrede und Beleidigungen.

S. 51 *Rem in re beweisen:* Juristische Terminologie; den Sachverhalt am Objekt beweisen, d. h. in diesem Falle das Vorhandensein von Geld (rem) am Gegenstand (dem Beutel).

Gadbury: John G. (1627–1704), zu seiner Zeit ein bekannter Astrologe und Kalendermacher.

besetzest du zwölf Häuser: Die Einteilung der Ekliptik in zwölf ›Häuser‹ spielt bei der Stellung von Horoskopen in der Astrologie eine wesentliche Rolle. – Vgl. auch den astrologischen Hokuspokus S. 334.

S. 54f *Lincoln's Inn Fields:* Repräsentativer Platz in London, benannt nach dem dort befindlichen Juristenkolleg.

Wells: Kurz für Tunbridge Wells, Badeort mit Stahlquellen in der Grafschaft Kent nahe London. Siehe auch Anmerkungen zu S. 196.

Orvietan: Als Medizin gegen Gift angepriesener Wein aus der italienischen Stadt Orvieto.

Herzogin von Portsmouth (1649–1734): Geborene Louise Renée de Keroualle, französische Ehrendame der Schwester Charles' II., wurde 1671 dessen Mätresse und 1673 zur Herzogin erhoben.

S. 56f *französische Ware:* Tabuwort für Geschlechtskrankheit.

Bath: Heilbad mit heißen Quellen in Südwestengland am Avon, im 17. und 18. Jahrhundert der Modekurort der eleganten Welt.

Examen rigorosum: lat., strenge Abschlußprüfung.

S. 59 *discebat mercari cautius:* lat., lernte vorsichtiger handeln.

S. 60 *Scheffel:* Bushel, altes Hohlmaß, ungefähr 36 Liter.

Danzig: Haupthandelsplatz für Getreideimporte aus Polen.

Pharaos Traum: Im gleichnishaften Traum des ägyptischen Königs Pharao in der biblischen Geschichte (1. Mose, 41) fressen sieben magere Kühe sieben fette Kühe auf. Der Hebräer Joseph deutet den Traum als Warnung vor kommender Teuerung und betreibt dementsprechend Vorratswirtschaft.

S. 61f *Jeffreys:* George J. (1648–1689), Jurist, wurde 1682 Lordoberrichter (Lord Chief Justice) und 1685 Lordkanzler (Lord Chancellor); war wegen seiner Unmenschlichkeit verrufen. Nach der Niederschlagung des Aufstands des Herzogs von Monmouth 1685 verurteilte er auf den sog. Blutigen Assisen (siehe nächstes Stichwort

›Land-Tag‹) Hunderte von dessen meist bäuerlichen Anhängern zum Tode und Tausend zur Deportation. Daher wohl seine Bezeichnung als ›Scherge‹. – Siehe auch S. 238: Monmouth.

Land-Tag: Gemeint sind damit die Assisen (assizes), periodische Schwurgerichtstagungen einer königlichen Kommission in den einzelnen Grafschaften zur Verhandlung von Prozessen, die in die Zuständigkeit des Obersten Gerichts in Westminster gehörten.

Old Bailey: Nach der Straße, in der es steht, so benanntes Justizgebäude, Sitz des zentralen Kriminalgerichts.

S. 64 *Eiserne Zeit:* Nach der antiken Einteilung der Menschheitsgeschichte das dem zunehmenden Verfall unterworfene gegenwärtige letzte Zeitalter.

S. 66f *Theseus stahl Ariadne:* Der Sage nach verliebte sich Ariadne, die Tochter des Königs Minos von Kreta, in den als Geisel gefangenen griechischen Helden Theseus, verhalf ihm zur Flucht aus dem Labyrinth und folgte ihm nach Naxos.

Jason raubete Medea: Bestandteil der Argonautensage. Medea, Tochter des Königs von Kolchis, eine Zauberin, hilft dem Helden Jason das Goldene Vlies gewinnen und begleitet ihn in die Heimat. Von einem ›Raub‹ kann auch hier kaum die Rede sein.

Skiron: Legendärer Räuber aus der Argonautensage.

Cacus: In der römischen Legende ein Räuber, der Rinder aus der Herde des Herkules in eine Höhle trieb und von diesem erschlagen wurde.

Sisyphus: ein listenreicher antiker Sagenheld und berüchtigter Räuber.

Brunellus ... Angelicus: Die Herkunft dieser Geschichte war nicht zu ermitteln.

Kaiser Friedrich der Dritte: In Rom zum Kaiser gekrönt 1452. Das erwähnte Dekret ist wahrscheinlich, gehört aber nicht zu den geläufigeren historischen Fakten.

Ermahnung St. Pauls: Neues Testament, Brief des Paulus an die Epheser 4,28.

S. 72 *Holborn Hill:* Steil ansteigende Straße in London, über die früher der Weg vom Newgate-Gefängnis zur Richtstätte Tyburn führte. Die Redewendung ›er ritt rückwärts den Holborn Hill hinan‹ umschreibt, auf eine alte Gepflogenheit Bezug nehmend, die Abführung zum Galgen.

S. 80 *Bridewell:* Ehemaliges Palastgebäude in London, bereits ab 1558 als Korrektionsanstalt und Frauengefängnis verwendet.

S. 81 *Whitefriars:* Straße in London, benannt nach einem früher dort befindlichen Karmeliterkloster. – Siehe auch Anmerkung zu S. 47: Salisbury Court.

S. 82 *Killigrew:* Thomas K. (1612–1683), Kammerjunker des Königs Charles II., Dramatiker, Theaterdirektor und Leiter der Hoflustbarkeiten (1679).

S. 84 *ich speise vielmals die Hungrigen …* Bibelzitat aus dem Neuen Testament, Lukasevangelium 1, 53. Der deutsche Text lautet dort: Die Hungrigen füllet er mit Gütern und läßt die Reichen leer. – Siehe auch S. 273.

S. 85f *Salivation:* Speichelfluß; hier infolge einer Quecksilberkur gegen Syphilis.

Summum bonum: lat., höchstes Gut.

S. 88 *Petrus berauben und … Paulus bezahlen:* Die englische Redewendung ›to rob Peter to pay Paul‹ hat ihre deutsche Entsprechung in ›ein Loch aufreißen, um ein anderes zuzustopfen‹. Doch hat die wörtliche Übersetzung auch ihre Berechtigung.

S. 92 *Preß-Abteilung:* Press Yard, Sektor des Newgate-Gefängnisses für die zur Hinrichtung bestimmten Sträflinge, gleichbedeutend etwa mit ›Todeszelle‹. Die alte Bezeichnung rührt daher, daß vormals dort Aussageverweigerer im Dunkelarrest mit schweren Gewichten belastet wurden, um ihnen buchstäblich ein Geständnis zu erpressen.

S. 94 *Ely:* Die Kathedralstadt Ely liegt auf einer Erhebung inmitten eines heute entwässerten Sumpfgebiets; daher die Bezeichnung ›Insel Ely‹.

S. 96f *Adamiten:* In der Kirchengeschichte Angehörige verschiedener Sekten, die aus der Nacktheit des ersten Menschenpaares vor dem Sündenfall eine gottesdienstlich praktizierte Doktrin machten.

Godiva: Legendäre Patronin der Stadt Coventry. Sie verwendete sich bei ihrem Gatten, dem Feudalherrn der Stadt, um Abschaffung einer den Einwohnern auferlegten Steuer. Dieser sagte, er wolle es tun, wenn sie nackt durch Coventry ritte. Godiva nahm ihn beim Wort, und er hielt sein Versprechen.

Hölle: Loch im Schneidertisch, Platz für Flikken. Auf dieser fachsprachlichen Bezeichnung beruht der (etwas schwache) Wortwitz.

S. 97 *anabaptistisch:* Wiedertäuferisch; Anabaptisten verschiedener Prägung gehörten im 17. Jahrhundert zum linken Flügel des Puritanismus. Der Erzähler ist ihnen nicht wohlgesinnt.

S. 103 *was die Berge gebären:* ›Berge beginnen zu kreißen; zur Welt kommt ein winziges Mäuslein‹ (Parturiunt montes, nascetur ridiculus mus) lautet ein gängiges Zitat aus dem ›Buch über die Dichtkunst‹ (Ars poetica, 139) des römischen Dichters Horaz (65–8 v. u. Z.).

S. 107f *Sternhold:* Thomas St. (gest. 1549), übertrug biblische Psalmen in englische Versform.

Hopkins: John H. (gest. 1570), Nachdichter biblischer Psalmen.

Tate oder Brady: Nahum T. (1652–1715), Dichter und Dramatiker, veröffentlichte 1696 zusammen mit dem Theologen Nicholas Brady (1659–1726) eine metrische ›Neue Fassung der Psalmen‹.

Lovell: Sir Salathiel L. (1619–1713), Richter, geadelt 1692. Ernennung zum fünften Baron des Schatzamts erfolgte 1708; daher hier die Erwähnung des Titels.

S. 112 *daß die Bienenstöcke … wohl geraten möchten:* Möglicherweise Anspielung auf die ›Bienenfabel‹ (The Fable of the Bees, 1705 und 1714) von Bernard de Mandeville, worin das Gedeihen der bürgerlichen Gesellschaft als auf Räuberei beruhend satirisch gerechtfertigt wird.

S. 114 *Vanbruggen:* Kaum verhüllte Anspielung auf den Dramatiker John Vanbrugh (1666–1726), Verfasser einer Reihe von lockeren Sittenkomödien.

Tragödie des Theodosius: ›Theodosius, or The Force of Love‹, 1680, von dem Dramatiker Nathaniel Lee (1653?–1692).

S. 117 *Penny-Post-Bote:* Briefpost zum Portosatz von einem Penny innerhalb Englands gab es seit 1635. Das Postwesen wurde als königliches Privileg von der Krone verpachtet.

S. 118 *Newgate:* Siehe Anmerkung zu S. 30 – Die hier gegebene Beschreibung dieses Gefängnisses entstammt mit Sicherheit einer literarischen Quelle, ohne daß sich die genaue Herkunft nachweisen ließe. Möglicherweise ist die Passage einer anonymen Publikation ›Die Hölle auf Erden‹ (Hell upon Earth) von 1703 entnommen.

S. 119ff *sie leben apostolisch:* Wie die Apostel oder Urchristen, besitzlos, anspruchslos und in Demut.

Janitscharen vom Whittington College: Scherzhaft sein sollende Umschreibung für die Gefängniswärter von Newgate. – Janitscharen waren eine aus ehemaligen Gefangenen rekrutierte türkische Polizeitruppe; Richard Whittington war ein halb legendärer Londoner Bürgermeister (um 1400), der u. a. das Newgate-Gefängnis erneuern ließ und auch ein Kolleg gründete.

S. 121f *Godlingstons Kaffeehaus:* Die Bemerkung, daß es dieses Lokal ›ehemals‹ gab, soll wohl der Tatsache Rechnung tragen, daß die dort spielende Episode aus dem ›Englischen Schelmenbuch‹ abgeschrieben, dem Thomas Sharp also nur angedichtet ist. Siehe auch Einleitung S. 23.

New Inn: Gemeint ist wohl ein um 1672 neu errichtetes Juristenkolleg im Komplex des sog. Temple.

Gray's Inn: Eins der alten Juristenkollegs im Stadtteil Holborn.

S. 123 *Holt:* Sir John H. (1642–1710), Lordoberrichter von 1689 bis zu seinem Tode.

S. 125 *im neuen Gefängnis:* Mutmaßlich der 1667 errichtete Broad Street Counter (›Abrechnungsstelle‹), wo säumige Schuldner und leichtere Delinquenten inhaftiert wurden.

Erlaubnis, sich barbieren zu lassen: Das Folgende ist eine immer wieder erzählte Geschichte aus alten Schwankbüchern, unmittelbar wohl dem ›Englischen Schelmenbuch‹ entlehnt.

S. 126ff *Portugiesische Kapelle:* König Charles II. war seit 1662 mit der portugiesischen Prinzessin Catherine von Braganza verheiratet, für deren und ihrer Umgebung religiöse Bedürfnisse eine katholische Kapelle eingerichtet wurde.

Pax vobiscum: lat., Friede sei mit euch!

Glocke, Buch und Kerze: Requisiten bei der Ausschließung aus der katholischen Kirche. Die Glocke rief die Gemeinde zusammen, aus einem Buch wurde das Urteil verlesen, und eine Kerze wurde ausgelöscht.

S. 134f *Hymen:* Griechischer Gott der Hochzeit.

Messalina: Wegen ihrer Sittenlosigkeit berüchtigte Gemahlin des römischen Kaisers Claudius; im Jahre 48 u. Z. hingerichtet.

Machiavelli: Niccolò M. (1469–1527), italienischer Staatsmann und Schriftsteller, galt schon zur Shakespeare-Zeit als Inbegriff politischer Skrupellosigkeit.

S. 136 *Tristram Savage:* Über ihn und die von ihm verbreitete Schmähschrift fehlen Belege.

Dr. Trotter: Keine sonst bekannte Persönlichkeit.

S. 146 *Pater peccavi:* lat., Vater, ich habe gesündigt. – Zeichen der Reue bzw. der Ergebung.

S. 149 *Quart:* Etwas über ein Liter.

John Partridge (1644–1715): Astrologe und Kalendermacher, ursprünglich ein Schuhmacher. Wurde 1708 Zielscheibe des Spottes von Jonathan Swift, der eine komische publizistische Fehde gegen ihn inszenierte. Die Konsultation bei ihm ist hier allerdings dem ›Englischen Schelmenbuch‹ entnommen.

S. 151 *vor einen Soldaten nach Spanien gesendet:* Das Militär wurde als eine Art Korrektionsanstalt angesehen, Kriegsdienst sozusagen als Strafe verhängt. – Die anschließende Geschichte vom Bäuerlein und seinem Esel gehört zum tradierten Anekdotenschatz vermutlich spanischer Herkunft und hat mit Stephen Bunce nichts zu tun.

S. 155 *heiliger Stephanus:* Einer der ersten Märtyrer, wurde in Jerusalem von den Juden gesteinigt – kein gar so ›ungleiches Ende‹ – Smith ist ein Liebhaber schwarzen Humors.

S. 158 *begegneten sie in Gent einem Bauern:* Die hier beginnende Episode ist eine oft nacherzählte Eulenspiegelei, unmittelbar wohl dem ›Englischen Schelmenbuch‹ entnommen.

S. 163f *silbernen Becher:* Die Geschichte mit dem unter den Tisch geklebten Becher wird schon im ›Englischen Schelmenbuch‹ erzählt.

Richter Negus: Nicht nachweisbar; der Name könnte stimmen.

S. 167 *Little Britain:* Straße des Buchhandels mit vorwiegend kultivierter Kundschaft. Ratcliff Highway liegt dagegen in einem verrufenen Viertel.

S. 169 *Bucephalus:* Das Pferd Alexanders des Großen, das ihn auf seinen Eroberungszügen trug.

S. 176 *Claude Duval* (1643–1670): Geboren in der Normandie, kam als Begleiter des Herzogs von Richmond (1639–1672) bei der Restauration nach England; verlegte sich auf den Straßenraub, wurde berühmt wegen seiner Ritterlichkeit und seinem Wagemut.

S. 179 *Courante:* frz., lebhafter Gesellschaftstanz, 16.–18. Jahrhundert.

S. 181 *skythischer König:* Das Volk der Skythen bewohnte im Altertum Gebiete nördlich des Schwarzen Meeres. – Das Stück, aus dem deklamiert wird, ist nicht näher zu bestimmen, doch stammt die gesamte Episode nach F. W. Chandler aus dem Roman ›Der abenteuerliche Buscón‹ (La vida del Buscóni, 1626) des Spaniers Quevedo.

S. 184 *Sir Stephen Fox:* (1627–1716): Staatsmann, wiederholt Vorsteher des Schatzamts. Seine beiläufige Erwähnung dient lediglich dem Anschein dokumentarischer Echtheit.

S. 185 *des Königs von Frankreich Beichtvater:* Anspielung auf den französischen Staatsmann Jules Mazarin (1602–1661); dieser kam als päpstlicher Gesandter 1634 nach Paris, wurde 1641 Kardinal, 1643 Erster Minister, regierte während der Minderjährigkeit Ludwigs XIV. Seine Bereicherungssucht war sprichwörtlich. – Duvals Verbindung zu ihm ist wahrscheinlich fiktiv.

S. 186 *Experimente und Proben:* Die nachfolgende Beschreibung des ›Goldmachens‹ findet sich bereits in den ›Canterbury-Erzählungen‹ von Geoffrey Chaucer; siehe auch Einleitung S. 22.

S. 191f *Herkules:* grch. Herakles, größter Held der antiken Sage, von dem mancherlei Legenden berichten. Die Zeugung von 50 Söhnen in einer Nacht zählt freilich nicht zu den üblichen ihm nachgesagten Ruhmestaten.

seit der letztern Entwendung des Zepters: Seit der Hinrichtung Charles' I. und dem Exil Charles' II. Bis zur Wiederherstellung der Monarchie 1660 war während der Republik einer Reihe von Royalisten der Prozeß gemacht worden.

S. 192f *Schwindsucht ... Franzosen:* Damit sind hier Entkräftung durch sexuelle Ausschweifung und Ansteckung mit Syphilis gemeint.

Der zweite Eroberer: Im Vergleich zum Normannenherzog William, dem ›ersten‹ Eroberer Englands im Jahre 1066.

S. 194f *Deutsche Prinzessin:* Mary Carleton (1642–1673), geboren zu Canterbury als Mary Moders. Kam 1661 aus Holland nach England, gab sich als adlige deutsche Erbin aus, heiratete John Carleton 1663 in Bigamie. Ging 1664 zur Bühne. Wegen Diebstahls 1671 nach Jamaica deportiert, bei der Rückkehr von dort wegen des gleichen Delikts zum Tode verurteilt.

›Parismus‹ und ›Parismenos‹, ›Don Bellianis von Griechenland‹: Ritterromanzen aus dem 16. Jahrhundert, die in billigen Nachdrucken und neueren Versionen bis Ende des 17. Jahrhunderts populär blieben.

›Amadis‹: Titel eines spanisch-französischen Romans aus dem Mittelalter, welcher in verschiedenen Fassungen jahrhundertelang als Ritter- und Liebesspiegel weite Verbreitung fand.

Oriana: Vielumworbene englische Königstochter, die im Amadis-Roman eine zentrale Rolle spielt.

›Kassandra‹, ›Kleopatra‹: Vielbändige Unterhaltungsromane des französischen Schriftstellers La Calprenède (1610–1663).

S. 196f *Torhaus zu Westminster:* Diente in seinen oberen Teilen als Gefängnis für diverse Straftäter, u. a. für solche, die – wie z. B. Ehebrecher usw. – der geistlichen Gerichtsbarkeit unterstanden.

Epsom: Mineralbad (seit 1618) in der Grafschaft Surrey.

Tunbridge: Siehe Anmerkung zu S. 54: Wells.

Spa: Badeort in Belgien nahe Liege (Lüttich).

General Tilly (1559–1632): Kaiserlicher Feldherr im Dreißigjährigen Krieg. – (Da Tilly dem Liebhaber der Deutschen Prinzessin eine Auszeichnung verliehen hatte, muß letzterer um 1660 mindestens 50 Jahre alt gewesen sein.)

S. 198 *Brielle:* Den Briel, Küstenstadt in Südholland.

S. 202 *Lombard Street:* Dort betrieben schon im Mittelalter zuerst italienische (lombardische) Geldhändler ihre Verleihgeschäfte. Im weitern wurde die Straße zum Zentrum der Goldschmied-Bankiers.

S. 208 *Neue Börse:* Unter Börse ist ein Kaufhaus oder Kaufmarkt zu verstehen.

S. 209 *Fuller's Rents:* Ein damals neuerrichtetes großes Mietshaus mit Kaffee- und Bierstuben für die nahegelegenen Juristenkollegs. Auf dem Areal galt übrigens ein altes Asylrecht.

Prokurator von Gray's Inn: Anwalt vom Juristenkolleg. – Die an ihm verübte Erpressung ist ein alter, oft wiederholter Trick, sowohl in der Wirklichkeit wie in der Literatur. Vorlage sind hier wohl Robert Greenes ›Bauernfängergeschichten‹.

S. 213 *sechstes und siebentes Gebot:* Du sollst nicht ehebrechen; Du sollst nicht stehlen.

St. Giles: Nordwestliches Viertel Londons, schon früh wegen seiner Wirtshäuser berüchtigt; auch Rastplatz für zum Galgen von Tyburn geführte Delinquenten, denen hier ein Krug Bier gereicht wurde. – Hogarth nahm die Modelle seiner Bilder der Verkommenheit aus St. Giles.

S. 215 *Sir Thomas Abney* (1640–1722): Sheriff von London und Middlesex 1693/94, Bürgermeister 1700/01.

Sir Richard Hoare (1648–1718): Bürgermeister 1712.

S. 220 *Kastor:* Mischgewebe aus Biberhaar und Wolle.

S. 221 *Parlaments-Akte wider die Diebe:* Gesetz von 1692 zur Bekämpfung des Bandendiebstahls; siehe Einleitung S. 13.

nach Windsor reiseten: D. h. um in der dortigen Residenz bei der Königin Anne ein Gnadengesuch anzubringen.

S. 223 *bis Michaelis:* Festtag des Erzengels Michael, der 29. 9.

S. 228 *Sir Humphrey Edwin* (1642–1707): Sheriff von London ab 1688.

S. 231 *Reisigholz:* Diese phantastische Geschichte ist zweifellos irgendwo abgeschrieben, vermutlich aus dem ›Englischen Schelmenbuch‹.

S. 233 *dem schönen Feilding:* Robert F., genannt ›Beau Feilding‹ (1651–1712), Regimentskommandeur unter James II. in Irland, dort Parlamentsmitglied; wurde 1706 wegen Bigamie verurteilt.

S. 237 *Marshalsea-Gefängnis:* Ehedem zur Jurisdiktion des Hofmarschalls gehöriges Gefängnis in Southwark. – Siehe auch Anmerkung zu S. 278.

Samuel Noble (1684–1713): ein Rechtsanwalt, der einen gewissen John Sayer, mit dessen Frau er ein Verhältnis hatte, ermordete. – Seine beiläufige Erwähnung dient nicht allein der dokumentarischen Glaubwürdigkeit, sondern wohl auch der Herstellung einer gewissen Parallele zwischen Kriminellen und Hütern des Gesetzes. – Die Differenz 1712/1713 beruht darauf, daß Smith die alte Datierung verwendet, wonach das neue Jahr erst am 1. April beginnt.

S. 238 *Graf von Oxford* (1626–1713): Royalistischer Militär und Politiker, ab 1661 Kommandeur der kgl. Garde-Kavallerie.

Herzog von Monmouth (1649–1685): Natürlicher Sohn von Charles II., ab 1663 Herzog von M., 1670 Armeeoberbefehlshaber, 1672/73 in Holland; suchte später die Thronfolge des Herzogs von York zu hintertreiben, wurde nach den Niederlanden verbannt. 1685 unternahm er im Westen Englands einen Aufstand gegen James II., hatte zunächst großen Zulauf, unterlag dann aber den Regierungstruppen und endete auf dem Schafott.

S. 240f *Quid pro quo:* lat., Verwechslung, Vertauschung.

der Notar stiehlet mit seinem et cetera ganze Liegenschaften: Zu den Obliegenheiten eines Notars gehörte das Protestieren von Wechseln, wobei verschuldete Adlige öfter ihren verpfändeten Grundbesitz einbüßten. Mit ›et cetera‹ (und das übrige) ist wohl die abkürzende Schlußformel von Inventarverzeichnissen gemeint.

Gerichtsschreiber: Registrar, ein studierter Jurist, der nicht nur Protokoll führt, sondern selbständig Anklageschriften und Urteile formuliert, also Einfluß auf den Ablauf von Prozessen hat.

S. 241 *Herzogin von Mazarin:* Diesen Adelsnamen gibt es in England nicht. Verwechslung mit Viscountess Massereene ist unwahrscheinlich, Beziehung zur Verwandtschaft des französischen Staatsmanns M. desgleichen. Die Identifizierung bleibt offen. Auf S. 374 kommt die ›Herzogin‹ nochmals vor.

S. 248 *John Wilmot:* Nach Datierung und den Ortsangaben im Text *nicht* identisch mit dem S. 272 erwähnten J. W., Graf von Rochester.

S. 251 *folgende Gebote:* Die anschließenden Räuberbanden-Gesetze stammen aus einer ›Geschichte berühmter Ritter der Klinge, gemeinhin Raufer geheißen‹ (History of the Famous Knights of the Blade, commonly called Hectors) von 1652.

S. 253f *Herrn Blood:* Thomas Blood (1618–1680), aus Cromwells Armee entlassener Abenteurer, nach der Restauration eine Zeitlang republikanischer Freischärler, raubte 1671 in Verkleidung als Geistlicher die englischen Kronjuwelen aus dem Tower. Er wurde gefaßt, fand jedoch bei Charles II. Begnadigung und Protektion. – Die Begegnung Wilmots mit Madame Blood ist wohl erfunden; denn Wilmot wurde bereits 1670 hingerichtet, als der Kronjuwelenraub noch nicht stattgefunden hatte.

Molloy: Wahrscheinlich fingierter Name.

S. 255 *ungläubiger Thomas:* Einer der zwölf Jünger Jesu, der sich nach dem Bericht des Johannesevangeliums (20, 25) erst durch den Augenschein von der Auferstehung seines Herrn hatte überzeugen wollen.

S. 258 *verzaubertes Kastell:* Der Ausdruck mutet an wie eine Reminiszenz an den ›Don Quijote‹ von Cervantes. Die ganze Begebenheit ist zwar nicht dort, aber mit Gewißheit anderswo abgeschrieben.

S. 260 *Herzog von Buckingham* (1628–1687): Prominenter Staatsmann unter Charles II.

S. 261 *leichtfertiger Vogel:* Die geläufige Bezeichnung hat hier und noch mehrmals, auf John Bird bezogen, eine wortspielerische Pointe.

Belagerung von Maastricht: Durch Ludwig XIV. 1673.

S. 265f *Poor Robin:* Armer Robin; unter diesem Pseudonym erschienen im letzten Viertel des 17. Jahrhunderts eine Reihe von vermischten Unterhaltungsschriften z. T. periodischen Charakters als

Jahresweiser, Neueste Nachrichten aus Stadt und Land oder Memoiren. Sie enthielten Anekdoten, Schwänke, Schelmenerzählungen und auch Mordgeschichten.

Guzmán: Held des spanischen Schelmenromans ›Guzmán de Alfarache‹ (1599/1604) von Mateo Alemán.

Graf von P.: Es wird anscheinend auf eine bestimmte Persönlichkeit angespielt; doch läßt sich unter neun zeitgenössischen Grafen von P. keiner ausfindig machen, der für exzentrisches Wesen bekannt gewesen wäre.

S. 269 *Atheniensische Gesellschaft:* Athenian Society, ein bürgerlich-aufklärerischer Debattierklub, der Streitfragen der Religion, Politik und Moral erörterte und in der ›Athenian Gazette‹ von 1689 und 1695 zur öffentlichen Diskussion stellte, u. a. tatsächlich den hier geschilderten Fall.

S. 271f *Dudley:* Eine renommierte weitläufige Adelsfamilie. Über den Vater des 1617 geborenen Richard D. enthalten die einschlägigen Auskunftsmittel keine sicheren Angaben.

Tanger: Hafenstadt an der Straße von Gibraltar, war 1662 bis 1684 in englischem Besitz.

Counter: Bezeichnung für ›Gefängnis‹; siehe Anmerkung zu S. 125.

John Wilmot, Graf von Rochester (1647–1680): War als Hofmann und begabter Dichter eine skandalumwitterte Persönlichkeit.

S. 274 *Barnet … York:* Die Entfernung zwischen den beiden Städten beträgt etwa 250 Kilometer.

Twisden: Sir Thomas T. (1602–1683), Richter.

Lord Mountcashel: Justin MacCarthy (1630–1694), höherer Militär, wurde 1689 vom bereits entthronten König James II. für seine Verdienste bei den Kämpfen in Irland zum Viscount M. ernannt.

General Monck: Siehe Anmerkung zu S. 37 bei Albemarle. – Da M. bereits 1670 starb, könnte hier wohl allenfalls dessen Sohn Christopher M. (1653–1688) gemeint sein. An dieser Stelle geht Smith' Bericht ohnehin in den Bereich der freien Erfindung über.

S. 276f *Arkadien:* Altgriechische Landschaft; traditioneller Schauplatz der Hirten- und Schäferpoesie.

Herzog von Lauderdale (1616–1682): Einflußreicher Staatsmann von absolutistischen Grundsätzen.

S. 278 *Marshalsea:* Siehe Anmerkung zu S. 237. – Die hier gegebene Beschreibung dürfte aus derselben Quelle stammen wie die Schilderung von Newgate S. 118.

S. 280 *Herzog von Marlborough* (1650–1722): Feldherr und Oberbefehlshaber im Spanischen Erbfolgekrieg; wurde ab 1710 von den auf Friedensschluß drängenden Kräften – u. a. von Swift – zunehmend befehdet, insbesondere seiner provozierenden Reichtumsanhäufung wegen.

S. 285f *Lord Mohun:* Charles M., fünfter Baron Mohun (1675–1712), Militär, Politiker und notorischer Duellant; 1692 beteiligt an der Tötung des Schauspielers und Dramatikers William Mountford (geb. 1664) und 1699 schuld am Tode eines Hauptmanns Richard Cook. Er selbst nahm das gleiche Ende.

ex tempore perfectissime: lat., aus dem Stegreif höchst gekonnt.

S. 289 *Doktor Adami … Tollhaus:* Der Name ist wohl fingiert bzw. aus der Quelle übernommen, denn die Einlieferung eines Gläubigers als Verrückten ist ein in der Schelmenliteratur geläufiger Trick.

S. 294 *Doktor Case:* John C. wirkte um 1680–1700 in London als Arzt und Astrologe; war Verfasser medizinischer sowie astrologischer Schriften. Der geschilderte komische Vorgang wird ihm zur Veralberung unterstellt.

S. 296 *pour passer le temps:* frz., zum Zeitvertreib.

S. 298 *per fas et nefas:* lat., auf geraden oder krummen Wegen.

S. 300 *gleich einem Träger gekleidet:* Die Erzählung vom Einschleichdieb, dem der Bestohlene irrtümlich beim Wegschaffen der Beute behilflich ist, stammt aus Robert Greenes ›Bauernfängergeschichten‹.

S. 302ff *Disce mercari cautius:* lat., Lerne vorsichtiger handeln! Siehe auch Anmerkung zu S. 59.

William Fuller (1670–1717): Ein vielseitiger politischer Agent und Schwindler, dessen Spezialität sensationelle Enthüllungen waren wie die von 1696, daß der Sohn James' II., der nach der Vertreibung seines Vaters als Thronanwärter (›Prätendent‹) galt, ein untergeschobenes Kind sei. – Seine Erwähnung geschieht wohl hauptsächlich deswegen, um Straßenräuber und Betrüger zu konfrontieren.

Ritter: Knight, unterste Stufe des englischen Adels.

S. 306f *Harrison:* Ein ziemlich häufiger Name. Immerhin könnte der Dichter William H. (1685–1713) gemeint sein, der mit Swift und Addison befreundet war und 1711 mit Unterstützung Bolingbrokes (siehe die folgende Anmerkung) die Zeitschrift ›Der Plauderer‹ (The Tatler) herausgab.

Lord Bolingbroke: Möglicherweise identisch mit dem Staatsmann und Tory-Minister Henry St. John, Viscount B. (1678–1751). Seine Erwähnung als Wahrer des Rechts könnte insofern ironisch sein, als B. 1714 des Hochverrats angeklagt wurde und nach Frankreich floh.

John Kelly: Vielleicht der gleichnamige Journalist (1680–1751).

Saffron Hill: Als Schlupfwinkel von Dieben berüchtigte Straße.

S. 308f *Thomas Thynne* (1648–1682): Großgrundbesitzer und Parlamentsmitglied; Opfer einer Eifersuchtsaffäre.

Johann Sobieski (1624–1696): Polnischer Feldherr, als Johann III. ab 1674 König von Polen. Zu seinen Ruhmestaten zählt die Entsetzung der von den Türken belagerten Stadt Wien im September 1683.

Herzog von Lothringen: Karl V. (1643–1690).

Graf Königsmarck: Otto Wilhelm Graf von K. (1639–1688), schwedischer Feldherr und Diplomat. Er war 1681 Bewerber um die Hand einer reichen englischen Erbin und an der Affäre Thynne beteiligt. Für die Richtigkeit der reportierten Begleitumstände zeichnet Smith verantwortlich.

S. 310 *Pemberton:* Sir Francis P. (1625–1697), hatte 1681 das Amt des Lordoberrichters inne.

Anthony Horneck (1641–1697): Höherer Geistlicher, populär als Prediger und Moraltheologe.

Gilbert Burnet (1643–1715): Hoher Geistlicher, ab 1689 Bischof von Salisbury; veröffentlichte Predigten, theologische Traktate und politische Streitschriften.

S. 317 *an Ketten geschmiedet:* Bei besonders abscheulichen Morden wurde der Leichnam des Hingerichteten an einem Galgen in Ketten aufgehängt. Diese Praxis wurde erst Anfang des 19. Jahrhunderts verboten.

S. 319 *stellte sich … an den Pranger:* Ein alter Taschendiebs-Trick, um die Aufmerksamkeit abzulenken; u. a. im ›Englischen Schelmenbuch‹ enthalten.

S. 320 *Fischer-Haken angenähet:* Taschendiebfang mit Angelhaken ist ein in Schwankbüchern mehrfach verwendetes Motiv.

S. 324 *Herzog von Beaufort* (1629–1700): Bekannt für seinen aufwendigen Lebensstil.

S. 326 *Schleife:* Schlitten; der Transport zum Galgen auf einer räderlosen Schleife (sledge) war eine Strafverschärfung.

Schuldhaft: Noch bis ins 19. Jahrhundert konnten säumige Schuldner ins Gefängnis geworfen werden. Um 1750 betrug die Zahl der Schuldgefangenen mehr als 20000. Vgl. Einleitung S. 10.

Graf von Albemarle (1669–1718): Hoher Militär, kam aus Holland mit William von Oranien als dessen Vertrauensmann.

S. 328 *Herzog von Newcastle:* John Holles, dritter Graf von Clare (1662–1711), Parlamentsmitglied, Kammerherr Williams III., 1694 zum Herzog ernannt, ab 1705 kgl. Geheimsiegelbewahrer.

Hiob: Vom Unglück verfolgter Held des Buches Hiob im Alten Testament.

S. 331 *Mary Frith* (1584?–1659): Berüchtigt als Taschendiebin, Wahrsagerin und Fälscherin. Ihre fast legendäre Berühmtheit machte sie schon zu Lebzeiten zu einer literarischen Figur, so als positiv umgedeutete Heldin des Stückes ›Das Rowdy-Mädchen‹ (The Roaring Girl, 1611) von Thomas Middleton. Ihre Biographie gab Anregung zu Daniel Defoes Roman ›Moll Flanders‹ (1722).

Barbican: Ein der Stadtmauer vorgelagerter Wachtturm am nordöstlichen Ausgang der City.

Kabbala: Mittelalterliche jüdische Geheimlehre.

S. 334f *Cheapside und Cornhill:* Belebte Geschäftsviertel.

Bloomsbury oder Covent Garden: Gepflegte und vornehmere Stadtviertel.

Herkules: Siehe Anmerkung zu S. 191. – Als das Orakel zu Delphi ihn wegen Mordes zu einem Jahr Knechtschaft verurteilte, verrichtete er im Dienst der Königin Omphale Weiberarbeit.

Nero: Römischer Kaiser 54–68, berüchtigt wegen seiner Grausamkeit und verschiedener Perversionen.

Sardanapal: Altassyrischer König, dem die Sage Schwelgerei und Weichlichkeit zuschreibt.

S. 338 *Counters-Gefängnisse:* Siehe Anmerkung zu S. 125 und S. 272.

General Fairfax: Thomas F. (1612–1671), Oberbefehlshaber der Armee des Parlaments während des Bürgerkrieges 1642–1650.

Jakobus-Stücke: Goldmünzen aus der Zeit Jakobs I. (1603–1625) im Werte von 25 Shilling. – Daß Moll Cutpurse dem General der Parlamentsarmee gerade solche Münzen mit dem Bild des vorigen Stuartkönigs raubt, ist ironisch gemeint: Der Raub der Krone wird so gleichsam vergolten.

S. 342f *Jane Shore* (gest. 1527): Gattin eines Goldschmieds und Geliebte König Edwards IV., wurde von Richard III. der Hexerei angeklagt und zu öffentlicher Buße verurteilt.

Priapus: Antiker Fruchtbarkeitsgott, Sinnbild männlicher Potenz.

Madame Pecunia: Personifizierung des Geldes.

Guildhall: Das Londoner Rathaus.

Oliver Cromwell (1599–1658): Bedeutendster Führer des Parlamentsheeres während der bürgerlichen Revolution, nach Hinrichtung des Königs Charles I. (1649) Lord Protektor der Republik. – Smith' Bezugnahmen auf ihn sind durchweg gehässig entstellt, doch entbehren andererseits die Andeutungen über in Irland und Schottland begangene Kriegsgreuel nicht jeder Grundlage.

Akzise: Verbrauchssteuer. Die erste Akzise wurde 1643 vom Parlament zur Finanzierung des Bürgerkrieges gegen Charles I. erhoben.

S. 345 *Memento mori!:* lat., Gedenke des Todes!

Redriff: Heute Rotherhithe, Stadtteil Londons an den Docks, vorwiegend von Seeleuten bewohnt.

S. 346f *Baals-Pfaffe:* Heuchlerischer Priester des obersten Gottes der Syrer, biblischer Ausdruck nach dem 1. Könige, 18.

Cicero: Marcus Tullius C. (106–43 v. u. Z.), berühmter römischer Redner. Seine politischen und moralphilosophischen Schriften gehörten zur Grundausbildung an Universitäten.

S. 352 *William Noy* (1577–1634): Jurist, wurde 1631 Erster Kronanwalt.

ad computandum: lat., zum Nachzählen.

S. 355 *Schottischer Bund:* 1638 gefaßte Resolution, den Protestantismus gegen Feinde von außen und gegen innere Zersetzung entschlossen zu verteidigen.

Belagerung zu Dundee: Fand 1650 statt durch General Monck im Zusammenhang mit Cromwells Niederwerfung der Schotten.

S. 357 *General Monck:* Siehe auch Anmerkungen zu S. 37 und S. 274. Monck (1608–1670) focht ab 1650 unter Cromwell, betrieb nach dessen Tod aber die Wiedereinsetzung des Hauses Stuart; daher ›ein falscher Hund‹.

S. 360 *Perlen:* Die Geschichte von den verschluckten Perlen wird in der Schelmenliteratur öfters berichtet; sie ist hier nur eingeblendet.

S. 361 *Graf von Sandwich* (1625–1672): Bis 1660 Edward Montagu, Truppen- und Flottenkommandeur unter Cromwell, zusammen mit General Monck an der Rückberufung Charles' II. beteiligt. Im zweiten holländischen Krieg mit seinem Schiff untergegangen.

als der Henker Sawney um Verzeihung bat: Das gehörte vor jeder Hinrichtung zum offiziellen Zeremoniell.

S. 365 *Stephen:* Name für einen Waliser; dessen Sprechweise wird im Dialog imitiert.

S. 370 *Lamb's Conduit Fields:* Gelände im Norden der City um ein vom Tuchmacher Lamb dort bereits 1577 eingerichtetes Wasserwerk.

S. 376 *Doktor Mews:* Peter M. (1619–1706), anglikanischer Geistlicher, ab 1684 Bischof von Winchester.

Lord Lisbon: Nicht nachweisbar.

S. 378f *Irish Teague:* ›Teague‹ ist der geläufige Spitzname für Iren überhaupt.

Beutel und Zepter: Insignien des Lordkanzlers. Der lederne Beutel enthielt das Große Siegel von England. Dessen Diebstahl ist wohl authentisch, denn es kam nach verläßlichen Angaben zweimal abhanden, ehe es Ende des 18. Jahrhunderts endgültig entwendet wurde.

S. 379f *Kanzler Thursby:* Nicht nachweisbar.

Madame Auverquerque: Gattin des Generals Henry Nassau, Graf von A. (1641–1708).

S. 382 *Versammlungshaus:* Der Ausdruck bezeichnet – im Unterschied zur Kirche – den Ort, wo puritanische Sekten ihre gottesdienstlichen Zusammenkünfte abhielten.

S. 383 *Lord Gerard of Brandon:* Graf von Macclesfield (gest. 1694) und dessen Sohn (1659–1701) waren beide hohe Militärs und Politiker.

S. 385 *Mithridat … Diascordium:* Früher beliebte Allerweltsmedizinen.

S. 394f *Gilder Roy:* Oder Gilderoy, mit richtigem Namen Patrick MacGregor, war ein berühmter, in Balladen besungener schottischer Straßenräuber, der 1636 in Edinburgh gehängt wurde. Smith verwendet den Namen und einzelne legendäre Episoden, liefert aber eine gemischte Biographie, die u. a. an den späteren ›Rob Roy‹ (Robert MacGregor, 1671–1734) erinnert, welcher in seiner Jugend schottische Viehzüchter terrorisierte und ›Schutzgelder‹ von ihnen erpreßte. Smith verlegt die Hinrichtung ins Jahr 1658, wohl um das fiktive Rencontre mit Cromwell einzuflechten.

Mark: Alte schottische Silbermünze im Wert von 14 Shilling.

Richelieu (1585–1642): Französischer Staatsmann, ab 1622 Kardinal und ab 1624 allmächtiger Minister Ludwigs XIII.

S. 396f *Herzog von Medinaceli:* Die Herzöge von M. – einer Gemeinde in der spanischen Provinz Soria – hatten im 17. Jahrhundert hohe diplomatische Funktionen inne.

Graf von Linlithgow (1616–1690): Parlamentsabgeordneter für Perthshire 1654/55.

S. 400 *Bennet:* Nicht nachweisbar.

S. 403f *Generalmajor Maccartney:* George M. (1660–1730), erfolgreicher Kommandeur unter Marlborough im Spanischen Erbfolgekrieg; stand 1712 unter Anklage, als Sekundant bei einem Duell dem Kontrahenten den Todesstoß versetzt zu haben. Mutmaßlich deshalb konnte es Smith riskieren, den noch lebenden M. hier indirekt anzuschwärzen.

presbyterianisch: Im allgemeinen Sinne: puritanisch.

Thomas Rochfort: Vielleicht ein Verwandter von Robert R. (1652–1727), der 1707–Finanzminister in Irland war.

Glossar

Verzeichnis veralteter deutscher Wörter und Wendungen sowie früher gebräuchlicher Fremdwörter, deren Verständnis nicht mehr allgemein vorausgesetzt werden kann oder deren Bedeutung sich gewandelt hat.

Rein fremdsprachige, nicht eingebürgerte Ausdrücke bzw. Zitate aus dem Lateinischen oder Französischen sind in den Anmerkungen erläutert.

akkomodieren: (bequem) unterbringen; jemanden mit etwas versehen

Allons!: Vorwärts! Wohlan!

Anathema: Verfluchung

Applikation: Fleiß, Eifer, Mühewaltung

ästimieren: hochachten, würdigen

aufmutzen: tadelnd erwähnen

bämmeln: betteln, flehen

Bataille: Schlacht, bewaffnete Auseinandersetzung

(meines) Behalts: meiner Erinnerung nach

Benevolenz: Güte, Wohltätigkeit

Betze: (engl. bitch) Hündin, Hure. Davon abgeleitet die Titulatur ›Madame von Betzenfeld‹

Brett – sich hoch ans Brett bringen: eine steile Karriere machen

Brot – jemandem vom Brote helfen: einem das Leben nehmen

buben – huren und buben: ›buben‹ bedeutet in diesem Zusammenhang nicht ›homosexuellen Verkehr haben‹, sondern versteht sich als männliche Prostitution bei weiblicher Nachfrage
dimittieren: entlassen, in Freiheit setzen
diskurrieren: sich unterhalten
Disputation: Verhandlung über Streitfragen; bewaffnete Auseinandersetzung
divertieren: belustigen, unterhalten
Divertissement: ablenkende Unterhaltung
Dohle: liederliches Frauenzimmer
embrassieren: umarmen
Entreprise: Unternehmung
Esquire: eigentlich ›Schildträger‹; Angehöriger des niederen Adels, vielfach ein Landjunker. Als Anrede etwa dem deutschen ›Hochwohlgeboren‹ entsprechend
evaporieren: verdampfen
exegetisch: deutend, erläuternd
feimen: schäumen, Schaum vorm Mund haben
flattieren: schmeicheln
Fürsprech: Advokat, Rechtsanwalt
Gefäß: Handschutz am Griff des Degens
Hantierung: allgemeine Bezeichnung für Gewerbe, Beruf
Hase – es hätte ihn ein Hase geleckt: es hätte ihn die Geilheit überkommen
honett: ehrbar, rechtschaffen

Humeur: Stimmung, Geistesverfassung, Mentalität
Ingeniosität: Erfindungsgabe
Inkonvenienzen: Ungelegenheiten
Interzession: Fürbitte
Kaptur: Verhaftung
Karessen: Liebkosungen
karessieren: umschmeicheln
Kartell: Kampfordnung beim Turnier bzw. Duell
Kollation: Imbiß
Koller: ärmelloses Lederwams
komplimentieren: begrüßen, Artigkeiten sagen
Kram-Junge: Handlungsgehilfe, Ladenschwengel
Mariage: Heirat, Ehe
Modeltuch: Tuch als Vorlage für Stickereien
Obligation: Schuldschein
Pair: Angehöriger des Hochadels
par force: notgedrungen
Paroxysmen: Krämpfe
partieren: teilen, insbesondere in Zusammensetzungen: *abpartieren:* abluchsen; *verpartieren:* an den Mann bringen, jemandem etwas zuspielen, verschieben; *zupartieren:* heimlich aushändigen
Paß – jemandem den Paß abschneiden: sich jemandem in den Weg stellen
Passage: Fahrgelegenheit
Politikus: Schlaukopf
Profan-Historie: weltliche Geschichte, Weltgeschichte
Promessen: Versprechungen

prostituieren: bloßstellen, kompromittieren
Quartier – um Quartier bitten: um Gnade bitten
Quartier geben: Gnade walten lassen, das Leben schenken
Ranzion: Lösegeld
Rappuse: Beute, Plünderung, Raub; *in die R. kommen:* als Beute anheimfallen
räsonabel: einleuchtend, vernünftig
Räsonnement: Auseinandersetzung
rekommandieren: empfehlen
Rekompens: Entschädigung
Renkontre: Zusammenstoß, Waffengang
replizieren: zur Antwort geben
replizieren, duplizieren, quadruplizieren: etwas ein über das andere Mal wiederholen
Resolution: Entschlossenheit
riffeln: ausplündern
Rocken-Philosophie: Altweiber-Wissenschaft, Spinnrokken-Weisheit
Rodomontaden: Aufschneidereien, Großsprechereien
Rückgrat-Krankheit: Syphilis
Runkunkel: altes Weib
salvieren: retten, in Sicherheit bringen
Satisfaktion: Schadenersatz
Scherf: kleine Münze
Scherwenzel: Bube im Kartenspiel
Schlepp-Sack: Hure
Schubsack: Tasche, Beutel, Tornister, Felleisen

Schwänzel-Pfennige: Taschengeld
Seminar: Bildungsanstalt; ironische Bezeichnung für das Newgate-Gefängnis
solenn: festlich
Sott: Ruß, Schmutz
Spannadern: Sehnen
Spiegel: in der Jägersprache: Hinterteil
Sprenkel: Vogelschlinge
Staupbesen – mit dem Staupbesen belegt: zur Auspeitschung verurteilt
Stockmeister: Gefängnisaufseher
Stüber: alte kleine Münze, engl. Penny
Submission: Ehrerbietung, Ergebenheit
Subsidien: Zuschüsse, Hilfsgelder
superstitiös: abergläubisch
Tölpel – über den Tölpel stoßen: übertölpeln, zum Narren machen
tropisch: bildlich
unräsonnabel: vernunftwidrig, sinnlos
Valet-Schmaus: Abschiedsessen
Verlassenschaft: Hinterlassenschaft
verziehen: verweilen, zögern, bleiben
verzumpen: übertrieben zimperlich
Viktualien: Lebensmittel, Speisen
Vomitiv: Brechmittel
Waat-Sack: Kleiderbündel, Ränzlein

Waschklatsche: in Wörterbüchern nicht belegt; mutmaßlich etwa ›Scheuerlappen‹. Der hübsche Ausdruck versteht sich im Kontext nach Belieben.

Weife: Garnhaspel

Wettermacherin: Kupplerin, Wahrsageweib

Zahl-Pfennig: Metallmarke als Hilfsmittel beim Rechnen

Inhalt